Wiktor Koperniku

Second Polish Reader
Bilingual for Speakers of English

Pre-Intermediate Level
Audio tracks are available on lppbooks.com free of charge

LANGUAGE
PRACTICE
PUBLISHING

Audio tracks available on http://lppbooks.com/Polish/SecondPolishReader_audio/

www.lppbooks.com
www.dual-language-graded-readers-for-beginners.com

Spis treści

1

Bank Cesarski
The Imperial Bank

A

Słówka
Words

1. aleja - avenue
2. bank - bank
3. blisko - near
4. Cesarski - Imperial
5. ciepły (m), ciepła (f) - warm
6. czarny (m), czarna (f) - black
7. detektyw - detective
8. detektywa - detective's
9. dużo, wiele - a lot
10. duży (m), duża (f) - big
11. dyktafon - dictaphone
12. i, oraz - and
13. interesujący (m), interesująca (f) - interesting
14. jest, znajduje się - is
15. kasjer (m), kasjerka (f) - teller
16. kobieta - woman
17. kobiety - woman's
18. krzyżówka - crossword
19. lekki/a - light
20. ma, posiada - has
21. menadżer - manager
22. menadżera - manager's
23. mężczyzna, człowiek - man
24. młody (m), młoda (f) - young
25. nowy (m), nowa (f) - new
26. ochroniarz - guard
27. ochroniarza - guard's
28. on - he
29. ona - she
30. pistolet - gun
31. położony (m), położona (f) - located
32. poniedziałek - Monday
33. poważny (m), poważna (f) - serious
34. praca - job, work
35. rano, poranek - morning
36. również, też - too
37. samochód, auto - car

38. silny (m), silna (f), mocny (m), mocna (f) - strong
39. słoneczny (m), słoneczna (f) - sunny
40. stary (m), stara (f) - old
41. szanowany (m), szanowana (f) - respectable
42. ten, ta, to - this
43. to - it
44. układanka, puzzle - puzzle

45. uprzejmy (m), uprzejma (f) - polite
46. uważny (m), uważna (f) - attentive
47. Van Gogh - Van Gogh
48. w - in
49. wiać - blow
50. wiatr - wind
51. wysoki (m), wysoka (f) - tall
52. z - of

 # B

Bank Cesarski

Jest poniedziałek rano. Jest ciepło i słonecznie. Wieje lekki wiatr.

To jest Bank Cesarski. Jest duży i szanowany. Bank Cesarski położony jest na Alei Van Gogha.

To jest kobieta. Jest młoda i uprzejma. Kobieta ma krzyżówkę. Krzyżowka tej kobiety jest bardzo intersująca. Kobieta jest w banku. Jest kasjerką. Ma interesującą pracę.

To jest mężczyzna. Mężczyzna również jest w banku. Jest stary i poważny. Jest menadżerem. On również ma dużo pracy. Menadżer ma samochód. Samochód menadżera znajduje się blisko banku.

To jest samochód menadżera. Samochód menadżera jest czarny i nowy. Znajduje się blisko banku.

To jest ochroniarz. Jest wysoki i silny. Jest młody. Ochroniarz ma pistolet. Pistolet ochroniarza jest czarny. Ochroniarz też jest w banku. Jest uważny i uprzejmy.

To jest mężczyzna. Jest detektywem. Detektyw ma dyktafon. Dyktafon detektywa jest nowy. Detektyw również znajduje się w banku. Jest poważny i uprzejmy.

The Imperial Bank

It is Monday. It is morning. It is warm and sunny. A light wind is blowing.

This is the Imperial Bank. It is big and respectable. The Imperial Bank is located in Van Gogh Avenue.

This is a woman. She is young and polite. The woman has a crossword puzzle. The woman's crossword is interesting. The woman is in the bank. She is a teller. She has an interesting job.

This is a man. The man is in the bank too. He is old and serious. He is a manager. He has a lot of work too. The manager has a car. The manager's car is near the bank.

This is the manager's car. The manager's car is black and new. It is near the bank.

This is a guard. He is tall and strong. He is young. The guard has a gun. The guard's gun is black. The guard is in the bank too. He is attentive and polite.

This is a man. He is a detective. The detective has a dictaphone. The detective's dictaphone is new. The detective is in the bank too. He is serious and polite.

C

Przegląd nowego słownictwa

1
- Czy dzisiaj jest poniedziałek?
- Tak.
- Czy dzisiaj jest ciepło?
- Tak, dziś jest ciepły i słoneczny dzień.

2
- Czy to jest książka?
- Tak, to jest książka.
- Czy znajduje się blisko lampy?
- Tak, znajduje się blisko lampy.
- A czy lampa znajduje się blisko komputera?
- Tak.

3
- Czy to jest lampa?
- Tak.
- Czy ona znajduje się na stole?
- Tak. Znajduje się na stole.
- Czy na stole znajduje się również komputer?
- Tak.

4
- Czy ta kobieta jest młoda?
- Tak.
- Czy ona jest poważna?
- Tak. Jest poważna i uprzejma.

5
- Czy to jest pistolet ochroniarza?
- Tak.
- Czy ochroniarz ma nowy pistolet?
- Tak. Ochroniarz ma nowy, czarny pistolet.

6
- W banku znajduje się szanowany człowiek.
- Czy on jest młody?
- Tak. Jest młody i poważny.

7
- Czy na Alei Van Gogha znajduje się bank?
- Tak. Na Alei Van Gogha znajduje się duży bank.

8
- Czy to jest samochód menadżera?
- Tak. Menadżer ma nowy samochód.

New vocabulary review

1
- *Is today Monday?*
- *Yes, it is.*
- *Is it warm today?*
- *Yes, it is warm and sunny today.*

2
- *Is it a book?*
- *Yes, this is a book.*
- *Is it near the lamp?*
- *Yes, it is near the lamp.*
- *And the lamp is near the computer?*
- *Yes, it is.*

3
- *Is it a lamp?*
- *Yes, it is.*
- *Is it on the table?*
- *Yes. It is on the table.*
- *Is the computer on the table too?*
- *Yes, it is.*

4
- *Is this woman young?*
- *Yes, she is.*
- *Is she serious?*
- *Yes. She is serious and polite.*

5
- *Is it the guard's gun?*
- *Yes, it is.*
- *Does the guard have a new gun?*
- *Yes. The guard has a new black gun.*

6
- *There is a respectable man in the bank.*
- *Is he young?*
- *Yes, he is. He is young and serious.*

7
- *Is there a bank on Van Gogh Avenue?*
- *Yes, there is. There is a big bank in Van Gogh Avenue.*

8
- *Is this the manager's car?*
- *Yes, it is. The manager has a new car.*

- Czy to jest komputer tej kobiety?
- Tak.
- Czy komputer tej kobiety znajduje się na stole?
- Tak. Znajduje się na stole.

- *Is this the woman's computer?*
- *Yes, it is.*
- *Is the woman's computer on the table?*
- *Yes. It is on the table.*

2

Problem
Problem

A

Słówka
Words

1. biurko - desk
2. brakować - miss
3. butelka - bottle
4. co - what
5. czas, pora - time
6. czysty (m), czysta (f) - clean
7. dać - give
8. dla - for
9. do, na - to, into
10. dokument - document
11. dolar - dollar
12. dużo, wiele - much
13. dziesięć - ten
14. gorący (m), gorąca (f) - hot
15. idiota (m), idiotka (f) - idiot
16. imię - name
17. ja - I
18. jak - how
19. jesteśmy, jesteście, są - are
20. kasa - cash
21. kłamca - liar
22. kolacja - dinner

23. lampa - lamp
24. mieć - have
25. mineralny (m), mineralna (f) - mineral
26. mówić - speak
27. mówić, powiedzieć - say
28. my - we
29. myśleć - think
30. na - on
31. na dół - down
32. nadzorować - supervise
33. nalewać - pour
34. obserwować, patrzeć - watch
35. oczywiście - of course
36. odpowiadać, odpowiedź - reply
37. odpowiedzialny (m), odpowiedzialna (f) - responsible
38. Pan - Mister (Mr)
39. personel - staff
40. pewny (m), pewna (f), pewnie (*adv.*) - sure
41. pieniądze - money
42. pokój - room

43. problem - problem
44. proszę - please
45. przed - before
46. przestępstwo - crime
47. pytać - ask
48. rejestr, kasa - register
49. siedzieć - sit
50. stół - table
51. szklanka - glass
52. tam - there
53. trochę - a little
54. trochę, kilka - some
55. twój (m), twoja (m), Pański (m) *formal*, Pańska (f) *formal* - your

56. ty, wy - you
57. tysiąc - thousand
58. umieć, móc - can
59. w - into
60. wchodzić - enter
61. witam - hello
62. woda - water
63. wskazywać - point
64. wszyscy, wszystko, cały (m), cała (f) - answer
65. wtorek - Tuesday
66. z - with
67. zapobiegać - prevent

 # B

Problem

Jest wtorek. Jest pora przed kolacją. Jest gorąco i słonecznie. Wieje wiatr. To jest pokój menadżera banku. Pokój jest duży i czysty. W pokoju znajduje się duży stół. Na stole znajduje się lampa. Menadżer siedzi przy stole. Ma problem. Do pokoju menadżera wchodzi detektyw.

„Witam, Panie Vega" mówi detektyw.

„Witam, Panie Rost," odpowiada menadżer, „Proszę usiąść."

„Jaki ma Pan problem?" pyta pan Rost.

„Brakuje nam trochę pieniędzy," odpowiada pan Vega.

„Jak dużo?" pyta detektyw.

„Dziesięć tysięcy dolarów," odpowiada menadżer.

„Jak ma na imię kasjerka?" pyta Paul Rost.

„Kasjerka ma na imię Lisa Pandora," odpowiada John Vega.

„Za co jest odpowiedzialna pani Pandora?" pyta detektyw.

„Pani Pandora jest odpowiedzialna za pieniądze i dokumenty w kasie," odpowiada menadżer.

„Jak ma na imię ochroniarz?" pyta pan Rost.

Problem

It is Tuesday. It is the time before dinner. It is hot and sunny. The wind is blowing.
This is the bank manager's room. The room is big and clean. There is a big table in the room. There is a lamp on the table. The manager sits at the table. He has a problem.
A detective enters the manager's room.
"Hello, Mr. Vega," the detective says.
"Hello, Mr. Rost," the manager answers, "Sit down, please."
"What is your problem?" Mr. Rost asks.
"We are missing some money," Mr. Vega answers.
"How much?" the detective asks.
"Ten thousand dollars," the manager answers.
"What is the name of the teller?" Paul Rost asks.
"The teller's name is Lisa Pandora," John Vega replies.
"What is miss Pandora responsible for?" the detective asks.
"Miss Pandora is responsible for money and documents in the cash register," the manager answers.

9

„Ochroniarz ma na imię George Titan," odpowiada John Vega.

„Za co jest odpowiedzialny pan Titan?" pyta detektyw.

„Pan Titan ma obserwować ludzi i zapobiegać przestępstwom," odpowiada menadżer banku.

„Za co Pan jest odpowiedzialny?" pyta pan Rost.

„Muszę nadzorować całą pracę i cały personel banku," odpowiada pan Vega.

„Co to jest?" detektyw wskazuje na butelkę wody mineralnej, na biurku menadżera.

„To jest butelka wody mineralnej," mówi menadżer.

„Mogę poprosić trochę wody?" pyta detektyw.

„Oczywiście, proszę" odpowiada menadżer. Nalewa trochę wody do szklanki i daje ją detektywowi. „Ten detektyw jest idiotą," myśli menadżer.

„Menadżer jest kłamcą," myśli detektyw, „Czy mogę porozmawiać z personelem?" mówi.

„Oczywiście," odpowiada menadżer.

"What is the name of the guard?" Mr. Rost asks.

"The guard's name is George Titan," John Vega replies.

"What is Mr. Titan responsible for?" the detective asks.

"Mr. Titan has to watch people and prevent crime," the manager of the bank answers.

"What are you responsible for?" Mr. Rost asks.

"I have to supervise all the work and all the staff of the bank," Mr. Vega answers.

"What is this?" the detective points to a bottle of mineral water on the manager's desk.

"This is a bottle of mineral water," the manager says.

"Can I have some water?" the detective asks.

"Of course, please" the manager answers. He pours a little water into a glass and gives it to the detective. "This detective is an idiot," the manager thinks.

"The manager is a liar," the detective thinks, "Can I speak with the staff, please?" he says.

"Sure," the manager answers.

C

Przegląd nowego słownictwa

1
- Młody człowieku, dzisiaj jest wtorek czy poniedziałek?
- Dzisiaj jest wtorek.
- Jest teraz przed południem czy po południu?
- Teraz jest przed południem.
- Jest teraz ciepło czy gorąco?
- Teraz jest ciepło i słonecznie.

2
- Jak ma na imię menadżer?
- Ma na imię John Vega.
- Co John Vega musi nadzorować?
- Musi nadzorować pracę banku.

3
- Jak ma na imię ochroniarz?
- Ma na imię George Titan.

New vocabulary review

1
- Is it Tuesday or Monday today, young man?
- Today is Tuesday.
- Is it the time before noon or after noon now?
- It is the time before noon now.
- Is it warm or hot now?
- It is hot and sunny now.

2
- What is the manager's name?
- His name is John Vega.
- What must John Vega supervise?
- He must supervise the work of the bank.

3
- What is the guard's name?

10

- Za co jest odpowiedzialny pan Titan?
- Pan Titan ma obserwować na ludzi. Musi zapobiegać przestępstwom.

4

- Mam problem.
- Jaki masz problem?
- Mój hot dog zniknął.
- Menadżer też ma problem.
- Jaki jest problem menadżera?
- Jego butelka wody mineralnej zniknęła.

5

- Co się znajduję na stole kasjera?
- Na stole znajduje się trochę pieniędzy i dokumentów.
- Ile dolarów znajduje się na stole?
- Na stole znajduje się tysiąc dolarów.

6

- Młody człowieku, jaki to jest bank?
- To jest szanowany bank.
- Czy znajduje się on na Alei Van Gogha?
- Tak.

7

- Co znajduje się blisko komputera?
- To jest interesująca krzyżówka.
- Co to jest, ta butelka na stole?
- To jest woda mineralna.

8

- Pieniądze znajdują się w kasie czy u menadżera?
- Oczywiście pieniądze znajdują się w kasie.
- Ten menadżer jest kłamcą czy idiotą?
- Oczywiście, że nie jest idiotą. Jest kłamcą.

- His name is George Titan.
- What is Mr. Titan responsible for?
- Mr. Titan must watch people. He must prevent crime.

4

- I have a problem.
- What is your problem?
- My hotdog is gone.
- The manager has a problem too.
- What is the manager's problem?
- His bottle of mineral water is gone.

5

- What is there on the teller's table?
- There are some money and documents on the table.
- How many dollars are there on the table?
- There is a thousand dollars on the table.

6

- What bank is this, young man?
- It is a respectable bank.
- Is it located on Van Gogh Avenue?
- Yes, it is.

7

- What is this near the computer?
- It is an interesting crossword puzzle.
- What is this bottle on the table?
- It is mineral water.

8

- Is the money in the cash register or at the manager's?
- Of course, money is in the cash register.
- Is this manager a liar or an idiot?
- Of course, he's not an idiot. He's a liar.

3

Detektyw Paul Rost
Detective Paul Rost

A

Słówka
Words

1. adres - address
2. albo, lub - or
3. brać, wziąć - take
4. być - be
5. czterdzieści pięć - forty-five
6. dom - house
7. dwadzieścia siedem - twenty seven
8. dziewięć - nine
9. edukacja, wykształcenie - education
10. inny (m, *sing*), inna (f, *sing*), inni (m, *plur*), inne (f, *plur*) - other
11. ja jestem - I am
12. jasny (m), jasna (f) - fair
13. jego - his
14. jej - her
15. kawaler (m), panna (f), stanu wolnego (*general*) - single
16. klucz - key
17. kto - who
18. licencjat, stopień licencjata - bachelor's degree

19. mój (m, *sing.*), moja (f, *sing.*), moi (m, *plur.*), moje (f, *plur.*) - my
20. na zewnątrz - out
21. nie - no, not
22. numer - number
23. od - from
24. odpowiedzialność, obowiązek - responsibility
25. oni - they
26. ostatni (m), ostatnia (f) - last
27. otwierać, otworzyć - open
28. patrzeć, spojrzeć - look
29. pięć - five
30. piękny (m), piękna (f) - beautiful
31. pierwszy (m), pierwsza (f) - first
32. pochmurny (m), pochmurna (f), pochmurno (*adv.*) - cloudy
33. południe - noon
34. potem, później - then
35. powinien (m), powinna (f) - should

36. pracownik (m), pracownica (f)- employee
37. pytanie - question
38. razem - together
39. robić, zrobić - do
40. rok - year
41. rozwiedziony (m), rozwiedziona (f) - divorced
42. siedem - seven
43. siedzieć - sit
44. skarbiec, sejf - vault
45. smukły - slender

46. środa - Wednesday
47. stopień naukowy - degree
48. szary (m), szara (f) *(colour)*; siwy (m), siwa (f) *(about hair)* - gray
49. tak - yes
50. trzydzieści - thirty
51. ulica - street
52. uważnie - attentively
53. wieczór - evening
54. włosy - hair
55. zamknięty (m), zamknięta (f) - close
56. żonaty (m), zamężna (f) - married

 # B

Detektyw Paul Rost

Jest środa. Jest południe. Jest gorąco i pochmurno. Nie wieje wiatr.
Detektyw Paul Rost siedzi przy stole, w pokoju menadżera banku. Ma czterdzieści pięć lat. Jego włosy są siwe. Do pokoju menadżera wchodzi kobieta. Jej włosy są jasne. Jest wysoka i smukła. Kobieta jest młoda i piękna.
„Witam," mówi.
„Witam," odpowiada Paul Rost. „Proszę usiąść," mówi detektyw.
Kobieta siada.
„Czy mogę zadać Pani kilka pytań?"
„Oczywiście," odpowiada kobieta.
„Jak ma Pani na imię?" pyta pan Rost.
„Mam na imię Lisa," odpowiada kobieta.
„Jak ma Pani na nazwisko?" pyta detektyw.
„Nazywam się Pandora," mówi.
„Ile ma Pani lat?" mówi Paul.
„Mam trzydzieści siedem lat," mówi.
„Jaki jest Pani adres?" pyta pan Rost.
„Mój adres to ulica Da Vinci, numer domu dwadzieścia siedem," odpowiada Lisa Pandora.
„Jakie ma Pani wykształcenie?" pyta detektyw.
„Mam stopień licencjata," odpowiada Lisa.
„Jest pani zamężna czy stanu wolnego?" pyta.

Detective Paul Rost

It is Wednesday. It is noon. It is hot and cloudy. The wind is not blowing.
The detective Paul Rost is sitting at a table in the bank manager's room. He is forty-five years old. His hair is gray. A woman enters the manager's room. Her hair is fair. She is tall and slender. The woman is young and beautiful.
"Hello," she says.
"Hello," Paul Rost answers. "Sit down, please," the detective says. The woman sits down.
"Can I ask you some questions?" the detective says.
"Sure," the woman answers.
"What is your first name?" Mr. Rost asks.
"My name is Lisa," the woman answers.
"What is your last name?" the detective asks.
"My last name is Pandora," she says.
"How old are you?" Paul says.
"I am thirty seven years old," she says.
"What is your address?" Mr. Rost asks.
"My address is Da Vinci Street, house number twenty-seven," Lisa Pandora answers.
"What is your education?" the detective asks.
"I have a bachelor's degree," Lisa answers.
"Are you married or single?" he asks.

13

„Nie jestem zamężna. Jestem rozwiedziona," odpowiada kobieta.

„Jakie są pani obowiązki?" pyta pan Rost.

„Jestem odpowiedzialna za dokumenty i pieniądze w kasie," odpowiada Lisa.

„Czy ma Pani klucze do sejfu?" pyta Paul.

„Tak, mam," odpowiada kobieta.

„Kto otwiera sejf rano, a kto zamyka go wieczorem?" pyta detektyw.

„Robię to ja razem z menadżerem," odpowiada kobieta. Detektyw patrzy uważnie na panią Pandorę, a potem na pana Vegę.

„Czy ochroniarz może wejść do sejfu?" pyta pan Rost.

„Nie, nie powinien do niego wchodzić," odpowiada Lisa.

„Czy inni pracownicy mogą do niego wejść?" pyta detektyw.

„Nie, nie powinni do niego wchodzić," odpowiada kasjerka.

„Czy może Pani wynieść dokumenty albo pieniądze z banku?" pyta detektyw.

„Nie, nie mogę," odpowiada i patrzy na menadżera.

„Czy musi pani być w banku od dziewiątej do piątej?" pyta Paul Rost.

„Tak, muszę być," odpowiada Lisa Pandora.

„Czy może pani dać klucz do sejfu innym pracownikom?" pyta detektyw.

„Nie powinnam dawać go innym pracownikom," odpowiada kobieta.

"I am not married. I am divorced," the woman answers.

"What are your responsibilities?" Mr. Rost asks.

"I am responsible for the documents and the money in the cash register," Lisa answers.

"Do you have a key for the vault?" Paul asks.

"Yes, I do," the woman answers.

"Who opens the vault in the morning and closes it in the evening?" the detective asks.

"I do it together with the manager," the woman answers. The detective looks attentively at Ms. Pandora, and then at Mr. Vega.

"Can the guard enter the vault?" Mr. Rost asks.

"No, he should not enter," Lisa answers.

"Can other employees enter it?" the detective asks.

"No, they should not enter it," the teller answers.

"Can you take documents or money out of the bank?" the detective asks.

"No, I cannot," she says and looks at the manager.

"Do you have to be at the bank from nine to five?" Paul Rost asks.

"Yes, I have to be there," Lisa Pandora answers.

"Can you give the key for the vault to other employees?" the detective asks.

"I should not give it to other employees," the woman answers.

C

Przegląd nowego słownictwa

1

- Dzisiaj jest wtorek czy środa?
- Dzisiaj jest środa.
- Czy jest dzisiaj gorąco?
- Nie. Dzisiaj nie jest gorąco.
- Czy wieje wiatr?
- Tak, wieje wiatr.

New vocabulary review

1

- Is today Tuesday or Wednesday?
- Today is Wednesday.
- Is it hot today?
- No, it's not. It is not hot today.
- Is the wind blowing?
- Yes, the wind is blowing.

2

- Gdzie siedzi menadżer?
- Siedzi w samochodzie.
- Ile menadżer ma lat?
- Menadżer ma czterdzieści lat.
- Czy włosy menadżera są czarne?
- Tak, jego włosy są czarne.

3

- Kto wchodzi do pokoju?
- Do pokoju wchodzi pracownica banku.
- Kim jest ta pracownica banku?
- Jest kasjerką.
- Czy ta kasjerka jest wysoka i smukła?
- Tak. Jest młoda i piękna.

4

- Czy mogę zadać Panu pytanie?
- Tak, proszę.
- Czy ma Pan na nazwisko Rothschild?
- Nie. Nie jest to moje nazwisko rodzinne. Ja nazywam się Bill Gates.

5

- Młody człowieku, ile masz lat?
- Mam trzydzieści lat.
- Jaki jest twój adres?
- Mój adres to ulica Piccadilly 7, Londyn, Anglia.
- Jakie masz wykształcenie?
- Mam stopień licencjata.

6

- Czy detektyw ma stopień licencjata?
- Nie, on ma stopień pilota sił powietrznych.
- Jest żonaty czy rozwiedziony?
- Jest rozwiedziony.
- Czy menadżer banku jest również kawalerem?
- Tak. On nie jest żonaty.
- Ta kobieta jest zamężna czy stanu wolnego?
- Ona jest zamężna.

7

- Kim Pani jest?
- Jestem kasjerką.
- Jakie są Pani obowiązki?
- Jestem odpowiedzialna za dokumenty i pieniądze w kasie banku.
- Czy kasjerka może wziąć pieniądze z kasy?

2

- *Where does the manager sit?*
- *He sits in a car.*
- *How old is the manager?*
- *The manager is forty years old.*
- *Is the manager's hair black?*
- *Yes, his hair is black.*

3

- *Who is entering the room?*
- *A bank employee is entering the room.*
- *Who is this bank employee?*
- *She's a teller.*
- *Is the teller tall and slender?*
- *Yes, she is. She is young and beautiful.*

4

- *Can I ask you a question?*
- *Yes, please.*
- *Is your last name Rothschild?*
- *No, it is not. My family name is not Rothschild. My name is Bill Gates.*

5

- *How old are you, young man?*
- *I'm thirty years old.*
- *What is your address?*
- *My address is 7 Piccadilly Street , London, England.*
- *What is your education?*
- *I have a bachelor's degree.*

6

- *Does the detective have a bachelor's degree?*
- *No, he has an air force pilot's degree.*
- *Is he married or divorced?*
- *He is divorced.*
- *Is the bank manager single, too?*
- *Yes, he is. He isn't married.*
- *Is this woman married or single?*
- *She isn't married.*

7

- *Who are you?*
- *I'm a teller.*
- *What are your responsibilities?*
- *I am responsible for the documents and money in the bank's cash register.*
- *Can a teller take money from the cash register?*

- Nie, nie może. Pracownicy nie mogą brać pieniędzy z kasy.

8

- Czy ona ma klucz do sejfu?
- Tak. Ona ma klucz do sejfu.
- O której musi otworzyć sejf?
- Musi otworzyć sejf o piątej.

9

- Czy menadżer patrzy na ochroniarza?
- Nie. Menadżer patrzy uważnie na detektywa.
- Czy może on dać klucz ochroniarzowi?
- Nie, nie może.

10

- Młody człowieku, czy mogę Ci zadać pytanie?
- Tak, proszę pytać.
- Kim jest ta piękna, szczupła pracownica?
- Ona jest menadżerem biura.
- Czy ona jest zamężna?
- Nie, nie jest zamężna. Jest rozwiedziona.
- Jak ma na imię?
- Ma na imię Anna.
- Jak ma na nazwisko?
- Nazywa się Bergman.

- *No, she cannot. The employees can't take money from the cash register.*

8

- *Does she have a key for the vault?*
- *Yes, she does. She has a key for the vault.*
- *When does she have to open the vault?*
- *She has to open the vault at 5 o'clock.*

9

- *Is the manager looking at the guard?*
- *No, he is not. The manager is looking attentively at the detective.*
- *May he give a key to the guard?*
- *No, he may not.*

10

- *Can I ask you a question, young man?*
- *Yes, please ask.*
- *Who is this beautiful slender employee?*
- *This is the manager of our office.*
- *Is she married?*
- *No, she is not married. She's divorced.*
- *What is her name?*
- *Her name is Anna.*
- *What is her last name?*
- *Her last name is Bergman.*

4

Miasto Atlas
Atlas City

A

1. autobus - bus
2. bojler - boiler
3. byłem (m), byłam (f) był (m), była (f) - was
4. centrum - centre
5. chłodny (m), chłodna (f) - cool
6. coś - something
7. cześć - bye, hi
8. czwartek - Thursday
9. dobrze - well
10. dodatkowy pokój - spare room
11. dwa, dwoje, dwie - two
12. dziękować, podziękować - thank
13. dziwny (m), dziwna (f) - strange
14. dzwonić - ring
15. gabinet - study
16. garaż - garage
17. głos - voice
18. hałas - noise
19. kawiarnia - cafe
20. kiedy - when
21. kilka - several
22. koniec - over
23. korytarz, hol - hall
24. kuchnia - kitchen
25. kwiat - flower
26. łazienka - bathroom
27. lotnisko - airfield
28. ludzie - people
29. mały (m), mała (f) - small
30. męski - male
31. miasto - city, town
32. mieć - have
33. mieszkać, żyć - live
34. minuta - minute
35. moment, chwila - moment
36. mówić - speak
37. na emeryturze - retired
38. niewiele, kilka - few

39. nowoczesny (m), nowoczesna (f) - modern
40. o, około - about
41. odbierać, odebrać - pick up
42. ogród - garden
43. opera - opera
44. pięć lat temu - five years ago
45. pilot - pilot
46. piwnica - basement
47. podłoga, piętro - floor
48. powietrze - air
49. prawy (m), prawa (f) - right
50. prywatny (m), prywatna (f) - private
51. przedmieście - suburb
52. przejść na emeryturę - retire
53. przychodzić, przyjść - come
54. rosnąć, hodować - grow
55. siły powietrzne - air force
56. sklep - shop
57. służyć - serve
58. słyszeć, usłyszeć - hear
59. spektakl, dramat - drama
60. spiżarnia - pantry
61. sprawa, przypadek - case
62. stacja- station
63. sto - hundred
64. sypialnia - bedroom
65. szkoła - school
66. szpital - hospital
67. tak jak - as
68. teatr - theatre
69. telefon - phone
70. teraz - now
71. tor kolejowy - railway
72. tu, tutaj - here
73. uczucie, przeczucie - feeling
74. ulica główna - main street
75. uniwersytet - university
76. w domu - at home
77. w pobliżu, niedaleko - nearby
78. w porządku - OK
79. widzieć - see
80. wiele, dużo - many
81. wielki (m), wielka (f) - large
82. wydarzyć się, zdarzyć się - happen
83. zaczynać pracować - beginning to work
84. zaczynać, zacząć - begin
85. ziemia, grunt - ground
86. znaczyć, mieć na myśli - mean

 # B

Miasto Atlas

Detektyw Paul Rost mieszka w małym domu. Dom ten ma dwa piętra. Na parterze znajduje się kuchnia, łazienka i hol. Na piętrze znajduje się sypialnia, gabinet i dodatkowy pokój. Kotłownia i spiżarnia znajdują się w piwnicy. Garaż znajduje się blisko domu. Dom ma duży ogród. Paul hoduje tam trochę kwiatów.
Dom znajduje się na ulicy Picasso. Niedaleko znajduje się lotnisko sił powietrznych. Ulica ta znajduje się na przedmieściu. Miasto nazywa się Atlas. W tym mieście żyje około stu tysięcy ludzi. Znajduje się tam pięć stacji autobusowych i dwie stacje kolejowe. W tym

Atlas City

The detective Paul Rost lives in a small house. The house has two floors. There are a kitchen, a bathroom, and a hall on the ground floor. There are a bedroom, a study and a spare room on the first floor. A boiler room and a pantry are located in the basement. The garage is near the house. The house has a large garden. Paul grows some flowers there. The house is located on Picasso Street. There is an air force airfield nearby. The street is located in a suburb. The name of the city is Atlas. About a hundred thousand people live in this city. There are five bus stations and two railway stations there. The city has several

mieście znajduje się kilka szkół i uniwersytetów. Wielki, nowoczesny szpital znajduje się w centrum Atlasu. Na głównej ulicy znajduje się kilka banków. Główna ulica nazywa się Aleja Van Gogha. Położony tam jest Teatr Dramatyczny i Teatr Operowy. W mieście jest wiele sklepów i kawiarni.

Jest czwartek. Jest wieczór. Jest chłodno. Nie wieje wiatr.

Detektyw Paul Rost jest w domu. Kiedy był młody służył w siłach powietrznych. Był pilotem. Pan Rost przeszedł na emeryturę pięć lat temu. Zaczął wtedy pracować jako prywatny detektyw. Teraz zaczyna pracować nad tą sprawą z bankiem. Ma dziwne przeczucie.

Detektyw je kolację. W tym momencie dzwoni telefon. Detektyw odbiera telefon.

„Halo,“ odpowiada Paul Rost.

„Halo. Cześć Paul. Mówi Bruno. Jak się masz?“ mówi męski głos.

„Mam się dobrze, dziękuję. Co u ciebie?“ odpowiada detektyw.

„U mnie w porządku. Czy możesz tu przyjść na minutę? Dzieje się tu coś dziwnego,“ mówi Bruno.

„Co masz na myśli?“ pyta detektyw.

„Słyszę jakieś dziwne hałasy w domu. Czy możesz przyjść od razu?“ pyta Bruno.

„Tak, zaraz przyjdę. Do zobaczenia za pięć minut,“ odpowiada Paul Rost.

„Dziękuję. Cześć,“ mówi Bruno.

„Cześć, Bruno,“ mówi pan Rost.

schools and universities. A large modern hospital is in the centre of Atlas. There are a few banks on the main street. The name of the main street is Van Gogh Avenue. The Drama Theatre and the Opera Theatre are located there. The town has many shops and cafes.

It is Thursday. It is evening. It is cool. The wind is not blowing.

The detective Paul Rost is at home. He served in the air force when he was young. He was a pilot. Mr. Rost retired five years ago. He began to work as a private detective then. Now he is beginning to work on this case about the bank. He has a strange feeling.

The detective is having his dinner. At this moment the phone rings. The detective picks up the phone.

"Hello," Paul Rost answers.

"Hello. Hi Paul. This is Bruno speaking. How are you?" a male voice says.

"I'm well, thank you. How are you?" the detective answers.

"I'm OK. Can you come over for a minute? Something strange is happening here," Bruno says.

"What do you mean?" the detective asks.

"I hear some strange noises in the house. Can you come right now, please?" Bruno asks.

"Yes, I'll come right now. See you in five minutes," Paul Rost answers.

"Thank you. Bye," Bruno says.

"Bye, Bruno," Mr. Rost says.

C

Przegląd nowego słownictwa
1
- Cześć, Anna. Tu Alexander.
- Cześć, Alexander.
- Jak się masz?
- Mam się dobrze, dziękuję. A co u ciebie?
- U mnie też w porządku, dziękuję.

New vocabulary review
1
- Hello, Anna. It's Alexander.
- Hello, Alexander.
- How are you?
- I'm okay, thanks. How are you?
- I'm okay too, thanks.

2

- Młody człowieku, czy ty pracujesz na lotnisku sił powietrznych?
- Nie. Pracuję na stacji autobusowej.
- Co robisz na stacji autobusowej?
- Jestem kierowcą.

3

- Czy mieszkasz w małym domu?
- Nie. Mam duży dom.
- Czy twój dom znajduje się w centrum miasta?
- Mój dom znajduje się na przedmieściach.
- Czy masz garaż?
- Nie mam garażu. Mam piękny ogród. Hoduję tam kwiaty.

4

- Gdzie jest klucz od garażu?
- Klucz jest w domu, w gabinecie.
- Jest na stole w gabinecie?
- Tak.

5

- Gdzie położony jest Teatr Operowy?
- Położony jest na Alei Van Gogha.
- A gdzie znajduje się Teatr Dramatyczny?
- Położony jest na ulicy Beethovena.

6

- Muszę iść do lekarza. Czy w tym mieście jest szpital?
- Tak, jest. W mieście znajduje się nowoczesny szpital.
- Gdzie jest położony?
- Położony jest w centrum miasta, obok Teatru Dramatycznego.

7

- Kim byłeś zanim przeszedłeś na emeryturę?
- Byłem pilotem. Służyłem w siłach powietrznych.
- A kim była ona zanim przeszła na emeryturę?
- Ona była kasjerką.

8

- Czy możesz przyjść za minutę?
- Mogę przyjść za dziesięć minut. Może być?
- W porządku. Do zobaczenia za dziesięć minut.
- Do zobaczenia. Cześć.

9

- Co tu się dzieje?

2

- Do you work at an air force airfield, young man?
- No, I don't. I work at a bus station.
- What do you do at the bus station?
- I'm a bus driver.

3

- Do you live in a small house?
- No, I don't. I have a big house.
- Is your house in the city centre?
- My house is in the suburbs.
- Do you have a garage?
- I don't have a garage. I have a beautiful garden. I grow flowers there.

4

- Where is the key from the garage?
- The key is at home in the study.
- Is it in the study on the table?
- Yes, it is.

5

- Where is the Opera Theatre located?
- It's located on Van Gogh Avenue.
- And where is the Drama Theatre?
- It's located on Beethoven Street.

6

- I need to go to the doctor. Is there a hospital in this city?
- Yes, there is. There is a modern hospital in the city.
- Where is it located?
- It's located in the city centre near the Drama Theatre.

7

- What were you before you retired?
- I was a pilot. I served in the air force.
- And what was she before she retired?
- She was a teller.

8

- Can you come over in a minute?
- I can come in ten minutes. Is it okay?
- It is okay. See you in ten minutes.
- See you. Bye.

9

- What's happening here?
- Something strange is happening here.

- Dzieje się tu coś dziwnego.
- Co masz na myśli?
- Mam na myśli, że słyszę jakieś dziwne hałasy.
- To telefon dzwoniący na pierwszym piętrze. Aparat znajduje się w sypialni na stole.

- *What do you mean?*
- *I mean that there are some strange noises.*
- *It is the telephone ringing on the first floor. The receiver is in the bedroom on the table.*

5

Fachowiec
A repairman

A

Słówka
Words

1. ale, lecz - but
2. chcieć - want
3. chory (m), chora (f) - sick
4. ci (m), te (f) - these
5. ciągnąć, pociągnąć - pull
6. ciasno, mocno - tightly
7. ciężki (m), ciężka (f) - heavy
8. czekać, poczekać - wait
9. dlaczego - why
10. dłoń, ręka - hand
11. dobry (m), dobra (f) - good
12. doktor, lekarz - doctor
13. dostać (się), zostać - get
14. dostał (m), dostałą (f), został (m), została (f) - got
15. drzwi - door
16. duch - ghost
17. dzwonić, zadzwonić - call
18. fachowiec, mechanik - repairman
19. gdzie - where
20. go, jego, mu, jemu - him
21. gruby (m), gruba (f) - fat
22. guzik, przycisk - button
23. iść, pójść - go
24. kradzież - robbery
25. krótki (m), krótka (f) - short
26. krzyczeć, krzyknąć - shout
27. krzyk - scream
28. ktoś - someone
29. lewo - left
30. mi, mnie - me
31. naciskać, nacisnąć - press
32. nagle - suddenly
33. naprawiać, naprawić - repair
34. nic - nothing
35. nie ma za co - you are welcome
36. nikt - nobody
37. odejść, opuścić - leave
38. odpowiedział (m), odpowiedziała (f) - answered

39. okno - window
40. oskarżony (m), oskarżona (f) - charged
41. po - after
42. początek (n), zaczynać (v), zacząć (v) - start
43. podejście (n), podchodzić (v), podejść (v) - approach
44. pokrywka - lid
45. policja - police
46. pomoc (n), pomagać (v), pomóc (v) - help
47. poszukiwany - wanted
48. później - later
49. próbował, spróbował - attempted
50. prosto przed siebie - straight ahead
51. przeszłość (n), przeszły (adj. m), przeszła (adj. f) - past
52. przez - through
53. przez, poprzez - through, by
54. przychodzić, przyjść - come
55. przyjechać - arrive
56. pukać, zapukać - knock
57. ramię - arm
58. rozmawiać - talk

59. rozumieć, zrozumieć - understand
60. schody - stairs
61. słowo - word
62. spotykać się, spotkać się - meet
63. szyb - shaft
64. tabletka, lekarstwo - pill
65. to (n), ten (m), ta (f) - that
66. trudny (m), trudna (f) - difficult
67. uśmiech (n), uśmiechać się (v), uśmiechnąć się (v) - smile
68. utnięty - stuck
69. w, wewnątrz - inside
70. wentylacja - ventilation
71. więc - so
72. wiedzieć - know
73. winda - elevator
74. wspinać się, wspiąć się, wchodzić (do góry) - climb
75. zakręt (n), skręcać (v), skręcić (v) - turn
76. zamówiony (m), zamówiona (f) - ordered
77. złapać - grab
78. znów, znowu - again

B

Fachowiec

Paul Rost przyjeżdża do domu Bruna po pięciu minutach. Bruno spotyka go w drzwiach. Bruno jest mężczyzną niskim i ciężkim.
„Cześć. Co to są za hałasy, Bruno?" pyta detektyw.
„Ktoś rozmawia w domu, ale nikogo tam teraz nie ma," odpowiada Bruno.
„Czy to duch?" mówi Paul i uśmiecha się.
„To nie jest duch, tylko człowiek. Jestem pewny," odpowiada Bruno. Wchodzą do domu.
„Gdzie to jest?" pyta detektyw.
„Chodź tutaj, na prawo," mówi Bruno. Przechodzą przez wielki korytarz, aż do schodów. Zaczynają po nich wchodzić. Nagle

A repairman

Paul Rost arrives to Bruno's house after five minutes. Bruno meets him at the door. Bruno is a short, heavy man.
"Hi. What are the noises, Bruno? " the detective asks.
"Someone is talking in the house, but there is nobody there now," Bruno answers.
"Is it a ghost?" Paul says and smiles.
"It is not a ghost, but a man. I'm sure," Bruno answers. They come into the house.
"Where is it?" the detective asks.
"Come here, to the right," Bruno says. They go through a large hall to the stairs. They start to climb up. Suddenly they hear heavy knocks and a voice. The voice shouts out

słyszą ciężkie stukanie i głos. Głos wykrzykuje jakieś słowa, ale trudno te słowa zrozumieć. Nie potrafią zrozumieć skąd ten głos pochodzi. Więc idą prosto przes siebie, obok wielkiego okna, aż do małych drzwi. To jest winda. Bruno naciska przycisk przy drzwiach. Drzwi się otwierają i wchodzą do windy. Winda zabiera ich na pierwsze piętro. Znów słyszą pukania i krzyki. Kiedy wychodzą z windy, rozumieją, skąd pochodzi ten głos. Obrócają się w lewo i podchodzą do szybu wentylacyjnego. Otwierają pokrywę od szybu i widzą w środku człowieka.

„Utknąłem. Pomóżcie mi się stąd wydostać, proszę," prosi. Ciągną go za ręce, a on się wydostaje.

„Dziękuję. Muszę teraz iść do lekarza," mówi i chce odejść.

„Proszę chwilę poczekać," mówi detektyw i chwyta go mocno za ramię, „Dlaczego wszedł Pan do szybu wentylacyjnego?" pyta mężczyznę.

„Wszedłem tam, aby naprawić wentylację. Jestem fachowcem," odpowiada mężczyzna.

„Idzie Pan ze mną na posterunek policji," mówi detektyw.

„Ale ja jestem fachowcem. Źle się czuję. Chcę wziąć lekrastwo," mówi mężczyzna.

„Na posterunku policji są dobre lekarstwa. Pomogą ci," mówi Paul i zabiera mężczyznę na posterunek policji.

Dzwoni później do Bruna i mówi: „Ten mężczyzna został oskarżony o próbę kradzieży. Chciał się dostać do domu przez szyb wentylacyjny. Ale jest za gruby, więc utknął."

„Dziękuję ci za pomoc, Paul," mówi Bruno.

„Nie ma za co. To moja praca, Bruno," odpowiada detektyw.

some words, but it is difficult to understand these words. They cannot understand where the voice is coming from. So they go straight ahead, past a large window to a little door. This is an elevator. Bruno presses a button near the door. The door opens and they enter the elevator. The elevator takes them up to the first floor. They hear the knocks and screams again. When they get out of the elevator, they understand where the voice comes from. They turn left and approach a ventilation shaft. They open the lid of the shaft and see a man inside.

"I'm stuck. Help me get out of here, please," he asks. They pull him by the hands, and he gets out.

"Thank you. I have to go to the doctor now," he says and wants to leave.

"Wait a minute," says the detective and grabs him tightly by the arm, "Why did you get into the ventilation shaft?" he asks the man.

"I got in there to repair the ventilation. I am a repairman," the man answered.

"Who ordered this work? This is my house but I know nothing about it," Bruno says.

"You are coming with me to the police station," the detective says.

"But I am a repairman. I am feeling sick. I want to take a pill," the man says.

"There is a good pill at the police station. It will help you," Paul says and takes the man to the police station.

He calls Bruno later and says: "That man has been charged with attempted robbery He wanted to get into the house through the ventilation shaft. But he is too fat, so he got stuck."

"Thank you for the help, Paul," Bruno says.

"You are welcome. It is my job, Bruno," the detective answers.

C

Przegląd nowego słownictwa

1

- Co się dzieje?
- Ktoś okradł tę kobietę.
- Kto ją okradł?
- Jacyś ludzie. Proszę mi powiedzieć gdzie jest posterunek policji?
- Proszę iść w lewo. Obok schodów jest winda. Proszę wysiąść na drugim piętrze.

2

- Co to są za drzwi?
- Nic tam nie ma. To jest szyb wentylacyjny.
- Pomóż mi otworzyć te drzwi.
- Dlaczego chcesz otworzyć te drzwi?
- Tam są złodzieje.
- Jesteś pewny?
- Tak, jestem pewny.
- Poczekaj. Policja już jest w drodze.

3

- Młody człowieku, proszę, idź do holu i poczekaj.
- Dziękuję. Ma Pan piękny dom.
- Tak, ale jest za duży.
- Czy Pański dom jest nowy?
- Nie, nie jest nowy. To dlatego muszę naprawić okna i drzwi.

4

- Kogo oskarżono o próbę kradzieży?
- Nikogo nie oskarżono.
- Jesteś pewny?
- Tak, jestem. Policja znowu źle pracuje.

New vocabulary review

1

- *What is going on?*
- *Someone has robbed this woman.*
- *Who robbed her?*
- *Some people. Tell me, please, where is the police station?*
- *Go left. There is an elevator near the stairs. Get out on the second floor.*

2

- *What is this door?*
- *There is nothing there. This is a ventilation shaft.*
- *Help me open this door.*
- *Why do you want to open this door?*
- *There are robbers there.*
- *Are you sure?*
- *Yes, I'm sure.*
- *Wait. The police is already on its way here.*

3

- *Young man, go into the hall and wait, please.*
- *Thank you. You have a beautiful house.*
- *Yes, but it's too big.*
- *Is your house new?*
- *No, it's not new. That's why I have to repair the windows and the stairs.*

4

- *Who was charged with the robbery attempt?*
- *Nobody was charged.*
- *Are you sure?*
- *Yes, I am. The police is working badly again.*

6

Klucz do sejfu
A vault key

A

Słówka
Words

1. być – be; byłeś (*you, sing. m*), byłaś (*you, sing. f*), byliśmy (*we, m*), byłyśmy (*we, f*), byliście (*you, plur. m*), byłyście (*you, plur. f*), byli (*they, m*), były (*they, f*)
2. chodzić, iść - go
3. cokolwiek - anything
4. cztery - four
5. deszcz (n), padać (v) - rain
6. dobrze, w porządku - Okay
7. dzień - day
8. inny, więcej - else
9. jeśli, jeżeli - if
10. każdy (m), każda (f) - every
11. mgliście - foggy
12. miesiąc - month
13. naprawdę - really
14. odpowiedź (n), odpowiadać (v), odpowiedzieć (v) - answer
15. ogień - fire
16. piątek - Friday
17. pół, połowa - half
18. potrzebować - need
19. przynosić, przynieść - bring
20. stać - stand
21. stać się, wydarzyć się, zdarzyć się - happen
22. stało się, wydarzyło się - happened
23. wina, błąd - fault
24. witać, przywitać - greet
25. wziąć, zabrać – take; wziąłem (m), wzięłam (f) - I took; wziąłeś (m), wzięłaś (f) - you took
26. zaskoczenie, niespodzianka - surprise
27. zaufanie (n), ufać (v), zaufać (v) - trust
28. zgubić - to loose; zgubiłem (m), zgubiłam (f) - I lost; zgubiłeś (m), zgubiłaś (f) - you lost

B

Klucz do sejfu

Jest piątek rano. Jest chłodno i mgliście. Nie wieje wiatr. Pada deszcz.

Paul Rost przyjeżdża do Banku Cesarskiego, aby zadać ochroniarzowi, George'owi Titanowi, kilka pytań. Wchodzi do środka. Ochroniarz George Titan stoi w drzwiach.

„Witam," mówi detektyw.

„Witam," odpowiada ochroniarz.

„Mogę zadać Panu kilka pytań?" pyta detektyw.

„Oczywiście," odpowiada ochroniarz. Menadżer banku John Vega podchodzi do nich i wita się z detektywem.

„Możecie wejść do mojego pokoju," mówi. Wchodzą do pokoju menadżera i siadają.

„Czy ufa pan wszystkim pracownikom banku?" pyta detektyw.

„Tak, ufam wszystkim pracownikom banku," odpowiada ochroniarz. Patrzy na detektywa, potem na Johna Vegę.

„Czy mogę prosić Pana, aby Pan wyszedł z pokoju?" mówi Paul Rost do Johna Vegi.

„Oczywiście. Proszę mnie zawołać jeśli będzie mnie pan potrzebował," menadżer uśmiecha się i opuszcza pokój. Detektyw patrzy na George'a Titana.

„Ufa pan menadżerowi?" pyta.

„Tak. Ufam menadżerowi," mówi George.

„Naprawdę? Czy to dlatego chciał Pana zwolnić miesiąc temu?" pyta Paul Rost.

„To była moja wina. Zgubiłem klucz do sejfu," odpowiada ochroniarz.

„Jak to się stało?" pyta detektyw.

„Wydarzył się to około miesiąc temu. Muszę wziąć od menadżera klucz do sejfu każdego dnia o godzinie czwartej trzydzieści. Później muszę go zanieść go do schowka na klucze. Tego dnia wziąłem klucz od menadżera, ale nie zaniosłem go do schowka," mówi ochroniarz, „Zgubiłem go."

The vault key

It's Friday. It's morning. It's cool and foggy. The wind is not blowing. It's raining.

Paul Rost arrives to the Imperial Bank to ask the guard George Titan some questions. He comes in. The guard George Titan is standing at the door.

"Hello," the detective says.

"Hello," the guard replies.

"Can I ask you a few questions?" the detective asks.

"Sure," the guard replies.

The bank manager John Vega comes up to them and greets the detective.

"You can come into my room," he says. They go into the manager's room and sit down.

"Do you trust all the bank's employees?" the detective asks.

"Yes, I trust all the bank's employees," the guard answers. He looks at the detective, then at John Vega.

"Can I ask you to go out of the room?" Paul Rost says to John Vega.

"Sure. Call me if you need me," the manager smiles and leaves the room. The detective looks at George Titan.

"Do you trust the manager?" he asks.

"Yes, I do. I trust the bank manager," George says.

"Really? Is that why he wanted to fire you a month ago?" Paul Rost asks.

"It was my fault. I lost the vault key," the guard answers.

"How did it happen?" the detective asks.

"It happened about a month ago. I have to take the vault key from the bank manager every day at half past four. Then I have to bring it into the key repository. I took the key from the manager that day, but didn't bring it to the repository," the guard says, "I lost it."

"You lost the key, when you were going from

„Zgubił pan klucz kiedy szedł Pan od pokoju menadżera do schowka?" pyta detektyw zaskoczony.

„Tak," George Titan mówi i patrzy na swoje ręce, a potem na detektywa.

„Chce Pan powiedzieć coś więcej?" pyta detektyw.

„Nie. Nic więcej," odpowiada ochroniarz.

„W porządku. Dziękuję za odpowiedzenie na moje pytania," mówi detektyw Rost.

the manager's to the repository?" the detective asks in surprise.

"Yes, I did," George Titan says and looks at his hands, then at the detective.

"Do you want to say anything else?" the detective asks.

"No, I don't. Nothing else," the guard answers.

"Okay. Thank you for answering my questions," detective Rost says.

C

Przegląd nowego słownictwa

1
- Dzisiaj jest piątek czy czwartek?
- Dzisiaj jest piątek.
- Dzisiaj jest gorąco czy chłodno?
- Dzisiaj jest chłodno i mgliście.
- Czy wiatr jest silny?
- Nie ma wiatru, ale pada deszcz.

2
- Czy ufasz temu lekarzowi?
- Tak.
- A ja nie. Ten lekarz jest dziwny.
- Co masz na myśli?
- Nie uśmiecha się.

3
- Proszę poprosić Annę, aby odebrała telefon.
- Kto pyta?
- Jestem lekarzem. Musi przyjść dzisiaj do szpitala.
- Dzisiaj? Jest Pan pewny?
- Tak, jestem pewny.

4
- Młody człowieku, na którym piętrze znajduje się bank?
- Bank znajduje się na drugim piętrze.
- Czy można iść po schodach?
- Tak, można iść po schodach albo pojechać windą.

5
- Muszę chodzić do szpitala każdego dnia.
- Źle się czujesz?

New vocabulary review

1
- Is today Friday or Thursday?
- Today is Friday.
- Is it hot or cool today?
- It is cool and foggy today.
- Is the wind strong?
- There is no wind, but it's raining heavily.

2
- Do you trust this doctor?
- Yes, I do.
- And I do not. This doctor is strange.
- What do you mean?
- He doesn't smile.

3
- Please ask Anna to take the phone.
- Who's asking?
- This is a doctor. She must come to the hospital today.
- Today? Are you sure?
- Yes, I'm sure.

4
- Young man, what floor is the bank located on?
- The bank is located on the second floor.
- Can you take the stairs?
- Yes, you can take the stairs or by the elevator.

5
- I have to go to the hospital every day.

- Nie, czuję się dobrze. Pracuję tam jako lekarz.

- *Do you feel sick?*
- *No, I'm well. I work there as a doctor.*

7

Przewoziciel
The mover

A

Słówka
Words

1. bardzo - very
2. biegać, biec - run
3. brat - brother
4. chleb - bread
5. chodzić - walk
6. chować się, schować się - hide
7. ciężarówka - truck
8. daleko - far away
9. dokładnie - exactly
10. dwadzieścia - twenty
11. fotel - armchair
12. gazeta - newspaper
13. hej - hey
14. inny (m) - another
15. kajdanki - handcuffs
16. kanapa - couch
17. kłaść się, położyć się - lay
18. kłaść, położyć - put
19. kolega - colleague
20. ktokolwiek - anybody
21. ładować, załadować - load
22. łóżko - bed
23. lubić (v), jak (prep) - like
24. magazyn - magazine
25. na zewnątrz - outside
26. najbardziej śmierdzący (m) - stinkiest
27. nerwowo - nervously
28. niewiarygodny (m) - incredible
29. nosić, nieść - carry
30. obcy, nieznajomy - stranger
31. obrzydliwy (m) - disgusting
32. około, wokół - around
33. osoba - person
34. papieros - cigarette
35. pod - under
36. położenie, lokalizacja - location
37. popołudnie - afternoon
38. pornografia - porn
39. powiedzieć - tell
40. pozwolić - let
41. prawdopodobnie - probably
42. prawdziwy (m) - real
43. próbować, spróbować - try
44. przewoziciel - mover
45. rozglądać się, rozejrzeć się - look around

46. ruszać, przenosić - move
47. rzecz (f) - thing
48. rzucać, rzucić, wyrzucać, wyrzucić - throw
49. sam (m) - alone
50. sam siebie (m) - yourself
51. skakać, skoczyć - jump
52. skarpetki - socks
53. śmiać się, zaśmiać się - laugh
54. śmiejący się - laughing
55. śmierdzący (m) - smelly, stinky
56. śmierdzieć – stink; śmierdziel - stinker
57. świat - world
58. szuflada (m) - drawer
59. talerz - plate
60. tatuaż - tattoo

61. tracić, stracić, gubić, zgubić - lose
62. tył - back
63. tylko, właśnie - just
64. upadać, upaść - fall
65. wąchać (v), powąchać (v) - sniff, smell
66. widziany - seen
67. właściciel (m) - owner
68. własny (m) - own
69. wolny (m) - free
70. wszystko - everything
71. Zamknij się - shut up
72. zapach (n) - smell
73. zdenerwowany (m), nerwowy - nervous
74. ze, poza, zdjęty - off
75. złodziej - thief

 # B

Przewoziciel

Jest piątkowy wieczór. Na zewnątrz jest ciepło i słonecznie. Wieje lekki wiatr.
Paul Rost wraca z banku do domu. Niedaleko jego domu, podchodzi do niego dziwny człowiek.
„Hej, bracie, mieszkasz na tej ulicy?" pyta nieznajomy.
Paulowi nie podoba się ten mężczyzna. Odpowiada więc:
„Nie. Mieszkam daleko stąd."
„Możesz mi pomóc?" pyta nieznajomy.
„W jaki sposób dokładnie?" mówi Paul.
„Jestem przewozicielem mebli. Mój kolega jest chory. A ja muszę załadować trochę rzeczy do ciężarówki i przewieźć je w inne miejsce. Dam ci dwadzieścia dolarów, jeśli pomożesz mi załadować te rzeczy do ciężarówki," mówi nieznajomy.
„Cóż, mam trochę wolnego czasu," mówi Paul.
Mężczyzna idzie do domu Paula Rosta. Drzwi domu są otwarte.
„Wejdź. To tutaj," mówi przewoziciel.
Paul Rost wchodzi do swojego własnego domu.

The mover

It's Friday afternoon. It is warm and sunny outside. A light wind is blowing.
Paul Rost is coming back home from the bank. A strange man comes up to him not far from his house.
"Hey, brother, do you live on this street?" the stranger asks.
Paul doesn't like this man. So he says: "No, I don't. I live far from here."
"Can you help me?" the stranger asks.
"How exactly?" Paul says.
"I'm a mover. My colleague is ill. And I have to load some things into the truck and move them to another location. I'll give you twenty dollars if you help me load the things into the truck," the stranger says.
"Well, I have some free time," Paul says.
The man goes to Paul Rost's house. The house door is open.
"Come in. It's here," the mover says.
Paul Rost goes into his own house. He tries to hide his surprise.
"The owner is not here, but I know what he

Próbuje ukryć zaskoczenie.

„Właściciela tutaj nie ma, ale wiem co chce przewieźć. Chodź, weź ten fotel," mówi przewoziciel. Biorą fotel i wynoszą go na zewnątrz.

„Właściciel jest prawdziwym śmierdzielem," mówi mężczyzna.

„Słucham?" pyta Paul Rost.

„Ten fotel śmierdzi papierosami. Nie czujesz?" pyta przewoziciel.

„Naprawdę?" detektyw wącha swój fotel.

„Tak, może trochę śmierdzi," mówi.

„Śmierdzi jak papieros!" mówi mężczyzna nerwowo. Paul patrzy na jego ramię i widzi tam tatuaż: „Nie ma czasu do stracenia!" Ładują fotel do ciężarówki i wracają do domu. Mężczyzna chodzi dookoła i ogląda rzeczy.

„Tutaj też śmierdzi! Teraz ten stół," mówi. Biorą stół i wynoszą go na zewnątrz. Szuflada stołu otwiera się i wylatuje z niej trochę chleba, talerz, skarpetki i gazeta.

„Co to jest? Spójrz na to! W stole znajduje się chleb, skarpetki, talerz i gazeta. On jest najbardziej śmierdzącym człowiekiem na świecie! Prawdziwy śmierdziel!" mężczyzna krzyczy nerwowo. Paul upuszcza stół, skacze na mężczyznę i upada z nim na ziemię.

„Zamknij się!" krzyczy, „Zamknij się! Obrzydliwy złodzieju!" Paul jest bardzo zdenerwowany, „Sam jesteś śmierdzielem! Sam jesteś śmierdzielem!"

Paul Rost zakłada złodziejowi kajdanki i mówi: „To jest mój dom! A to jest mój fotel! A to jest mój stół i mój talerz! Ty wstrętny, śmierdzący złodzieju! Nie ma czasu do stracenia? Naprawdę?"

Mężczyzna leży na ziemi. Próbuje zrozumieć, co się dzieje.

„A więc, to jest twój dom? To niewiarygodne..." mężczyzna w końcu rozumie.

Patrzy na detektywa. Później zaczyna się śmiać.

„Więc to ty jesteś śmierdzielem? Te rzeczy są twoje?" śmieje się.

„Tak, a ty jesteś obrzydliwym, śmierdzącym złodziejem! Nie chcesz tracić czasu? Idziemy na

wants to move. Come on, take this armchair," the mover says. They take the armchair and carry it outside.

"The owner is a real stinker," the man says.

"What?" Paul Rost asks.

"This armchair stinks of cigarettes. Don't you smell?" the mover asks.

"Really?" the detective sniffs his armchair.

"Yes it probably stinks," he says.

"It smells like a cigarette!" the man says nervously. Paul looks at his arm and sees a tattoo there: "No time to lose!" They load the armchair in the truck and go back into the house. The man walks around and looks at things.

"It stinks here too! Now this table," he says. They take the table and carry it outside. The table drawer opens and some bread, a plate, socks and a newspaper fall out of it.

"What's that? Look at this! Some bread, socks, a plate and a newspaper are in the table. He is the stinkiest person in the world! He is a real stinker!" the man shouts nervously. Paul throws down the table, jumps on the man and falls down to the ground with him.

"Shut up!" he shouts, "Shut up! Disgusting thief!" Paul is very nervous, "You're the stinker! You're a stinker yourself!"

Paul Rost puts on handcuffs on the thief and says: "This is my house! And that is my armchair! And this is my table and my plate! You disgusting stinky thief! No time to lose? Really?"

The man lays on the ground. He tries to understand what is going on.

"Well, is this your house? That's incredible.." the man understands it at last. He looks at the detective. Then he starts laughing.

"So you're the stinker? Are these things yours?" he laughs.

"Yes, you are a disgusting stinky thief! Don't waste the time? Go to the police station now!" Paul shouts nervously.

posterunek policji od razu!" krzyczy Paul nerwowo.

„Powiem im wszystko!" krzyczy mężczyzna, „O skarpetkach i o chlebie, i o śmierdzącym starym fotelu. I... i o magazynach pornograficznych pod łóżkiem!"

„Co? Co?!" detektyw wycelował pistolet w mężczyznę, „O czym ty mówisz?"

„Puść mnie. Jestem małym człowiekiem i mam dużo problemów. Po prostu mnie puść, a ja nikomu nic nie powiem," mówi mężczyzna.

„Jakie magazyny pornograficzne?" mówi detektyw nerwowo.

„Jeśli mnie nie puścisz, powiem wszystko. Powiem o wszystkim, co widziałem... i... o wszystkim, czego nie widziałem! Proszę, puść mnie," prosi mężczyzna.

Paul myśli przez chwilę. Chowa pistolet. Potem zdejmuję mężczyźnie kajdanki i mówi: „Jeśli cię jeszcze raz zobaczę, dostaniesz kulę!"

Mężczyzna podnosi się z ziemi i odbiega. Paul Rost wchodzi do domu i siada na kanapie. Spogląda dookoła. Wącha powietrze. „Tak, prawdopodobnie śmierdzi," myśli. Mieszka sam. Dlaczego? Nie może na to odpowiedzieć. Nikt nie może odpowiedzieć na to pytanie.

"I'll tell them everything!" the man shouts, "About your socks and bread, and about the smelly old armchair. And.. and about the porn magazines under the bed!"

"What? What?!" the detective points a gun at the man, "What are you talking about?"

"Let me go. I am a small man and I've got many problems. Just let me go, and I won't tell anything to anybody," the man says.

"What porn magazines?" the detective says nervously.

"If you don't let me go, I'll tell. I will tell everything that I've seen .. and .. all that I haven't! Please, let me go," the man asks.

Paul thinks a little. He puts the gun away. Then he takes the handcuffs off the man and says: "If I see you again, you'll get a bullet!"

The man gets up from the ground and runs away. Paul Rost goes into the house and sits down on the couch. He's looking around. He is sniffing the air. "Yes, it probably stinks," he thinks. He lives alone. Why? He can't answer. Nobody can answer this question.

C

Przegląd nowego słownictwa
1
- Dzisiaj jest piątek czy czwartek?
- Dzisiaj jest piątek.
- Czy na zewnątrz jest ciepło?
- Na zewnątrz jest dzisiaj ciepło i słonecznie.
2
- Jesteś chory?
- Nie, dobrze się czuję. Dlatego pytasz?
- Na stole leży tabletka.
- Chcesz tę tabletkę?
- Nie, dziękuję.
3
- Masz magazyny pornograficzne?
- Nie mam żadnych magazynów

New vocabulary review
1
- Is today Friday or Thursday?
- Today is Friday.
- Is it warm outside?
- Today, it is warm and sunny outside.
2
- Are you ill?
- No, I'm well. Why do you ask?
- There is a pill on the table.
- Do you want this pill?
- No, thanks.
3
- Do you have porn magazines?
- I don't have any porn magazines. And you?

pornograficznych. A ty?
- Ja też nie mam żadnych magazynów
pornograficznych. Nie lubię magazynów
pornograficznych.
- Ja też ich nie lubię.

4

- Dlaczego jesteś zdenerwowany?
- Nie jestem zdenerwowany. Dlaczego pytasz?
- Wkładasz skarpetki do szuflady razem z
chlebem.

5

- Masz brata?
- Mam dwóch braci i siostrę.
- Czy twoja siostra mieszka w tym domu?
- Nie. Mieszka daleko, w innym mieście.
- A gdzie mieszkają twoi bracia?
- Moi bracia mieszkają ze mną.

6

- Co to są za rzeczy na kanapie?
- To są moje rzeczy.
- Czy chcesz, żebym ci pomógł załadować
twoje rzeczy do samochodu?
- Tak, poproszę.

7

- Spójrz na mój tatuaż!
- Nie podoba mi się twój tatuaż.
- Ale mnie się podoba. To jest najpiękniejszy
tatuaż na świecie.

8

- Powietrze tutaj śmierdzi. Powąchaj je.
- Tak. Powietrze tu jest bardzo śmierdzące.
- Jest tu dużo starych samochodów i
autobusów. Więc powietrze śmierdzi.
- Tak. Wszystko dookoła śmierdzi. To jest
bardzo śmierdzące miejsce.

9

- Czy to twoja gazeta, młody człowieku?
- Tak. Czemu Pan pyta?
- Chciałbym na nią spojrzeć. Mogę?
- Oczywiście, że nie! Może chciałby Pan
również spojrzeć na magazyny
pornograficzne?

10

- Usiądźmy na kanapie.
- W porządku. W końcu możemy usiąść.

- I don't have any porn magazines, either. I
don't like porn magazines.
- I don't like them either.

4

- Why are you nervous?
- I'm not nervous. Why do you ask?
- You put socks into a drawer together with
bread.

5

- Do you have a brother?
- I have two brothers and a sister.
- Does your sister live in this house?
- No, she doesn't. She lives far away in
another city.
- And where do your brothers live?
- My brothers live with me.

6

- What are these things on the couch?
- They are my things.
- Do you want me to help you load your
things into the car?
- Yes, please.

7

- Look at my tattoo!
- I do not like your tattoo.
- But I like it. It's the most beautiful tattoo in
the world.

8

- The air here stinks. Smell it.
- Yes. The air is very stinky here.
- There are a lot of old cars and buses here.
So the air is disgusting.
- Yes. Everything around smells. It is a very
stinky place.

9

- Is this your newspaper, young man?
- Yes, it is. Why do you ask?
- I want to look at it. Can I?
- Of course not! Maybe you would also like to
look at a porn magazine?

10

- Let's sit on the couch.
- Okay. At last we can sit down.
- Look under the table! Somebody is lying
there.

- Spójrz pod stół! Ktoś tam leży.
- To jest mój kolega. Próbuje się ukryć przed policją.
- Dlaczego? Popełnił przestępstwo?
- Tak. Popełnił przestępstwo.
- Jakie przestępstwo popełnił?
- Mój kolega obrabował Bank Cesarski.
- Obrabował bank?
- Dokładnie.
- Załóżmy mu kajdanki!
- W porządku.

11

- Chcę dostać pracę jako kasjer w banku.
- W Banku Cesarskim może być wolne stanowisko kasjera.
- Próbuję dostać pracę na tym stanowisku od miesiąca.
- Menadżer Banku Cesarskiego jest moim bratem. Jeśli chcesz, mogę cię do niego skierować.
- Tak, proszę, skieruj mnie do niego.

12

- Spójrz. Czy to twój kolega wącha kwiaty?
- Nie. To jest właściciel domu.
- Możesz mi opowiedzieć o właścicielu domu? Jest dobrą osobą?
- Oczywiście, opowiem Ci o nim. On jest najdziwniejszą osobą na świecie.
- Dziwną?
- Dokładnie!
- Dlaczego?
- Lubi rzucać talerzami z drugiego piętra do ogrodu.
- Naprawdę?
- Sama widziałam! I codziennie skacze po łóżku.
- Ja też lubię skakać po łóżku!

- This is my colleague. He is trying to hide from the police.
- Why? Did he commit a crime?
- Yes, he has. He committed a crime.
- What crime did he commit?
- My colleague robbed the Imperial Bank.
- He robbed the bank?
- Exactly.
- Let's handcuff him.
- Okay.

11

- I want to get a position as a teller at a bank.
- There may be a vacancy for a teller at the Imperial Bank.
- I have been trying to get exactly this position all month.
- The manager of the Imperial Bank is my brother. If you want, I'll direct you to him.
- Yes, please direct me to him.

12

- Look. Is this your colleague smelling the flowers?
- No, it's not. This is the owner of the house.
- Can you tell me about the owner of the house? Is he a good person?
- Of course, I'll tell you about him. He is the strangest person in the world.
- Strange?
- Exactly!
- Why?
- He likes to throw plates from the second floor into the garden.
- Really?
- I saw it myself! And he jumps on the bed every day.
- I like jumping on the bed too!

8

Nowa praca
A new job

A

Słówka
Words

1. bać się - be afraid
2. chłodny (m) - cold
3. dobrze - fine
4. doceniać, docenić - appreciate
5. drogi (m) - dear
6. dziecko - kid
7. dżinsowa koszula - denim shirt
8. dżinsy - jeans
9. elektryk - electrician
10. jasny (m) - clear
11. już - already
12. godzina siódma - seven o'clock
13. koszulka - t-shirt
14. mówić, powiedzieć - say
15. nalegać - insist
16. niebezpieczny (m) - dangerous
17. noc - night
18. nonsens - nonsense
19. oferta (n), oferować (v), zaoferować - offer
20. pić, napić się - drink
21. płacić, zapłacić - pay
22. pomoc (n), pomóc (v) - help
23. prosty (m) - simple
24. przyjaciel (m), przyjaciółka (f) - friend
25. sam siebie - himself
26. słuchać - listen
27. sobota - Saturday
28. sok - juice
29. spać - sleep
30. szybko - quickly
31. taki, taka, tak - such
32. trawa - grass
33. trochę - a bit
34. ubrany (m) - dressed
35. więcej - more
36. wino - wine
37. woda - water
38. zawód - profession
39. znaleźć - find
40. żona - wife

B

Nowa praca

Jest sobota. Jest siódma wieczorem. Na zewnątrz jest pochmurno i trochę chłodno. Wieje silny wiatr.

Niski mężczyzna podlewa trawę obok domu z numerem 156, na Alei Van Gogha. Ubrany jest w dżinsy i dżinsową koszulę. Na imię ma Alexander Hephaestus. Z zawodu jest elektrykiem. John Vega wychodzi z domu. Ubrany jest w dżinsy i koszulkę. Siada przy małym stoliku na trawie. Na stole stoi kilka butelek z sokiem, wodą i winem.

„Alexander, chodź i siądź tu ze mną," mówi John Vega. Alexander podchodzi i siada.

„Poczęstuj się, mój drogi przyjacielu," proponuje John, „Napij się soku albo wody."

„Dziękuję Ci John," odpowiada Hephaestus. Nalewa sobie trochę wody i pije.

„Dziękuję Ci za pomoc. Naprawdę doceniam twoją pomoc," mówi pan Vega.

„Jesteś moim przyjacielem, dlatego tu jestem, John," odpowiada Alexander.

„Jak się czuje twoja żona i dzieci?" mówi John Vega.

„Dziękuję, dobrze," odpowiada Alexander.

„Posłuchaj, potrzebuję znów twojej pomocy w banku," mówi John Vega.

„Nie mogę. Wiesz o tym," odpowiada jego przyjaciel.

„To bardzo prosta, mała praca. Możesz ją zrobić bardzo szybko i dostać tysiąc dolarów," mówi pan Vega.

„Nie chcę tego robić. Boję się, John. To jest bardzo niebezpieczne," odpowiada Alexander.

„To nie jest niebezpieczne i ty o tym wiesz! Już wykonywałeś tego typu pracę," nalega John.

„Wiesz, że nie mogę. Jeśli policja się dowie..." mówi Alexander Hephaestus,

„Policja się nie dowie! Chcesz więcej

A new job

It's Saturday. It's seven o'clock in the evening. It is cloudy and a little bit cold outside. A strong wind is blowing.

A short man is watering the grass near house number 156 on Van Gogh Avenue. He is dressed in jeans and a denim shirt. His name is Alexander Hephaestus. He is an electrician by profession. John Vega goes out of the house. He is dressed in jeans and a t-shirt. He sits down at a small table on the grass. There are some bottles of juice, water and wine on the table.

"Come and sit with me, Alexander," John Vega says. Alexander comes and sits down.

"Help yourself, my dear friend," John offers him, "Have some juice or water."

"Thank you, John," Hephaestus answers. He pours some water for himself and drinks.

"Thank you for helping me. I really appreciate your help," Mr. Vega says.

"You're my friend, so I'm here, John," Alexander answers.

"How are your wife and kids doing?" John Vega says.

"Thank you. They're fine," Alexander answers.

"Listen, I need your help in the bank again," John Vega says.

"I can't. You know that," his friend answers.

"It's a very simple little job. You can do it quickly and get a thousand dollars," Mr. Vega says.

"I don't want to do it. John, I'm afraid. This is very dangerous," Alexander answers.

"It's not dangerous and you know it! You've already done such work, " John insists.

"You know that I can't. If the police finds out..." Alexander Hephaestus says.

"The police won't know! Do you want more money? I'll give you two thousand! And don't say that you can't! Is that clear?" John shouts.

pieniędzy? Dam ci dwa tysiące! I nie mów, że nie możesz! Czy to jasne?" krzyczy John.
„Boję się, John. Nie mogę spać w nocy!" odpowiada Alexander.
„Nonsens! Płacę dużo pieniędzy za małą pracę! A ty mówisz, że nie możesz spać w nocy! Przyjdź w wtorek rano. Zrozumiałeś? I nie mów, że nie możesz. To wszystko," mówi pan Vega.
„Ale John..." mówi Alexander, ale John Vega wstaje i wchodzi do domu.
Alexander Hephaestus wstaje i idzie do domu.

"I'm afraid, John. I can't sleep at night!" Alexander says.
"Nonsense! I pay a lot of money for a small job! And you are saying that you can't sleep at night! Come in Tuesday morning. Got it? And don't say that you can't. That is all," Mr. Vega says.
"But John..." Alexander says, but John Vega gets up and goes into the house. Alexander Hephaestus gets up and goes home.

C

Przegląd nowego słownictwa

1
- Dzisiaj jest sobota czy piątek?
- Dzisiaj jest sobota.
- Czy na zewnątrz jest słonecznie?
- Na zewnątrz jest pochmurno i trochę zimno.

2
- Boisz się złodziei?
- Nie boję się złodziei!
- Zrozumiałem. Daj mi twoje pieniądze!
- Nie mam żadnych pieniędzy. Młody człowieku, czy chcesz interesującą krzyżówkę i pięć lat wolnego czasu, aby ją rozwiązać?

3
- Jaki jest twój zawód?
- Jestem kierowcą. A ty?
- Jestem policjantem. A ten człowiek jest wstrętnym złodziejem.
- Czy wstrętny złodziej to zawód?
- Wstrętny złodziej to jest prawdopodobnie diagnoza.

4
- Chcesz trochę wina?
- Czemu tylko trochę wina? Chcę dużo wina!
- Naprawdę? Ja też chcę dużo wina! Ale nie ma wina.
- A co masz?
- Jest woda mineralna. Chcesz trochę?
- Nie.
- Ale ja nalegam.

New vocabulary review

1
- Is today Saturday or Friday?
- Today is Saturday.
- Is it sunny outside?
- It is cloudy and a little cold outside.

2
- Are you afraid of robbers?
- I am not afraid of robbers!
- Got it. Give me your money!
- I don't have any money. Young man, do you want an interesting crossword puzzle and five years of free time to solve it?

3
- What is your profession?
- I'm a driver. And you?
- I'm a policeman. And this man is a nasty thief.
- Is a disgusting thief a profession?
- A disgusting thief is probably a diagnosis.

4
- Do you want a little wine?
- Why only a little wine? I want a lot of wine!
- Really? I want a lot of wine too! But there is no wine.
- And what do you have?
- There is a mineral water. Do you want some?
- No, I don't.
- But I insist.

- Dziękuję, nie chcę.

5

- Czemu wychodzisz?
- Muszę się zająć pewną sprawą.
- Jaką sprawą?
- To nie twoja sprawa.

6

- Moje dżinsy są bardzo drogie.
- To nic! A ja mam dżinsową koszulę.
- To nic! A ja mam dużo dzieci.
- To nic! A ja mam dużo pieniędzy!
- Jesteś milionerem?
- Cóż, nie. Pracuję z pieniędzmi. Jestem kasjerem!

7

- Spójrz, moja żona nosi nową koszulkę.
- Nosi tylko koszulkę?
- Nie. Nosi także dżinsy.

8

- Kto stoi obok twojego domu?
- To policja. Nasze meble zostały skradzione.
- Czy te meble były nowe?
- Cóż, nie. Meble były stare.
- Były bardzo stare?
- Tak. Krzesło miało dwieście lat, a łóżko trzysta.

9

- Czy niebezpieczne jest spanie nocą na trawie w ogrodzie?
- Oczywiście, że nie!
- Jesteś pewny?
- Oczywiście! Weź ze sobą pistolet i kajdanki i możesz spać w ogrodzie. Jeśli boisz się spać na trawię, śpij na drzewie.

10

- Tu masz trochę wody, trochę soku i trochę wina. Proszę, poczęstuj się.
- Dziękuję. A ty?
- Ja też się poczęstuję. I co, smakuje ci?
- Tak, bardzo. To wszystko twoje?
- Nie.
- Nie? Kto jest właścicielem?
- Nie wiem. Wino jest dobre, prawda?

- *Thanks, I don't want any.*

5

- *Why are you leaving?*
- *I have to take care of some business.*
- *What business?*
- *It is not you business.*

6

- *My jeans are very expensive.*
- *That's nothing! And I have a denim shirt.*
- *That's nothing! And I have a lot of children.*
- *That's nothing! And I have a lot of money!*
- *Are you a millionaire?*
- *Well, no. I work with money. I'm a teller!*

7

- *Look, my wife is wearing a new t-shirt.*
- *Is she wearing only a t-shirt?*
- *No, she's not. She is wearing jeans, too.*

8

- *Who is standing near your house?*
- *This is the police. Our furniture was stolen. Was the furniture new?*
- *Well, no. The furniture was old.*
- *Was it very old?*
- *Yes. The chair was two hundred, and the bed was three hundred years old.*

9

- *Is it dangerous to sleep on the grass in the garden at night?*
- *Of course not!*
- *Are you sure?*
- *Of course! Take a gun and some handcuffs with you, and you can sleep in the garden. If you are afraid to sleep on the grass, then sleep in a tree.*

10

- *Here is some water, some juice and some wine. Help yourself, please.*
- *Thanks. And you?*
- *I help myself too. Well, do you like it?*
- *Yes, very much. Is it all yours?*
- *No, it is not.*
- *Not? Who is its owner?*
- *I don't know. The wine is good, isn't it?*

9

Prywatne spotkanie
Personal meeting

A

Słówka
Words

1. badać, zbadać - inspect
2. być szczęśliwym - be glad
3. chodnik - sidewalk
4. cichy (m) - silent
5. ćwiczyć - practice
6. długi (m) - long
7. dodać - add
8. droga, sposób - way
9. drogi - expensive
10. dziewczyna - girl
11. i tak, mimo wszystko - anyway
12. informacja - information
13. jutro - tomorrow
14. kabina pasażerska - passenger compartment
15. karta - card
16. kieszeń - pocket
17. kupić - buy
18. miejsce - place
19. mój (sing. m), moja (sing. f), moi (plur. m), moje (plur. f) - my, mine
20. nasz (m), nasza (f) - our
21. nie przejmować się - not care
22. niedziela - Sunday
23. obraźliwie - indignantly
24. ostrożnie - carefully
25. otwarcie, otwieranie - opening
26. pasażer - passenger
27. podążać za - follow
28. podrzucić, podwieźć (autem) - give a lift
29. prezent, podarunek - gift
30. protest (m), ptotestować (v) - protest
31. prywatny (m), osobisty (m) - personal
32. przejęcie, poruszenie - agitation
33. przerwa - pause
34. śmieć (sing.), śmieci (plur.) - garbage, rubbish
35. spotkanie - meeting
36. sprzedawać, sprzedać - sell
37. stopa - foot
38. sześć - six
39. telefon - telephone
40. ukradziony, skradziony - stolen

41. ukraść - steal
42. ważny (m) - important
43. wracać, wrócić, zracać, zwrócić - return
44. wykręcić (numer telefonu) - dial
45. z przyjemnością - happy to; with pleasure
46. żadać - demand
47. zamek - lock

48. zaprosić - invite
49. zaskoczony (m) - surprised
50. zatrzymać (się) - stop
51. zatrzymywać, zatrzymać - keep
52. zły (m), nieprawidłowy (m), niepowołany (m) - wrong
53. znaleziony - found
54. życzenie (n), życzyć - wish

B

Prywatne spotkanie

Jest niedziela. Jest około dziewiątej rano. Na zewnątrz jest chłodno i mgliście. Wieje lekki wiatr.

Paul Rost idzie do banku. Bank znajduje się niedaleko, więc idzie na piechotę. Lisa Pandora siedzi w samochodzie.

„Dzień dobry, Paul," mówi.

„Dzień dobry, Lisa," odpowiada Paul.

„Idziesz do naszego banku?" pyta.

„Tak, Lisa," mówi Paul.

„Mogę Cię podwieźć do banku. Chciałbyś?" proponuje dziewczyna.

„Dziękuję. Z przyjemnością," detektyw wsiada do samochodu.

„Zeszłej nocy ktoś ukradł mój telefon z samochodu," mówi Lisa.

„Naprawdę?" detektyw jest zaskoczony.

„Tak. Przez okno," dodaje Lisa.

„Czy ten telefon jest drogi?" pyta detektyw.

„Nie, nie jest. Ten telefon nie jest nowy. Ale są tam pewne informacje, które nie powinny trafić w niepowołane ręce," mówi Lisa. Paul dokładnie bada kabinę samochodu. Podnosi coś z podłogi.

„Czy to twoja karta bankomatowa?" pyta.

„Nie, to nie moja," odpowiada Lisa. Paul wyciąga swój telefon.

„Jaki jest numer tego skradzionego telefonu?" pyta Paul. Panna Pandora mówi mu numer, a detektyw go wykręca.

„Słucham," odpowiada męski głos.

Personal meeting

It is Sunday. It is about nine o'clock in the morning. It is cool and foggy outside. A light wind is blowing.

Paul Rost is going to the bank. The bank is near so he goes on foot. A car stops near the sidewalk. Lisa Pandora is sitting in the car.

"Good morning, Paul," she says.

"Good morning, Lisa," Paul answers.

"Are you going to our bank?" she asks.

"Yes, Lisa," Paul says.

"I can give you a lift to the bank. Would you like that?" the girl offers.

"Thank you. With pleasure," the detective gets into the car.

"Someone stole my phone out of the car last night," Lisa says.

"Really?" the detective is surprised.

"Yes. Through the window," Lisa adds.

"Is the telephone expensive?" the detective asks.

"No, it's not. The phone is not new. But there is some information that should not get into the wrong hands," Lisa says. Paul carefully inspects the passenger compartment. He picks up something from the floor.

"Is it your bank card?" he asks.

"No, it's not mine," Lisa replies. Paul pulls out his phone.

"What is the phone number of the stolen phone?" Paul asks. Ms. Pandora tells the number and the detective dials it.

41

„Masz mój telefon. Czy możesz mi go oddać?"
pyta Paul. Nastała przerwa.
Mężczyzna odpowiada: „Twój telefon to śmieć.
Nie potrzebuję go. Tak więc mogę ci go
odsprzedać."
„Odsprzedać mi go?" mówi detektyw
zaskoczony. „Ale ty go nie kupiłeś," protestuje.
„Nic mnie to nie obchodzi. Prawdopodobnie
zawiera jakieś ważne informacje, jeśli tak
bardzo chcesz odzyskać ten śmieć?" pyta
złodziej. „Mam rację?" dodaje. Lisa patrzy na
detektywa z przejęciem.
„To prezent od mojego przyjaciela. Jest dla
mnie drogi jako prezent," mówi Paul. „Cóż, ile
chcesz?" pyta detektyw.
„Pięćset dolarów!" żąda mężczyzna.
„Ale ten telefon to śmieć. Sam to właśnie
powiedziałeś!" odpowiada detektyw obraźliwie.
Lisa bierze Paula nerwowo za rękę.
„Cóż, jak sobie życzysz!" mówi mężczyzna.
„W porządku. Dam ci pięćset dolarów," mówi
detektyw patrząc na Lisę, „Przy okazji,
znalazłem w samochodzie kartę bankomatową
na nazwisko Roman Kowalski. Znasz go?" pyta
Paul. Mężczyzna milczy przez minutę. Potem
mówi: „Daj mi tę kartę. Znam tego człowieka."
„Sprzedam ci ją za sześćset dolarów," mówi
detektyw.
„Zatrzymaj ją! I tak nie ma na tej karcie
żadnych pieniędzy!" krzyczy obraźliwie głos w
telefonie.
„W porządku, Rom Kowalski, myślę, że policja
weźmie ją z przyjemnością," mówi Paul.
„Dobrze, dam ci pięćset dolarów! Oddaj mi ją!"
prosi złodziej.
„Cóż, przekonałeś mnie," uśmiecha się
detektyw i dodaje, „Możesz przyjść do Banku
Cesarskiego za dziesięć minut?"
„Tak, mogę! Będę tam za dziesięć minut! Nie
dawaj karty policji" prosi mężczyzna.
Dziesięć minut później mężczyzna przychodzi
do banku i oddaje telefon.
„Nie potrzebuję pieniędzy! Daj mi kartę!" prosi.
Paul szybko zakuwa złodzieja w kajdanki.
„Tu jest twoja karta," wkłada kartę złodziejowi

"Speaking," a man's voice answers.
"You've got my phone. Can you give it back
to me?" Paul asks. A pause follows. Then the
man replies: "Your phone is rubbish. I don't
need it. So I can sell it back to you."
"Sell it back to me?" the detective says in
surprise. "But you did not buy it," he
protests.
"I don't care. It probably has some
important information if you want to get this
garbage back so much?" the thief asks. "Am
I right?" he adds. Lisa is looking at Paul in
agitation.
"This is my friend's gift. It is dear to me as a
gift," Paul says/ "Well, how much do you
want?" the detective asks.
"Five hundred dollars!" the man demands.
"But this phone is rubbish. You have just
said it!" the detective replies indignantly.
Lisa takes Paul's hand nervously.
"Well, as you wish!" the man says.
"Okay. I'll give you five hundred dollars,"
the detective says looking at Lisa, "By the
way, I found a bank card in the name of Rom
Kowalski in the car. Do you know him?"
Paul asks. The man keeps silent for a minute.
Then he says: "Give me the card. I know this
man."
"I'll sell it to you for six hundred dollars,"
the detective says.
"Keep it! There is no money on the card
anyway!" the voice shouts indignant
through the phone.
"Okay, Rom Kowalski, I think the police will
be happy to take it," Paul says.
"Okay, I'll give you five hundred dollars!
Give it to me!" the thief asks.
"Well, you convinced me," the detective
smiles and adds, "Can you come to the
Imperial Bank in ten minutes?"
"Yes, I can! I'll be there in ten minutes!
Don't give the card to the police!" the man
asks. The thief comes to the bank ten minutes
later and gives the phone back.
"I don't need money! Give me the card!" he

do kieszeni, „Zabiorę cię w miejsce, gdzie przez długi czas możesz ćwiczyć otwieranie drzwi tą kartą," dodaje i oddaje złodzieja w ręce policji. Potem wraca do banku.

„Paul, dziękuję Ci bardzo za pomoc," mówi Lisa, „Czy mogę Cię zaprosić na kolację jutro wieczorem?"

„Oczywiście. Będzie mi bardzo miło," odpowiada detektyw.

„Znasz już mój numer, prawda?" uśmiecha się Lisa.

„Tak," odpowiada Paul.

„W takim razie zadzwoń do mnie jutro o piątej, dobrze?" pyta Lisa.

„Oczywiście," odpowiada Paul.

asks. Paul quickly handcuffs the thief. "Here's your card," he puts the card in the thief's pocket, "I'll take you to a place where you can practice opening locks with your card for a long time," he adds and hands the thief over to the police. Then he returns to the bank.

"Paul, thank you very much for your help," Lisa says, "Can I invite you to dinner tomorrow night?"

"Sure. I'll be very glad," the detective answers.

"You already know my phone, right?" Lisa smiles.

"Yes, I do," Paul answers.

"Then give me a call tomorrow at five o'clock, okay?" Lisa asks.

"Sure," Paul answers.

 # C

Przegląd nowego słownictwa

1

- Dzisiaj jest niedziela czy sobota?
- Dzisiaj jest niedziela.
- Która jest godzina?
- Jest około dziewiątej.
- Przy okazji, na zewnątrz jest gorąco czy zimno?
- Na zewnątrz jest chłodno.

2

- Podoba ci się praca w banku?
- Nie za bardzo. Ale mam odpowiedzialną pracę. I muszę pracować dokładnie.
- Czy posiadasz ważne informacje finansowe?
- Co masz na myśli?
- Mam na myśli prywatne informacje finansowe o klientach banku.
- Tak. To część mojej pracy.
- Sprzedaj mi prywatne informacje finansowe o klientach banku.
- Myślę, że mój mąż może ci pomóc.
- Kim jest twój mąż?
- Jest policjantem.

New vocabulary review

1

- Is today Sunday or Saturday?
- Today is Sunday.
- What time is it?
- It's about nine o'clock.
- By the way, is it hot or cold outside?
- It is cool outside.

2

- Do you like the job at a bank?
- Not very much. But I do important work. And I have to work carefully.
- Do you have important financial information?
- What do you mean?
- I mean private financial information about the bank's clients.
- Yes, I do. That's part of my work.
- Sell me the private financial information about the bank's clients.
- I think my husband could help you.
- What is your husband?
- He is a policeman.

3

- Dlaczego ten człowiek protestuje?
- Bank zgubił jego prywatne dokumenty finansowe.
- Czy to są ważne dokumenty?
- Nie, nie są wcale ważne.
- Kto dokładnie je zgubił?
- Ja.

4

- Tutaj są Pańskie dokumenty finansowe i pieniądze.
- Dziękuję.
- Proszę spojrzeć, czy z Pańskimi dokumentami jest wszystko w porządku?
- Proszę poczekać... A gdzie są moje pieniądze?
- Ja się pytam, czy z Pańskimi dokumentami jest wszysto w porządku?
- Dokumenty są w porządku. Ale gdzie są moje pieniądze?
- Ja jestem odpowiedzialny tylko za dokumenty. Za pięniądze odpowiedzialny jest menadżer banku.
- A gdzie on jest?
- Został zwolniony miesiąc temu.

5

- Proszę Pani, czy wie Pani o której otwierają bank?
- Bank otwierają o dziewiątej rano.
- A o której go zamykają?
- Zamykają go o piątej wieczorem.
- A co zamierzasz robić po pracy?
- Jeszcze nie wiem. Może pójdę do kawiarni. Dlaczego?
- Mogę zaprosić Cię na kolację?
- Z radością pójdę z Tobą na kolację. Przy okazji, możemy zabrać również mojego menadżera?
- Dlaczego?
- On też zaprasza mnie na kolację!

6

- Przy okazji, Panie menadżerze, ten klient żąda swoich pieniędzy z powrotem.
- Powiedz mu, że jego pieniądze są w porządku.
- Co Pan ma na myśli?
- Mam na myśli, że jego pieniądze zostały

3

- Why is this man protesting?
- The bank lost his private financial documents.
- Are they important documents?
- No, they're not important at all.
- Who exactly lost it?
- I did.

4

- Here is your financial documents and money.
- Thank you.
- Take a look, is everything alright with your documents?
- Wait a minute... But where is my money?
- I'm asking, is everything alright with your documents?
- The documents are alright. But where is my money?
- I'm responsible for documents only. The manager of the bank is responsible for the money.
- And where is he?
- He was fired a month ago.

5

- Do you know when the bank opens, miss?
- The bank opens at nine o'clock in the morning.
- And when does it close?
- It closes at five o'clock in the evening.
- And what are you going to do after work?
- I don't know yet. Maybe, I'll go to a café. Why?
- Can I invite you to dinner?
- I will gladly have dinner with you. By the way, can I take our manager with us?
- Why?
- He is inviting me to dinner, too!

6

- By the way, Mr. manager, this client is requesting his money back.
- Tell him his money is alright.
- What do you mean?
- I mean his money has been stolen and the police is working with it.

skradzione i policja już nad tym pracuje.

7

- Przy okazji, masz mapę miasta?
- Tak. Chciałbyś na nią popatrzeć?
- Nie. Chciałbym Ci pokazać ulicę, na której skradziono mi pieniądze z kieszeni.
- Naprawdę? Kiedy to się stało?
- Stało się to dwa dni temu i jestem bardzo zły.
- Powiedziałeś o tym policji?
- Nie.
- Dlaczego?
- Sam ukradłem trochę pieniędzy innym ludziom.

8

- A propos, idziesz do pracy na piechotę czy autobusem?
- Idę na piechotę, gdy jest chłodno i pada deszcz, a autobusem, gdy jest ciepło i słonecznie.
- To dziwne. Dlaczego?
- Gdy jest chłodno i pada deszcz, w autobusie jest za dużo ludzi i nie mogę do niego wsiąść.
- A gdy jest ciepło i słonecznie?
- Wtedy jest za dużo ludzi na chodniku.

9

- A propos, czy ten klient nie jest zaskoczony, że jego pieniądze zostały skradzione z naszego banku?
- Tak, Panie menadżerze, jest bardzo zaskoczony i zły!
- Naprawdę? Powinniśmy go zaprosić na obiad?
- Myślę, że on sam zechce Pana zaprosić.
- Jesteś pewny?
- Tak. Idzie tutaj z pistoletem i kajdankami.
- Pomocy!

7

- *By the way, do you have a map of the city?*
- *Yes, I do. Would you like to look at it?*
- *No, I don't. I want to show you the street where my money was stolen from my pocket.*
- *Really? When did it happen?*
- *It happened two days ago and I'm very angry.*
- *Did you tell the police about it?*
- *No, I didn't.*
- *Why?*
- *I've already stolen some money from other people.*

8

- *By the way, do you go to work on foot or by bus?*
- *I go on foot when it's cold or raining and by bus when it's warm and sunny.*
- *That's strange. Why?*
- *There are too many people on the bus when it's cold or raining, and I can't get on it.*
- *And when it's warm and sunny?*
- *Then there are too many people on the sidewalk.*

9

- *By the way, isn't this client surprised, that his money was stolen from our bank?*
- *Yes, Mr. manager, he is vey surprised and angry!*
- *Really? Should we invite him to dinner?*
- *I think he will want to invite you himself.*
- *Are you sure?*
- *Yes, I do. Here he is coming with a gun and handcuffs.*
- *Help!*

10

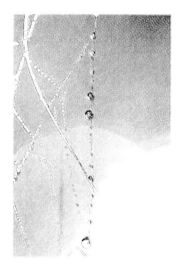

Jeszcze jedna noc
One more night

A

Słówka
Words

1. akcja, ruch - action
2. as - ace, ace pilot
3. atakując - attacking
4. chmura - cloud
5. cichy (m) - quiet
6. cisza - silence
7. czerwony (m) - red
8. czuć, poczuć - feel
9. czwarty - fourth
10. doskonale - excellently
11. drzewo - tree
12. dwanaście - twelve
13. dym - smoke
14. dzieci - children
15. dzisiaj, dziś - today
16. eksplozja - explosion
17. ganek - porch
18. gapić się, patrzeć - stare
19. głowa - head
20. gotowy (m) - ready
21. gwiazda - star
22. horror - horror
23. ich - their
24. jeden - one
25. katapulta - catapult
26. kierować, jechać - drive
27. koniec (n), kończyć (v), skończyć (v) - end
28. koordynować - coordinate
29. koszmar - nightmare
30. krew - blood
31. księżyc - moon
32. ładnie, przyjemnie - nice
33. lecieć, latać, pilotować - fly

34. lśniący (m) - glittering
35. lśnić - glitter
36. łza - tear
37. metr - meter
38. między, poniędzy - between
39. mniej - less
40. móc - may
41. musieć - must
42. myśliwiec - fighter plane
43. nadal, ciągle - still
44. następny (m) - next
45. natychmiast - immediately
46. niebieski (m) - blue
47. niebo - sky
48. obok siebie - side by side
49. obracać się, obrócić się - rotate
50. oko - eye
51. otwarty (m) - opened
52. owijać, owinąć - wrap
53. pajęczyna - cobweb
54. patrol (n), patrolować (v) - patrol
55. pionowo - vertically
56. pizza - pizza
57. płonący - burning
58. pokazywać (v), pokazać (v), pokaz (n) - show
59. policjant - policeman
60. ponieważ, bo - because
61. poniżej, pod - below
62. pot - sweat
63. powyżej, ponad - above
64. poza - beside
65. prawda - true
66. prawie - almost
67. przejść, przejechać - pass
68. przód - front
69. radar - radar
70. rakieta - rocket
71. robić, zrobić - make
72. rotacja, obroty - rotation
73. różowy (m) - pink
74. ryba - fish
75. rzeczywistość - reality
76. rzucić się - swoop
77. samolot - airplane, plane
78. sekunda - second
79. sen (n), śnić (v) - dream
80. spać - sleep
81. spadający (m) - falling
82. spadochron - parachute
83. stopy - feet
84. stracony, nieobecny - gone
85. świadomość, przytomność - consciousness
86. światło księżyca - moonlight
87. sygnał - signal
88. szybki (m) - rapid
89. szybkość (m) - speed
90. trzeci (m) - third
91. trzy - three
92. twarz - face
93. tylko - only
94. uderzać, uderzyć - hit
95. upuszczać, upuścić, padać, spać - drop
96. w górę - upwards
97. walka (n), walczyć (v) - fight
98. wibrować, zawibrować - vibrate
99. wieszać, wisieć, zawisnąć, powiesić - hang
100. wolno, powoli - slowly
101. wróg - enemy
102. wszędzie - everywhere
103. wyrzucił (m), wyrzuciła (f) - threw
104. wysoki (m) - high
105. wysokość - altitude, height
106. wystrzelić - launch
107. za, z tyłu - behind
108. zabijać, zabić - kill
109. zaczynać, zacząć - begin
110. zadanie - task
111. źle - badly
112. zostawać, zostać, pozostawać, pozostać - remain

B

Jeszcze jedna noc

Niebo jest błękitne. Niebo jest wszędzie. Paul Rost jest w myśliwcu. Jest sam. Spogląda w prawo i w lewo. Wszędzie jest niebo. Jest trochę chmur poniżej i trochę gwiazd powyżej. Samolot trochę wibruje. W samolocie jest prawie zupełnie cicho. Wszystkie hałasy zostają z tyłu. Kilka minut ciszy pomiędzy gwiazdami i chmurami. Jego lotnisko jest daleko. Jest bardzo daleko. Paul jest na wysokości trzydziestu tysięcy stóp ponad ziemią. Patroluje niebo. Jest to łatwe zadanie, jeśli nie ma żadnych samolotów wroga. Paul Rost słyszy sygnał. Radar pokazuje nieznany samolot. Cisza się kończy. Paul leci samolotem w dół, abu spotkać się z wrogiem. Radar pokazuje drugi samolot, potem trzeci, potem czwarty. Musi lecieć. Paul rzuca się w stronę lądu. Rzucają się również wrogowie. Zaczynają atakować. On nie może uciec.

Zaczyna się bitwa. Wrogowi źle koordynują swoje ruchy, więc Paul również zaczyna atakować. Paul widzi pociski latające w pobliżu. Leci w prawo i widzi przed sobą samolot. Paul wyrzuca rakietę i natychmiast leci w górę. Widzi pod sobą dym z ekspozji. Ten jest załatwiony. Leci prawie pionowo w górę. Ale cóż to? Samolot wroga również leci obok niego pionowo w górę. Pilot patrzy na Paula. Jest bardzo blisko. Doskonale pilotuje swój samolot.

Jest prawdziwym asem. Patrzą sobie w oczy. Czas się prawie zatrzymuje. Paul rozumie, że pilot chce go zabić. Widzi to w jego twarzy. Samoloty lecą przy sobie w górę na wysokość dwudziestu tysięcy metrów. Gdzie są inni wrogowie? Patrzy na radar. W tym momencie czuje uderzenie. Samolot odleciał. On spada w dół. Paul widzi swój płonący samolot spadający w dół. Katapulta wyrzuciła go z

One more night

The sky is blue. The sky is everywhere. Paul Rost is in a fighter plane. He is alone. He looks to the right and to the left. The sky is everywhere. There are some clouds below and some stars above. The plane vibrates a little bit. It is almost quiet inside the plane. All the noise remains behind. A few minutes of silence between the stars and clouds. His airfield is far away. It is very far away. Paul is at the altitude of thirty thousand meters above the ground. He patrols the sky. It is a simple task if there are no enemy airplanes. Paul Rost hears a signal. The radar shows a strange airplane. The silence ends. Paul flies the plane down to meet the enemy. The radar shows the second plane, then the third, then the fourth. He must go. Paul swoops down to the ground. The enemies swoop down too. They begin attacking. He can't get away. The fight begins. The enemies coordinate their actions badly, so Paul begins attacking too. Paul sees that shells are flying close by. He goes to the right and sees a plane in front of him. Paul launches a rocket and immediately goes up. He sees some smoke from the explosion down behind him. This one is ready. He flies almost vertically upwards. But what is that? An enemy plane flies vertically upwards beside him too. The pilot is looking at Paul. He is very close. The pilot flies his plane excellently. He is a true ace. They look eye to eye. The time almost stops. Paul understands that the pilot wants to kill him. He sees it in his face. Planes fly up side by side to the height of twenty thousand meters. Where are the other enemies? He looks at the radar. He feels a hit at this moment. The plane is gone. He falls down. Paul sees his plane burning and falling down. The catapult threw him out of the plane. He falls down. He cannot open the parachute. It's

samolotu. Spada w dół. Nie może otworzyć spadochronu. Jest za wysoko. Spadochron może zostać otwarty dopiero na wysokości sześciu tysięcy metrów albo mniejszej. Wysoka szybkość zaczyna nim obracać. Jest bardzo niebezpiecznie. Może stracić przytomność. Próbuje zatrzymać obroty, ale nie może tego zrobić. Z powodu szybkich obrotów, krew spływa mu do głowy. Widzi wszystko na czerwono. Wysokość to dwanaście tysięcy metrów. Otwiera spadochron. Spadochron owija się wokół niego. Spada i obraca się. Niebo - chmury, chmury - niebo, niebo - chmury... Rozdziera spadochron swoimi rękami i... siada na łóżku. Pot cieknie po jego twarzy. Patrzy na swoje dłonie, potem na podłogę w pokoju. Musi wstać. Wstaje i podchodzi do okna. Koszmar powoli odchodzi...

Paul Rost wychodzi na ganek. Na czarnym niebie jest kilka gwiazd i księżyc. W ogrodzie jest cicho. Paul zapala papierosa i siada na ganku. Kilka pajęczyn wisi z drzew aż do ziemi. Krople wody na pajęczynach lśnią w świetle księżyca. Czy on nadal śpi? Paul przesuwa ręką po twarzy. Potem znów otwiera oczy. To jest rzeczywistość. Parę pajęczyn i kropel lśni w świetle księżyca. Jest bardzo przyjemnie. Ale ten horror trzy minuty temu też był prawie rzeczywistością. Koło domu przejeżdża samochód policyjny. Policjant widzi Paula w ogrodzie. Samochód się zatrzymuje.

Policjant wysiada z samochodu., podchodzi i siada obok Paula. Nic nie mówi. Również zapala papierosa. Siedzą i patrzą się w niebo. Niebo zaczyna się robić różowe.

"Sny znów nie pozwalają Ci spać?" pyta policjant.

"Tak, trochę," odpowiada Paul, "Jak się ma Anna i dzieci?" pyta.

"W porządku. Przyjdź jutro i sam zobacz. Mam na myśli dzisiaj. Anna zrobi pizzę z czerwoną rybą," mówi policjant.

"Dziękuję, Andrew," mówi Paul, "Dzisiaj nie

too high. The parachute can be opened only at the height of six thousand meters or less. High speed begins to rotate him. It's very dangerous. He may lose consciousness. He tries to stop the rotation, but he can't do it. Because of the rapid rotation blood goes up to the head. He sees all red in his eyes. The height is twelve thousand meters. He opens the parachute. The parachute wraps around him. He falls and rotates. The sky—the clouds, the clouds—the sky, the sky—the clouds... He tears the parachute with his hands and... sits up in his bed. Some sweat runs down his face. He looks at his hands, then at the floor of the room. He must get up. He gets up and walks to the window. The nightmare goes away slowly..

Paul Rost goes out on the porch. There are some stars and the moon in the black sky. It is quiet in the garden. Paul lights up a cigarette and sits down on the porch. Some cobwebs hang from the trees down to the ground. Some water drops on the cobwebs glitter in the moonlight. Is he still sleeping? Paul passes his hand over his face. Then he opens his eyes again. It is reality. Some cobwebs and drops are glittering in the moonlight. It's very nice. But this horror three minutes ago was almost reality too. A police car drives past the house. The policeman sees Paul in the garden. The car stops. The policeman gets out of the car, comes up and sits down next to Paul. He doesn't say anything. He lights up a cigarette too. They sit and stare at the sky. The sky begins to turn pink.

"The dreams don't let you sleep again?" the policeman asks.

"Yes, a little bit," Paul answers, "How is Anna and children?" he asks.

"They are fine. Come over tomorrow and see for yourself. I mean today. Anna will make a pizza with red fish," the policeman says.

"Thank you, Andrew," Paul says, "I can't today. I have a meeting."

"Come tomorrow or the day after tomorrow," Andrew says.

mogę. Mam spotkanie."
"Przyjdź jutro albo pojutrze," mówi Andrew.
"Dziękuję, przyjacielu. Oczywiście, że
przyjdę," odpowiada Paul.

"Thank you, friend. Of course I'll come," Paul
answers.

C

Przegląd nowego słownictwa

1

- Dzisiaj jest poniedziałek czy niedziela?
- Dzisiaj jest niedziela.
- A która jest teraz godzina?
- Jest już prawie dziewiąta.
- A propos, na zewnątrz jest gorąco czy
chłodno?
- Na zewnątrz jest zimno.

2

- Spójrz na ten samochód. Ten kierowca to
prawdziwy as!
- Ale prowadzi samochód zbyt niebezpiecznie.
- Co za szybkość! Ten as chce jechać pionowo
w górę!
- Prawdopodobnie chce zaatakować drzewo.
Potrzebuje katapulty i spadochronu.

3

- Czy wiesz, co to za eksplozja w banku?
- Menadżer otwiera sejf.
- Próbował otworzyć ten sejf za pomocą
klucza?
- Kluczem otwiera sejf podczas godzin pracy.
Ale teraz nie jest w pracy.

4

- Tutaj jest dużo drzew. Jest tu bardzo pięknie.
- Na niebie jest księżyc i kilka gwiazd!
- Prawda. A chmury wolno lecą nad miastem.
- Jaka piękna noc.
- Spójrz! Niebo zaczyna się już robić różowe.
- Tak, noc zbliża się do końca.
- Hej, wy dwoje! Ranek już nadszedł, a my
nadal nie obrabowaliśmy tego banku! Weźcie
skrzynki z pieniędzmi i włóżcie je do auta.
Pospieszcie się!
- W porządku, Panie menadżerze.
- Nie nazywajcie mnie menadżerem, idioci! Co
jeśli ktoś usłyszy?

New vocabulary review

1

- Is it today Monday or Sunday?
- Today is Sunday.
- And what time is it now?
- It's almost nine o'clock now.
- By the way, is it hot or cool outside?
- It's cold outside.

2

- Look at this car. The driver is a true ace!
- But he drives the car too dangerously!
- What speed! This ace wants to go up
vertically!
- He probably wants to attack the tree. He
needs a catapult and a parachute.

3

- Do you know what this explosion at the
bank is?
- The manager is opening a safe.
- Did he try to open the safe with a key?
- He opens the safe with a key during working
hours. But now he isn't at work.

4

- There are a lot of tall trees here. It is very
beautiful here.
- There is a moon and some stars in the sky!
- True. And some clouds are flying slowly
above the city.
- What a beautiful night.
- Look! The sky has already started to turn
pink.
- Yeah, the night is coming to an end.
- Hey, you two! The morning has already
begun and we haven't robbed this bank yet!
Take the boxes with money and put them into
the car. Hurry up!
- Okay, Mr. manager.
- Don't call me a manager, idiots! What if

- Dobrze, Panie Vega.
- Czemu muszę pracować z tymi idiotami.

5

- Chcesz zapalić?
- Dziękuję, nie palę.
- A ja zapalę.
- Tutaj nie można palić.
- Dlaczego.
- To niebezpieczne. W tych skrzyniach są rakiety.
- Wystrzelmy te rakiety!

6

- Tutaj jest pizza z czerwoną rybą. Poczęstuj się!
- Dlaczego to tak śmierdzi?
- Nie wiem. Upiekłam pizze po raz pierwszy.
- W takim razie nie chcę, dziękuję.
- Dlaczego? Poczęstuj się! Będzie mi bardzo miło!
- Nie, dziękuję.
- Ale ja nalegam!

7

- A propos, kiedy pójdziemy do kawiarni, dzisiaj czy jutro?
- Do kawiarni pójdziemy pojutrze.
- Dlaczego pojutrze? Ja chcę pójść dzisiaj albo jutro!
- Dzisiaj i jutro będziesz jeść pizzę, którą sama zrobiłaś!
- A ty?
- A mnie będzie bardzo miło!

8

- A propos, czy wiesz, że policja musi zawsze patrolować ulice i w dzień, i w nocy?
- Czy w nocy jest to konieczne?
- Tak, jest. Ktoś kradnie meble w nocy.

9

- Musimy dobrze skoordynować nasze działania. Ja będę się starał przekonać klientów, żeby zostawiali pieniądze w naszym banku.
- A co ja będę robić?
- A ty im będziesz mówić, dlaczego nie mogą odzyskać swoich pieniędzy.

someone hears?
- Okay, Mr. Vega.
- Why do I have to work with these idiots?

5

- Do you want to smoke?
- I don't smoke, thanks.
- And I'll smoke.
- One can't smoke here.
- Why?
- It's dangerous. There are some rockets in these boxes.
- Let's launch a rocket!

6

- Here is a pizza with red fish. Help yourself!
- Why does it stink?
- I don't know. I cooked pizza for the first time.
- I don't want it then. Thanks.
- Why? Help yourself! I'll be very glad!
- No, thank you.
- But I insist!

7

- By the way, when will we go to a café, today or tomorrow?
- We will go to a café the day after tomorrow.
- Why the day after tomorrow? I want to go today or tomorrow!
- Today and tomorrow you will eat the pizza that you made yourself!
- And you?
- And I'll be very glad!

8

- By the way, do you know that the police must always patrol streets by day and at night?
- Is it necessary at night?
- Yes, it is. Somebody steals furniture at night.

9

- We have to coordinate our actions well. I'll try to persuade the clients to put their money in our bank.
- And what will I do?
- And you will tell them why they can't get their money back.

Spotkanie
Meeting

A

Słówka
Words

1. brzeg, wybrzeże - shore
2. całkowicie - completely
3. całkowicy, cały (m) - entire
4. czasem, czasami - sometimes
5. czyj (m), czyja (f) - whose
6. czyszczący dom (m) - house-cleaning
7. dałem (*I gave*, m), dałam (*I gave*, f), dał (*he gave*), dała (*she gave*) - gave
8. dalmatyńczyk - Dalmatian
9. dany (n) - given
10. dzięki - thanks
11. facet - guy
12. głaskać, pogłaskać - pet
13. głuchy (m) - deaf
14. gotować, ugotować - cook
15. gratulacje - congratulation
16. jedzenie - food
17. jeść - eat
18. kelner - waiter
19. kończyć, dokończyć - finish
20. koperta - envelope
21. kucharz - cook
22. ładny (m) - pretty
23. lepszy (m), lepiej (adv) - better
24. loteria - lottery
25. mądrze - wisely
26. menu - menu
27. mógłbyś (*could you...*, m), mogłabyś (*could you...*, f) - could
28. może - maybe
29. na przykład - for instance
30. naiwny (m) - naive
31. najlepszy (m) - best
32. Ocean Indyjski - Indian Ocean
33. odmawiać, odmówić - refuse
34. ogłoszenie - ad
35. podróżować (v), podróż (n) - travel
36. pracownik - worker
37. prawdziwie, naprawdę - truly
38. przyjazd, przylot - arrival
39. rodzaj - kind
40. również, też - also

41. rozmawiać - talk
42. służba, serwis - service
43. smaczny (m) - tasty
44. smutny (m) - sad
45. spaghetti - spaghetti
46. sugerować, zasugerować - suggest
47. szkoda - it's a pity
48. tydzień - week
49. uczyć się, nauczyć się - learn
50. uprzejmie - politely
51. uśmiechać się, uśmiechnąć się - smile
52. usuwać, usunąć - remove
53. wakacje - vacation
54. wiedzieć - know
55. wielka sprawa - big deal
56. wielki (m), świetny (m) - great
57. wierzyć, uwierzyć - believe
58. wizyta (n), odwiedzać (v), odwiedzić (v) - visit
59. wkrótce - soon
60. włoski - Italian
61. wszystko jedno - all the same
62. wygrałem (*I won*, m), wygrałam (*I won*, f), wygrał (*he won*), wygrała (*she won*) - won
63. wziąć - take
64. zachowałeś się (*you acted*, m), zachowałaś się (*you acted*, f), zachował się (*he acted*), zachowała się (*she acted*) - acted
65. zadowolony (m) - pleased
66. zamówienie (n), zamawiać (v), zamówić (v) - order
67. zapraszać, zaprosić - invite
68. żart - joke
69. żartować - kid
70. zdecydowanie - definitely
71. zgadzać się, zgodzić się - agree
72. zmartwiony (m) - worried
73. zwracać, zwrócić - return

 # B

Spotkanie

Paul dzwoni do Lisy o piątej wieczorem.
Lisa odbiera telefon, mówiąc: „Słucham."
„Cześć Lisa, tu Paul," mówi Paul.
„Cześć Paul, tu Lisa," odpowiada Lisa.
„Możemy się teraz spotkać i pójść do lokalu. Zgadzasz się?" pyta Paul.
„Zgadzam się. Czy mógłbyś się zatrzymać koło banku i mnie zabrać?" pyta Lisę.
„Tak. Zabiorę Cię za dziesięć minut," zgadza się Paul.
„Dobrze, do zobaczenia wkrótce," mówi Lisa.
Paul spotyka Lisę w banku i idą do lokalu.
„Paul, lubisz włoską kuchnię?" pyta Lisa.
„Pizza i spaghetti?" uśmiecha się Paul, „Tak, lubię."
„Chodźmy do lokalu Verona," sugeruje Lisa.
Paul się zgadza: „Chodźmy."
Dojeżdżają do lokalu i wchodzą do środka.
W lokalu jest kilka osób. Siadają pod oknem.

Meeting

Paul calls Lisa at five o'clock in the evening.
Lisa answers the call, saying "Hello."
"Hi Lisa, this is Paul," Paul says.
"Hi Paul, this is Lisa," Lisa replies.
"We can meet and go to a cafe right now. Do you agree?" Paul asks.
"I agree. Could you stop by the bank to pick me up?" Lisa asks.
"Yes. I will pick you up in ten minutes," Paul agrees.
"Okay, see you soon," Lisa says. Paul meets Lisa at the bank and they go to a cafe.
"Paul, do you like Italian cooking?" Lisa asks.
"Pizza and spaghetti?" Paul smiles, "Yes, I like it."
"Let's go to cafe Verona," Lisa suggests.
Paul agrees: "Let's go."
They arrive at the cafe and go inside. There

Kelner przynosi im menu. Zamawiają jedzenie i napoje. Kelner przynosi im ich zamówienie. Siedzą, jedzą i rozmawiają.

„Dziękuję Ci za odzyskanie mojego telefonu," mówi Lisa.

„Wielka sprawa. Ten facet jest zwykłym idiotą," odpowiada Paul.

„Wszystko jedno, myślę, że postąpiłeś bardzo mądrze. Przy okazji, jak Ci smakuje ta pizza?" pyta Lisa.

„Jest świetna. Czasami sam robię pizzę, ale nie jest tak smaczna. Kucharz zrobił świetną robotę," mówi Paul.

„Naprawdę, umiesz robić pizzę? Chciałabym jej spróbować," uśmiecha się Lisa.

„Przyjdź do mnie z wizytą, a ja zrobię najlepszą pizzę," odpowiada Paul.

„Dziękuję Ci bardzo, Paul. Przyjdę zdecydowanie. W takim wypadku, ja też chciałabym Cię zaprosić. Teraz," mówi Lisa.

Paul jest zaskoczony: „Teraz?"

„Dlaczego nie? Dokończ swoją pizzę i chodźmy!" odpowiada Lisa.

Lisa jest bardzo ładną, młodą kobietą i to dlatego Paul Rost jest bardzo zmartwiony.

„Dziękuję, ale może innym razem? Na przykład jutro?" odmawia grzecznie.

„Nie odmawiaj! Chodźmy teraz!" mówi, uśmiechając się.

„Dam Ci spróbować mojej pizzy, a ty powiesz mi, czyja jest lepsza!"

Płacą kelnerowi i opuszczają lokal. Jazda do domu Lisy zajmuje im około dziesięciu minut. Lisa otwiera drzwi i wchodzą do domu.

W domu jest pies.

„Paul, przywitaj się ze Smokym," mówi Lisa.

Paul głaszcze psa: „Cześć Smoky," mówi.

„Smoky jest dalmatyńczykiem. To mój drugi pies. Pierwszy też był dalmatyńczykiem, ale ona była głucha," mówi Lisa ze smutnym uśmiechem.

„Twój pies był całkowicie głuchy? pyta Paul.

„Tak, była całkowicie głucha. Później dowiedziałam się, że jeden na dziesięć dalmatyńczyków jest głuchy. Oddałam ją,"

are a few people at the cafe. They sit down by the window. The waiter brings them a menu. They order food and drinks. The waiter brings them their order. They sit, eat, and talk.

"Thank you for returning my phone," says Lisa.

"Big deal. That guy is just an idiot," Paul replies.

"All the same, I think that you acted very wisely. By the way, how do you like this pizza?" Lisa asks.

"It's great. I make pizza sometimes, but it isn't as tasty. The cook did a great job," Paul says.

"Really, you can make pizza? I'd like to try it," Lisa smiles.

"Come for a visit, and I'll make the very best pizza," Paul replies.

"Thanks so much, Paul. I will definitely come. And in that case, I also want to invite you for a visit. Right now," says Lisa.

Paul is surprised: "Right now?"

"Why not? Finish your pizza and let's go!" Lisa answers.

Lisa is a very pretty young woman, and that is why Paul Rost is very worried.

"Thank you, but maybe another time? For instance, tomorrow?" he refuses politely.

"Don't refuse! Let's go right now!" she says, smiling. "I will give you my pizza, and you will tell me, whose is better!"

They pay the waiter and leave the cafe. The drive to Lisa's house takes about ten minutes. Lisa opens the door and they go into the house. Inside the house there is a dog.

"Paul, meet Smoky," Lisa says.

Paul pets the dog: "Hi, Smoky," he says.

"Smoky is a Dalmatian. This is my second dog. The first one was also a Dalmatian, but she was deaf," Lisa says with a sad smile.

"Your dog was completely deaf?" Paul asks.

"Yes, she was completely deaf. I later learned that one in ten Dalmatians is deaf. I gave her away," Lisa says.

"Where did you take her?" Paul asks.

mówi Lisa.

„Gdzie ją zabrałaś?" pyta Paul?

„Dałam ogłoszenie w gazecie i ją zabrali," odpowiada Lisa.

„Szkoda. Ja bym ją wziął, gdybym wiedział," mówi Paul.

„Ale ja bym Ci jej nie oddała," mówi Lisa. Paul patrzy na nią zaskoczony. Lisa się śmieje.

„Żartuję," mówi, „Czasami jesteś taki naiwny."

„Wszyscy ludzie są czasem naiwni, czyż nie?" pyta Paul.

„Przy okazji!" Lisa podbiega do stołu i podnosi jakąś kopertę, „Spójrz, wygrałam na loterii! Dostałam wakacje dla dwóch osób, na wybrzeżu Oceanu Indyjskiego!"

„Wygrałaś na loterii? Świetnie! Gratulacje, Lisa," mówi Paul.

„I... chciałabym Cię zaprosić Paul, na podróż ze mną nad Ocean Indyjski," mówi Lisa. Paul patrzy na Lisę. To naprawdę duża niespodzianka. Jest bardzo zadowolony.

„Bardzo mi miło. Ale to z pewnością kolejny żart?" Paul nie może uwierzyć.

„Nie. Tym razem mówię poważnie. Zapraszam Cie na pojechanie ze mną nad Ocean Indyjski," mówi Lisa, patrząc na Paula.

„Lisa, jeśli nie żartujesz, to się zgadzam. Z przyjemnością z Tobą pojadę," zgadza się Paul.

Wieczorem Paul dzwoni do agencji sprzątającej i prosi ich, aby dokładnie wysprzątali jego dom.

„Pojutrze wyjeżdżam na tydzień. Proszę wysprzątać mój dom przed moim powrotem. I... jest tu jakiś zapach... Moglibyście go usunąć?" pyta Paul.

„Oczywiście, posprzątamy cały dom i usuniemy zapach," odpowiada pracownik firmy sprzątającej.

"I placed an ad in the newspaper and they took her away," Lisa replies.

"It's a pity. I would have taken her, if I'd known," Paul says.

"But I wouldn't have given her to you," says Lisa. Paul looks at her in surprise. Lisa laughs.

"I'm kidding," she says, "You're so naive sometimes."

"All people are naive sometimes, aren't they?" Paul asks.

"By the way!" Lisa runs up to the table and picks up some kind of an envelope, "Look, I won a lottery! I got a vacation for two on the shore of the Indian Ocean!"

"You won a lottery? Cool! Congratulations, Lisa," Paul says.

"And ... I would like to invite you, Paul, to travel with me to the Indian Ocean," says Lisa

Paul looks at Lisa. This is truly a big surprise. He is very pleased.

"I am very pleased. But this is probably another a joke?" Paul can't believe it.

"No. This time I'm serious. I'm inviting you to come with me to the Indian Ocean," Lisa says, looking at Paul.

"If you're not kidding, Lisa, I agree. I'll be very happy to go with you," Paul agrees.

In the evening, Paul calls the house-cleaning service and asks them to thoroughly clean his house.

"I am going away for a week the day after tomorrow. Please clean my house before my arrival. And... there's some kind of smell here ... Could you remove that smell?" Paul asks.

"Of course, we will clean the entire house and remove the smell," the house-cleaning worker replies.

C

New vocabulary review

1

- Dzisiaj jest poniedziałek czy wtorek?
- Dzisiaj jest poniedziałek.
- A która jest godzina?
- Jest około pierwszej.
- Przy okazji, na zewnątrz jest gorąco, czy chłodno?
- Na zewnątrz jest zimno, ale słonecznie.

2

- Chcę jechać nad wybrzeże oceanu!
- Jedźmy w przyszłym tygodniu.
- Ale ja chcę jechać nad wybrzeże oceanu jutro!
- Nie mamy teraz pieniędzy.
- Jesteś menadżerem banku i nie masz pieniędzy? To bardzo dziwne.
- No cóż, dobrze. Jutro wezmę trochę pieniędzy z sejfu bankowego i pojedziemy pojutrze.

3

- Kierowca autobusu jest bardzo uprzejmy.
- Naprawdę?
- Tak. Gdy dziewczyna weszła do autobusu z psem, grzecznie poprosił ją, aby wyszła z autobusu.
- A ona się zgodziła?
- Prawdopodobnie nie. Spójrz, kierowca teraz ucieka przed psem!

4

- Lubię naiwnych klientów.
- Dlaczego, Panie menadżerze?
- Wierzą w każde moje słowo. To po prostu wspaniałe!

5

- To jedzenie przepysznie pachnie!
- Chcesz trochę? Poczęstuj się. Trzymaj.
- Dziękuję.
- Nie ma za co.
- To jedzenie jest bardzo smaczne. A ty, czemu nie jesz?
- Ja nie jem tego jedzenia. To jedzenie dla mojego psa.

1

- *Is today Monday or Tuesday?*
- *Today is Monday.*
- *And what time is it?*
- *It is about one o'clock.*
- *By the way, it is hot or cool outside?*
- *It is cold but sunny outside.*

2

- *I want to go to the ocean shore!*
- *Let's go next week.*
- *But I want to go to the ocean shore tomorrow!*
- *There is no money right now.*
- *You are a bank manager and you have no money? That is very strange.*
- *Well, alright. Tomorrow I'll take some money from the bank safe, and we'll go the day after tomorrow.*

3

- *This bus driver is very polite.*
- *Really?*
- *Yes. When a girl with a dog entered the bus, he politely asked her to leave the bus.*
- *And she agreed?*
- *Probably not. Look, the driver is now running away from her dog!*

4

- *I like naive customers.*
- *Why, Mr. Manager?*
- *They believe every word I say. It's just great!*

5

- *This food smells so delicious!*
- *Want some? Help yourself. Here.*
- *Thank you.*
- *You're welcome.*
- *This food is very tasty. And you, why aren't you eating?*
- *I don't eat this food. This food is for my dog.*

6

- W końcu bank zwrócił mi pieniądze!
- Ile pieniędzy Ci zwrócili?
- Nie wiem. Dali mi dużo swoich mebli biurowych. Teraz muszę je sprzedać i dostać pieniądze.
- Jak się nazywa ten bank?
- Dlaczego chcesz wiedzieć? Chcesz zostawić tam swoje pieniądze?
- Nie. Nie chcę tam skończyć.

7

- Dlaczego ten mężczyzna jest zmartwiony?
- Wygrał dużo pieniędzy na loterii!
- A dlaczego ty jesteś smutny?
- To mój kolega.

8

- Halo. Czy to restauracja?
- Tak. Jak mogę Panu pomóc?
- Chciałbym zarezerwować mały stolik na dzisiejszy wieczór.
- Na którą godzinę?
- Na ósmą. Proszę zrobić pizzę z czerwoną rybą.
- Jest Pan sam?
- Nie. Jest nas dwóch - ja i mój pies.
- Ale psy są zabronione w naszej retauracji.
- Proszę się nie martwić. Nie wejdziemy do środka. Zjemy na zewnątrz przy drzwiach.

9

- Proszę Pani, czy mogę pogłaskać Pani psa?
- Oczywiście, że możesz, młody człowieku. Nie bój się. To dalmatyńczyk.
- Nie boję się psów. Jeśli pies zaatakuje, trzeba krzyczeć. Wtedy ucieknie.
- To Ci nie pomoże. Mój dalmatyńczyk jest głuchy.

10

- Chcesz spróbować trochę spaghetti?
- Tak. Bardzo lubię spaghetti!
- W takim razie zrób trochę dla nas obojga.
- Mówisz poważnie?
- Tak. Nie żartuję.
- Ale to żona powinna gotować, nie mąż!
- A co mąż powinien robić?
- Inteligentny mąż powinien leżeć na kanapie i

6

- *Finally, the bank returned my money!*
- *How much money did they return?*
- *I do not know. They gave me a lot of their office furniture. Now I have to sell it and get the money.*
- *What's the name of that bank?*
- *Why do you want it? Do you want to put your money there?*
- *No. I don't want to end up there.*

7

- *Why is this man worried?*
- *He won a lot of money in the lottery!*
- *And why are you so sad?*
- *This man is my colleague.*

8

- *Hello. Is this the restaurant?*
- *Yes. How can I help you?*
- *I want to reserve a small table for this evening.*
- *For what time?*
- *For eight o'clock. And please make a pizza with red fish.*
- *Are you alone?*
- *No. There are two of us - me and my dog.*
- *But dogs aren't allowed in our restaurant.*
- *Do not worry. We won't go inside. We'll eat outside by the door.*

9

- *Ma'am, can I pet your dog?*
- *Of course you can, young man. Don't be afraid. This is a Dalmatian.*
- *I'm not afraid of dogs. If a dog begins to attack, you need to yell. Then it will run away.*
- *That won't help you. My Dalmatian is deaf.*

10

- *Do you want to try some spaghetti?*
- *Yes. I really like spaghetti!*
- *Then make some for both of us.*
- *Are you serious?*
- *Yes. I'm not kidding.*
- *But the wife is supposed to cook, not the husband!*
- *And what is a husband supposed to do?*

57

oglądać telewizję!
- Hej, inteligentny mężu, chcesz niespodziankę?
- Tak!
- Powinieneś posprzątać dom.
- Ale ja się nie zgadzam! Nie jestem sprzątaczem.
- Jeśli odmówisz, to ja nie będę gotować. Nie jestem kucharką.

11

- Chcę zamieścić ogłoszenie w gazecie.
- Jaki rodzaj ogłoszenia?
- Oddam inteligentego męża do dobrego domu.
- Ale ja jestem twoim mężem!
- Dlaczego miałabym Cię chcieć? Odmawiasz sprzątania i gotowania. Zgadzasz się tylko na leżenie na kanapie i oglądanie telewizji.
- Ale ja umiem robić wiele rzeczy!
- Naprawdę? Na przykład jakie rzeczy?
- Na przykład, umiem wysadzać sejfy i rabować domy.
- Ale ty już raz wysadziłeś sejf. Potem nikt nie mógł leżeć na kanapie przez pięć lat!
- To straszne, że mnie nie rozumiesz.
- Gdzie powinnam zamieścić ogłoszenie - pod rubryką „Psy" czy „Rzeczy dla domu?"

- *An intelligent husband is supposed to lie on the couch and watch TV!*
- *Hey, intelligent husband, do you want a great surprise?*
- *Yes!*
- *You should clean the house.*
- *But I do not agree! I'm not a house-cleaner.*
- *If you refuse, I won't cook. I'm not a cook.*

11

- *I want to place an advertisement in the newspaper.*
- *What kind of advertisement?*
- *I'm giving away an intelligent husband to a good home.*
- *But I'm your husband!*
- *Why would I want you? You refuse to clean and cook. You only agree to lie on the couch and watch TV.*
- *But I can do many things!*
- *Really? What kind of things, for example?*
- *For example, I can blow up safes and rob houses.*
- *But you already blew up a safe once. After that, no one lay on the couch for five years!*
- *It's too bad that you don't understand me.*
- *Where should I place the advertisement - under the rubric of "Dogs" or "Things for the home?"*

12

Teraz albo nigdy
Now or never

A

Słówka
Words

1. alarm - alarm
2. banknot - bill
3. biuro - office
4. błagać - plead
5. Bóg - God
6. cicho, po cichu - quietly
7. dłuższy (m) - longer
8. dzisiaj w nocy - tonight
9. fałszywy (m) - fake
10. głośno - loudly
11. interes - interest
12. kapusta - cabbage
13. kasjer (m), kasjerka (f) - cashier
14. kochać (v), miłość (n) - love
15. kończyć, zakończyć - conclude
16. kontynuować - continue
17. korytarz - corridor
18. królik - rabbit
19. na - onto
20. naprawić - fix
21. narzędzie - tool
22. nas, nam - us
23. nieszczęście - misfortune
24. nigdy - never
25. okropny (m) - terrible
26. oszukał (*he cheated*), oszukała (*she cheated*), oszukali (*they cheated*, m), oszukały (*they cheated*, f) - cheated
27. oszukiwać, oszukać - cheat
28. plan - plan
29. położyć, włożyć, kłaść - put
30. pracować (v), praca (n) - work
31. regularny (m), normalny (m) - regular
32. sejf - safe
33. sprawdzać, sprawdzić - check
34. studolarowy (m) - hundred-dollar
35. system - system
36. torba - bag
37. usprawiedliwiać się, usprawiedliwić się - justify
38. wydawać, wydać - spend
39. wyjaśniać, wyjaśnić - explain
40. wymieniać, wymienić - exchange
41. zamiast - instead
42. zarejestrowany (m) - registered
43. zawsze - always
44. zdjęcie, obrazek - picture
45. złapany (m) - caught

59

B

Teraz albo nigdy

Jest wtorek rano, a Alexander Hephaestus, elektryk, wkłada swoje narzędzia do torby. Jego żona podchodzi i patrzy się na niego. „Dokąd idziesz?" mówi.

„Zrobię tę jedną rzecz," odpowiada Alexander.

„Planujesz znouwu pomóc Vedze?" pyta jego żona. Alexander Hephaestus nie odpowiada. Milczy i nadal wkłada narzędzia do swojej torby. Jego żona chwyta go za rękę.

„Alexander, proszę, nie idź do Vegi. Przytrafi Ci się okropne nieszczęście. Pomyśl o naszych dzieciach," błaga.

„Vega żąda, abym wykonał tę pracę," mówi Alexander.

„Powiedziałeś mu, że już nie wykonujesz tego typu prac?" pyta.

„Żąda, abym to zrobił. Nic nie mogę na to poradzić. Muszę iść i wykonać pracę! Rozumiesz?" krzyczy.

„Nie idź! Proszę, pomyśl o mnie i o dzieciach! Co się z nami stanie, jeśli Cię złapie policja?" błaga jego żona.

„A ty powinnaś pomyśleć, co zrobi Vega, jeśli nie wykonam tej pracy!" krzyczy Alexander.

„Vega zawsze Cię oszukuje! Jesteś naiwnym idiotą! I on też jest idiotą! Co otrzymałeś za poprzednią pracę?" krzyczy kobieta.

„Wziął z banku dziesięć tysięcy dolarów. Później wymienił je na pięć tysięcy czystych dolarów. A mnie dał dwa tysiące," tłumaczy się Alexander.

„Zamienił dziesięć tysięcy dolarów na pięć tysięcy czystych dolarów?" pyta ona.

„Skradzione pieniądze były zarejestrowane w banku. Nie można ich wydać. Nie wiesz tego?" mówi Alexander.

Now or never

It is Tuesday morning and Alexander Hephaestus, an electrician, is putting his tools in his bag. His wife comes up to him and watches him.

"Where are you going?" she says.

"I'm going to do this one thing," Alexander answers.

"Are you planning to help Vega again?" his wife asks. Alexander Hephaestus doesn't reply. He remains silent and continues to put his tools in his bag. His wife takes him by the arm.

"Please, Alexander, don't go to Vega. A terrible misfortune will happen to you. Think about our children," she pleads.

"Vega demands me to do this job," Alexander says.

"Did you tell him that you no longer do this kind of work?" she asks.

"He demands that I do it. I can't do anything about it. I must go and do the job! Do you understand?" he shouts.

"Don't go! Please, think of me and the children! What will happen to us if you get caught by the police?" his wife pleads.

"And you should think of what Vega would do, if I don't do this job!" Alexander shouts.

"Vega always cheats you! You're a naive idiot! And he is also an idiot! What did you get for the last job?" the woman shouts.

"He took ten thousand dollars out of the bank. Then they exchanged them for five thousand clean dollars. And he gave me two thousand," Alexander justifies himself.

"He exchanged ten thousand dollars for five thousand clean dollars?" she asks.

"The stolen money was registered at the bank. You can't spend it. Don't you know that?" Alexander says.

"Are you sure he gave you dollar bills? Does it

„Jesteś pewny, że dał Ci banknoty dolarowe? Czy na banknocie dolarowym naprawdę jest napisane, 'Kochamy Kapustę' zamiast 'Ufamy Bogu'?" protestuje.

„Oszukali go jak wymieniał skradzione pieniądze na czyste pieniądze," usprawiedliwia się Alexander.

„Został oszukany, ponieważ jest idiotą! Myślisz, że mogłam kupić jedzenie dla naszych dzieci za te dolary? Kochamy kapustę?" protestuje.

Alexander Hephaestus milczy.

„Alexander, proszę, nie idź. Może Ci się przytrafić wielkie nieszczęście," znów błaga.

Alexander Hephaestus bierze swoją torbę z narzędziami i wychodzi.

Elektryk Alexander Hephaestus przyjeżdża do banku. Idzie do menadżera banku, Johna Vegi.

„Witam, Panie Vega," elektryk wita menadżera.

„Dzień dobry," menadżer wita elektryka, „Znów mamy problem z systemem alarmowym. Czy możesz to dzisiaj naprawić?"

„Najpierw muszę sprawdzić, dlaczego nie działa," odpowiada elektryk. Menadżer i elektryk idą do sejfu.

Menadżer otwiera sejf i wchodzą do środka. Elektryk zaczyna sprawdzać alarm. Potem mówi: „Potrzebuję jednej godziny, aby wszystko zrobić."

„Nie mamy tyle czasu. Daję Ci pół godziny na zrobienie wszystkiego," menadżer mówi po cichu. „Zaczynaj, Alexander," kończy i idzie do swojego biura.

Pięć minut później Lisa Pandora, kasjerka, przychodzi do biura menadżera.

„Dzień dobry, Panie Vega." kasjerka wita menadżera.

„Dzień dobry, Pani Pandoro," menadżer wita Lisę Pandorę, „Jak się Pani ma?" pyta.

„Dziękuję, dobrze. Ale wygląda na to, że Pan ma problemy!" mówi kasjerka głośno i rzuca

really say on the dollar bill, 'We Love Cabbage' instead of 'In God We Trust?'" she protests.

"They cheated him when he exchanged the stolen money for clean money," Alexander justifies himself.

"He was cheated because he is an idiot! Do you think I could buy food for our children with these dollars? We love cabbage?" she protests.

Alexander Hephaestus is silent.

"Please, Alexander, don't go. A terrible misfortune could happen to you," she pleads again. Alexander Hephaestus takes his bag of tools and leaves.

The electrician Alexander Hephaestus arrives at the bank. He goes to the bank manager, John Vega.

"Hello, Mr. Vega," the electrician greets the manager.

"Good morning," the manager greets the electrician, "We are having problems with the alarm system again. Can you fix it today?"

"I first need to check why it isn't working," the electrician replies. The manager and the electrician go to the safe. The manager opens the safe, and they go inside. The electrician starts checking the alarm. Then he says: "I need one hour to do everything."

"We don't have that much time. I give you half an hour to do everything," the manager says quietly. "Begin, Alexander," he finishes and goes into his office. Five minutes later Lisa Pandora, a cashier, comes into the manager's office.

"Good morning, Mr. Vega," the cashier greets the manager.

"Good morning, Ms. Pandora," the manager greets Lisa Pandora, "How are you?" he asks.

"Thank you. I'm fine. But it looks like you are having problems!" the cashier says loudly and throws a bill onto the table, "Why does it say, 'We love cabbage?' instead of 'In God We Trust' on this hundred dollar bill? And why is there a picture of a rabbit on it instead of Ben Franklin?" she protests.

banknot na stół, „Dlaczego na tym banknocie studolarowym jest napisane 'Kochamy Kapystę', zamast 'Ufamy Bogu'? I dlaczego jest na nim zdjęcie królika, zamiast Bena Franklina?" protestuje.

„Cicho, cicho, Liso, proszę Cię," błaga John Vega. Podchodzi do drzwi, otwiera je i wygląda na korytarz. Nikogo tam nie ma. Potem zamyka drzwi i wraca do stołu: „Mogę wszystko wyjaśnić. Oszukali mnie, gdy wymieniałem pieniądze na czyste banknoty. Dali mi fałszywe banknoty," usprawiedliwia się menadżer banku.

„Johnie Vega, nie obchodzą mnie twoje problemy," nalega Lisa Pandora, „Potrzebuję normalne banknoty a nie fałszywe. Daj mi moje pieniądze!" mówi głośno i rzuca fałszywe banknoty z królikami na stół.

„Liso, proszę, bądź cicho," Vega znów błaga, „Zrobię wszystko. Zabierz stąd te fałszywe banknoty," mówi cicho menadżer i zbiera fałszywe pieniądze z e stołu.

„Posłuchaj Lisa. Jest tu elektryk Alexander Hephaestus. Naprawia alarm," mówi cicho menadżer,

„Dziś w nocy alarm nie będzie działać. Mógłbym wziąć dużo pieniędzy z sejfu. I nie będą to pięniądze z królikami, Liso. Będą to prawdziwe banknoty studolarowe," mówi cicho Vega, „Teraz idź do pracy. Ja wszystko zrobię," kończy. Kasjerka Lisa Pandora nie odpowiada. Wstaje i wychodzi z biura menadżera.

"Quiet, quiet, Lisa. Please," John Vega pleads. He walks to the door, opens it and looks out into the corridor. There's no one there. Then he closes the door and goes back to the table: "I can explain everything. They cheated me when I exchanged money for clean bills. They gave me fake bills," the bank manager justifies himself.

"John Vega, I am not interested in your problems," Lisa Pandora insists, "I need regular bills, not fake ones. Give me my money!" she says loudly, and throws the fake bills with the rabbits onto the table.

"Please, be quiet, Lisa," Vega pleads again, "I'll do everything. Take these fake bills away," the manager says quietly and removes the fake money from the table, "Lisa, listen. The electrician Alexander Hephaestus is here. He is fixing the alarm," the manager says quietly, "Tonight the alarm won't work. I could take a lot of money out of the safe. And it won't be the money with the rabbits, Lisa. These will be real hundred-dollar bills," Vega says quietly, "Now go to work. I'll do everything," he concludes. The cashier Lisa Pandora doesn't reply. She gets up and leaves the manager's office.

C

Przegląd nowego słownictwa

1

- Jest wtorek czy środa?
- Dzisiaj jest wtorek.
- Wiesz, która jest godzina?
- Sprawdzę na moim telefonie. Dokładnie druga.
- Dziękuję Ci. Przy okazji, na zewnątrz jest sucho czy pada deszcz?

New vocabulary review

1

- Is it Tuesday or Wednesday?
- Today is Tuesday.
- Do you know what time is it?
- I will check my phone. Exactly two o'clock.
- Thank you. By the way, is it dry or raining outside?

- Na zewnątrz jest sucho, ale jest zimno I wietrznie.

2

Rozmowa z kasjerem banku:
- Jakie banknoty by Pan chciał - o dużym nominale czy małym?
- Proszę mi dać kilka o dużym nominale i kilka o małym.
- Czy podobają się Panu banknoty ze zdjęciami królików?
- Słucham?
- Nie mamy już banknotów studolarowych ze zdjęciami Bena Franklina. Ale menadżer banku sprowadził inny rodzaj banknotów studolarowych. Które się Panu bardziej podobają - ze zdjęciami królików czy psów?

3

- A propos, wiesz, że przytrafiło mu się wielkie nieszczęście?
- Naprawdę? Co mu się przytrafiło?
- Jego żona oddała go do dobrego domu.
- Gdzie?
- Mieszka teraz w dużym domu. Nie mają psa, więc to on pilnuje domu i ogrodu.
- A oni wiedzą, że on jest złodziejem?
- Prawdopodobnie nie.

4

- Panie menadżerze, klienci mówią, że nasz bank ich oszukuje.
- Wiesz, że nigdy nie oszukujemy naszych klientów.
- Oczywiście, Panie menadżerze.
- Przemyśl to. Pracujemy w normalny sposób. Mamy normalny personel.
- Nie może Pan tego lepiej ująć, Panie menadżerze. Nasi pracownicy są po prostu wspaniali.
- Nasz bank jest zarejestrowany wszędzie.
- Dokładnie, Panie menadżerze.
- Posłuchaj, dlaczego mielibyśmy ich oszukiwać, jeśli to oni sami przynoszą pieniądze.
- Zgadzam się z Panem.
- Mamy nowy system alarmowy.
- Całkowicie nowy, Panie menadżerze.

- It is dry, but cold and windy outside.

2

A conversation with a bank cashier:
- What kind of bills would you like - large or small?
- Give me a few large ones and a few small ones.
- Do you like bills with pictures of rabbits?
- What?
- We are out of hundred-dollar bills with pictures of Ben Franklin. But the bank manager brought other kinds of hundred-dollar bills. What kind do you like better - with pictures of rabbits or dogs?

3

- By the way, do you know that a great misfortune happened to him?
- Really? What happened to him?
- His wife gave him away to a good home.
- Where?
- He lives in a big house now. They don't have a dog, so he protects the house and the garden.
- And they know that he is the robber?
- Probably not.

4

- Mr. manager, customers say that our bank is cheating them.
- You know that we never cheat our customers.
- Of course, Mr. manager.
- Think about it. We work in a normal way. We have a normal staff.
- You can't put it any better, Mr. manager. Our employees are just great!
- Our bank is registered everywhere.
- Exactly, Mr. manager.
- Listen, why should we cheat them, if they bring their own money themselves?
- I agree with you.
- We have a new alarm system.
- Completely new, Mr. manager.
- Okay, now turn it off. Let's go into the safe. Maybe there is something interesting in there.

- Dobrze, a teraz go wyłącz. Chodźmy do sejfu. Może jest tam coś interesującego.
- Już wyłączyłam alarm, Panie menadżerze.
- Dobra robota!

5

- Posłuchaj, w ostatnią sobotę posprzątałem dom.
- A ja wczoraj rano zrobiłam pizzę.
- Ja w ostatni czwartek naprawiłem telewizor.
- Ja przedwczoraj wieczorem ugotowałam spaghetti z czerwoną rybą.
- Więc dlaczego to ja mam iść do sklepu po wino?
- Bo ja nie piję wina. A ty tak!

6

- Myślę, że te banknoty są fałszywe.
- A ja nie. Dlaczego tak myślisz?
- Naprawdę na banknocie dolarowym znajduje się zdjęcie Billa Gatesa?
- To nie jest Bill Gates.
- A więc kto to jest?
- Nie wiem. Może jakiś prezydent. Ale to nie jest Bill Gates. Jestem pewna.
- A dlaczego ten banknot jest czerwony?
- Tak. To jest naprawdę dziwne. Wszystkie inne banknoty dolarowe są normalne, niebieskie, a tylko ten jest czerwony.

- *I already turned off the alarm, Mr. manager.*
- *Well done!*

5

- *Listen, I cleaned the house last Saturday.*
- *And I made a pizza yesterday morning.*
- *I repaired the TV last Thursday.*
- *I cooked spaghetti with red fish the night before yesterday.*
- *Then why should I go for wine to the store?*
- *Because I don't drink wine. And you do!*

6

- *I think that these bills are fake.*
- *And I don't think so. Why do you think so?*
- *Are there really pictures of Bill Gates on dollar bills?*
- *This isn't Bill Gates.*
- *Who is it, then?*
- *I don't know. Maybe some president. But it isn't Bill Gates. I'm sure.*
- *And why is this bill red?*
- *Yes. That is truly strange. All the other dollar bills are regular, blue, and only this one is red.*

13

Witajcie tropiki!
Hello, exotics!

 A

Słówka
Words

1. bagaż - luggage
2. bar - bar
3. bez - without
4. bitwa - battle
5. błyskotliwy - brilliant
6. brać, wziąć - take
7. bryza - breeze
8. były, poprzedni (m) - former
9. czekać, zaczekać - wait
10. członek - member
11. dokładny - exact
12. domyślać się, domyślić się, zgadywać, zgadnąć - guess
13. donosić, donieść - report
14. dostawca - provider
15. doświadczenie - experience
16. dźwięk - sound
17. egzotyczny (m) - exotic
18. ekscytujący (m) - exciting
19. euforyczny (m), w euforii - euphoric
20. godzina - hour
21. jakikolwiek - any
22. jeszcze - yet
23. jeździć, jechać - ride
24. karta SIM - SIM card
25. kłamać, leżeć - lie
26. kontrola - control
27. kontrola celna - customs
28. kontrola, inspekcja – inspection, control
29. kraj, państwo - country
30. kręcić się - spin
31. krzesło - chair
32. lądować, wylądować - land
33. lądownik - loader
34. linia - line
35. liścik, notataka - note
36. lokalny (m), tutejszy (m) - local
37. lotnisko - airport
38. łóżko wodne - waterbed
39. martwić się - worry
40. matka, mama - mother
41. meble - furniture
42. milion - million

43. milioner - millionaire
44. morze - sea
45. muzyka - music
46. nagły (m) - sudden
47. niedawny (m) - recent
48. nieuprzejmie - unkindly
49. niż - than
50. oboje - both
51. odpowiadać, odpowiedzieć - respond
52. ojciec - father
53. pakować - pack
54. palec - finger
55. papier - paper
56. paszport - passport
57. piętnaście - fifteen
58. pilnie - urgently
59. podekscytowany - excited
60. podwójny (m) - double
61. północna Afryka - North Africa
62. pomagać, pomóc - help
63. próbować, spróbować - try
64. prysznic - shower
65. przekupiłem (*I bribed,* m), przekupiłam (*I bribed,* f), przekupił (he *bribed),* przekupiła (she *bribed*) - bribed
66. przez, naprzeciwko - across
67. pytać, wypytywać się, dopytywać się - inquire
68. raz - once
69. reszta - rest
70. rodzina - family
71. rozsądnie - reasonably
72. rządzący - ruler
73. sam - myself
74. sklep - store
75. skrzyżowanie - intersection
76. sms, wiadomość tekstowa - text message

77. sukienka - dress
78. super-złodziej - super-thief
79. szukać - search
80. taksówka - taxi
81. także, tak więc - therefore
82. taras - terrace
83. tata - dad
84. tckst - text
85. tłum, mafia - mob
86. torba sportowa - sports bag
87. tropik- exotic
88. udawać - pretend
89. umierać, umrzeć - die
90. w zakłopotaniu - in embarrassment
91. walizka - suitcase
92. wiadomość - message
93. widok - view
94. więzienie - prison
95. wojskowy (m) - military
96. wysłany (m) - sent
97. wzdłuż - along
98. z widokiem - overlooking
99. zamienił (*he switched*), zamieniła (*she switched*), zamienili (*they switched,* m), zamieniły (*they switched,* f) - switched
100. zamknięty (m) - locked
101. zarabiać, zarobić - earn
102. zastanawiać się - reflect
103. zawierać - contain
104. zielony (m) - green
105. zniknął (*he disappeared*), zniknęła (*she disappeared*) - disappeared
106. żołnierz - soldier
107. zostać - stay
108. zwracać uwagę - pay attention
109. życie - life

B

Witajcie tropiki!

Paul Rost i Lisa Pandora przyjeżdżają na lotnisko. Przyjaciel Paula, Andrew zawozi ich

Hello, exotics!

Paul Rost and Lisa Pandora arrive at the airport. Paul's friend, Andrew, drives them

tam samochodem. Wchodzą do środka. Paul ma dużą sportową torbę. Lisa ma dwie wielkie walizki. Paul pomaga jej z walizkami. Są ciężkie, ale on udaje, że są dla niego lekkie.
„Paul, czy walizki są ciężkie?" pyta Lisa.
„Wcale," odpowiada Paul i wskazuje palcem: „Musimy iść tam."
Pracownicy odprawy celnej i kontroli paszportowej znają Paula Rosta. Tak więc przeszli przez odprawę celną i kontrolę paszportową bez żadnej kontroli. Andrew i pracownicy życzyli im udanych wakacji. Paul i Lisa wsiedli do samolotu.
Ich samolot ląduje kilka godzin później. Wszędzie są piękne, egzotyczne widoki. Przyjeżdżają do hotelu i rejestrują się.
„Mają Państwo taras z widokiem na morze i wielkie wodne łóżko małżeńskie," mówi pracownik obsługi hotelu.
„Łóżko małżeńskie?" Lisa uśmiecha się i patrzy na Paula. Paul patrzy przez okno w zakłopotaniu.
„Paul, mógłbyś mi kupić kartę SIM lokalnej sieci telefonicznej? Muszę pilnie zadzwonić do mojej mamy," prosi Lisa, „Poczekam na Ciebie w pokoju, dobrze?" dodaje.
„Oczywiście Liso," zgadza się Paul i zwraca się do pracownika obsługi hotelu: „Gdzie mogę kupić kartę SIM lokalnej sieci telefonicznej?" pyta.
„Proszę wyjść z hotelu i skręcić w lewo. Proszę iść aż do skrzyżowania i znowu skręcić w lewo. Znajduje się tam sklep, który się nazywa po prostu SIM Card," odpowiada pracownik obsługi.
Paul idzie so sklepu, a Lisa idzie na górę, do pokoju hotelowego. Paul wraca do hotelu piętnaście minut później i idzie na górę, do pokoju hotelowego. Na stole leży liścik:
„Jestem pod prysznicem. Za niedługo wyjdę."
Paul się uśmiecha i podchodzi do krzesła. Podnosi sukienkę i siada na krześle. Paul słyszy dźwięk wody i muzyki w łazience. Wącha sukienkę. Zaczyna mu się kręcić w głowie.
„To wszystko jest takie nagłe," myśli Paul.

there in his car. They go inside. Paul has a large sports bag. Lisa has two large suitcases. Paul helps her with the suitcases. They are heavy, but he pretends that they are light for him.
"Are the suitcases heavy, Paul?" Lisa asks.
"Not at all," Paul answers, and points his finger: "We need to go there."
The staff of the customs and passport control know Paul Rost. Therefore, they pass through customs and passport control without an inspection. Andrew and the staff wish him a good vacation. Paul and Lisa get on the plane.
A few hours later their plane lands. Everywhere there are beautiful and exotic views. They arrive at the hotel and register.
"You have a terrace overlooking the sea and a large double waterbed," a hotel staff member says.
"Double bed?" Lisa smiles and looks at Paul. Paul looks out the window in embarrassment.
"Paul, could you please buy me a SIM card for the local phone service provider? I urgently need to call my mother," Lisa asks, "I'll wait for you in the room, okay?" she adds.
"Of course, Lisa," Paul agrees, and addresses a hotel staff member: "Where can I buy a SIM card for the local phone service provider?" he inquires.
"Go out of the hotel and turn left. Walk to the intersection and turn left again. There is a store called just SIM Card," the staff member replies.
Paul goes to the store, and Lisa goes up to the hotel room. Fifteen minutes later, Paul returns to the hotel and goes up to the hotel room. On the table there is a note: "I'm in the shower. I'll come out soon."
Paul smiles and walks over to the chair. Lisa's dress is on the chair. He takes the dress and sits in the chair. Paul hears the sound of water and music in the bathroom.

„Tydzień temu nawet nie znałem Lisy. A teraz jestem z nią w egzotycznym kraju." Wychodzi na taras. Wszędzie są tam zielone drzewa i kwiaty. Daleko w dole znajduje się niebieskie morze.

Lekka bryza wieje znad morza. Paul czuje euforię od zapachu morza. Dziesięć minut później wraca do pokoju i podchodzi do drzwi łazienki. Puka do drzwi: „Lisa, długo tam jeszcze będziesz?" pyta. Brak odpowiedzi. „Wszystko w porządku?" pyta i puka ponownie. Potem puka jeszcze raz, głośno. Brak odpowiedzi. Próbuje otworzyć drzwi, ale są zamknięte. Dzwoni do obsługi hotelu i prosi ich o szybkie przybycie do jego pokoju. Pracownicy obsługi przychodzą po minucie i otwierają drzwi. W łazience nikogo nie ma. Paul patrzy na obsługę. Pracownicy obsługi patrzą na Paula. Paul szuka swoich i Lisy rzeczy.

Jego sportowa torba leży na ziemi. Bagaż Lisy zniknął. Tylko jej sukienka leży na krześle. Paul widzi, że obsługa próbuje ukryć uśmiechy. Wychodzi z hotelu i wchodzi do baru po przeciwnej stronie ulicy. Siada, pije wodę mineralną i zaczyna się zastanawiać. Pewien mężczyzna siada obok niego i kładzie rękę na barze.

Paul patrzy na rękę i widzi tatuaż: „Nie trać czasu!" Paul podnosi wzrok i widzi złodzieja mebli.

„Cześć," mówi złodziej.

„O, super-złodziej... Jak się masz?" pyta Paul, patrząc na niego zaskoczony.

„Nazywam się Peter Ashur. Posłuchaj. Jesteś dobrym facetem. Chcę Ci pomóc. Nie przejmuj się Lisą. Jedzie autobusem do innego miasta," mówi.

„Więc wy dwoje pracujecie razem?" detektyw uśmiecha się nieuprzejmie. .

„Wiezie walizki dla Johna Vegi, który czeka na nią w innym hotelu," złodziej kontynuuje szybko, nie zwracając uwagi na słowa Paula.

„Myśli, że w jej walizkach są pieniądze. Nie wiem ile. Ale w rzeczywistości, pieniądze są w

He smells the dress. His head begins to spin. "It's all so sudden," Paul thinks. "A week ago I didn't even know Lisa. And now I am with her in this exotic country." He goes out to the terrace. Everywhere there are green trees and flowers. Far below, there is the blue sea. A light breeze blows from the sea. Paul feels euphoric from the smell of the sea. Ten minutes later he returns to the room and goes to the bathroom door. He knocks on the door: "Lisa, will you be much longer?" he asks. There is no answer. "Are you okay?" he asks, and knocks again.

Then he knocks once again, loudly. There is no answer. He tries to open the door, but it is locked. He calls the hotel staff and asks them to come to his room urgently. A minute later, staff members come in and open the door. There is no one in the bathroom. Paul looks at the staff. The staff members look at Paul. Paul searches for his and Lisa's things. His sports bag is on the floor. Lisa's luggage is gone. Only her dress lies on the chair. Paul sees that the staff is trying to hide their smiles.

He leaves the hotel and walks into a bar across the street. He sits down, drinks mineral water and begins to reflect. A man sits down next to him, and puts down his hand on the bar. Paul looks at the hand and sees a tattoo that says: "Do not waste time!" Paul looks up and sees the furniture thief.

"Hi," the thief says.

"Oh, super-thief... How are you? " Paul asks, looking at him in surprise.

"My name is Peter Ashur. Listen. You're a good guy. I want to help you. Don't worry because of Lisa. She is riding a bus to another town," he says.

"So the two of you work together?" the detective smiles unkindly.

"She is taking the suitcases to John Vega, who is waiting for her in a hotel," the thief quickly continues, not paying attention to Paul's words. "She thinks that there is money

tych walizkach," złodziej wskazuje dłonią w dół. Paul patrzy w dół i widzi walizki Lisy. Złodziej szybko kontynuuje: „Przekupiłem ładowników na tutejszym lotnisku i zamienili walizki. Ona teraz ma tę samą walizkę, ale zawierającą papier zamiast pieniędzy," Ashur uśmiecha się.

„Czasami zachowujesz się rozsądnie," mówi zdziwiony detektyw, „ Teraz prawdopodobnie chcesz tu żyć jak milioner?" dodaje.

„To teraz nie jest ważne. Możesz mi pomóc?" pyta Peter Ashur.

„Chcesz, żebym Ci znowu pomógł załadować meble?" pyta Rost.

„Mój ojciec jest w więzieniu Hal Hut. To niedaleko stąd. Jest starym człowiekiem. Nie chce umrzeć w więzieniu. Ale zostanie w więzieniu do końca swojego życia, jeśli mu nie pomogę," mówi Ashur.

„Dlaczego jest w więzieniu? On też lubi zapach mebli innych ludzi?" pyta Paul.

„Mój ojciec nie zrobił nic złego. Dostał dwadzieścia lat więzienia, a on tylko wysłał smsy z żartami o rządzących tym krajem," mówi Peter Ashur.

„Powinienem był zgadnąć, że jesteś z błyskotliwej rodziny. Jak chcesz żebym ci pomógł?" pyta Paul Rost.

„Muszę znaleźć dobrego pilota samolotów. Muszę zabrać mojego ojca z tego kraju," mówi Ashur.

„Gdzie chcesz zabrać twojego ojca?" pyta Paul.

„Chcę zabrać nie tylko mojego ojca, ale też kilku innych ludzi do północnej Afryki, dziś w nocy. Umiem pilotować samolot, ale tam są teraz bitwy, a ja nie mam żadnego wojskowego doświadczenia. Ale ty jesteś byłym pilotem wojskowym i możesz wykonać tę robotę. Zapłacę Ci dwieście tysięcy dolarów. Co na to powiesz?" proponuje Ashur.

„Mam polecieć samolotem do północnej Afryki? Myślisz, że jestem takim samym idiotą jak ty?" protestuje Paul.

„Tak," mówi mężczyzna i popija wodę, „Przekupiłem pracowników lokalnego lotniska.

in her suitcases. I don't know how much. But, in fact, the money is in these suitcases," the thief points down with his hand. Paul looks down and sees Lisa's suitcases. The thief quickly continues: "I bribed the loaders at the airport here and they switched the bags. She has the exact the same suitcases, but they contain paper instead of money," Ashur smiles.

"Sometimes you act reasonably," the detective says in surprise, "Now you probably want to live here as a millionaire?" he adds.

"That isn't important right now. Can you help me?" Peter Ashur asks.

"You want me to help you load furniture again?" Rost asks.

"My father is in the Hal Hut prison. It isn't far from here. He is an old man. He doesn't want to die in prison. But he will stay in prison for the rest of his life if I don't help him," Ashur says.

"Why is he in prison? He also likes the smell of other people's furniture?" Paul asks.

"My father didn't do anything wrong. He was given twenty years in prison, and he only sent out text messages with jokes about the rulers of this country," Peter Ashur says.

"I should have guessed that you're from a brilliant family. How do you want me to help you?" Paul Rost asks.

"I have to find a good airplane pilot. I have to take my father out of this country," Ashur says.

"Where do you want to take your father?" Paul asks.

"I want to take not only my father but a few other people to North Africa tonight. I can fly a plane, but there are battles over there and I don't have any military experience. But you are a former military pilot and you can do this job. I'll pay you two hundred thousand dollars. What do you say?" Ashur offers.

"I have to fly a plane to North Africa? Do

69

Chcę zabrać stąd mojego ojca tym samolotem. A ty możesz zarobić dużo pieniędzy," nalega Ashur.

„Byłbym wielkim głupcem, jeśli bym ci uwierzył. I... byłoby lepiej dla ciebie, jeśli się więcej nie spotkamy," mówi Paul Rost. Wstaje i wychodzi.

„Ty idioto! Sam zrobię tę robotę i zatrzymam wszystkie pieniądze!" krzyczy za nim mężczyzna.

Paul idzie do hotelu i pakuje swoje rzeczy. Potem wykonuje telefon.

„Cześć Paul! Jak tam twoje wakacje?" mówi Andrew na drugim końcu linii.

„Bardziej ekscytujące niż mógłbyś pomyśleć," odpowiada Paul.

„Nie brzmisz na podekscytowanego," zauważa jego przyjaciel, „Może ma to coś wspólnego z niedawnym rabunkiem banku? Jeszcze o tym nie wiesz? Stało się to w nocy zanim wyjechałeś. John Vega zniknął razem z czterema milionami dolarów z banku."

„Lisa Pandora i John Vega ukradli te pieniądze. Są tutaj oboje, ale nie wiem gdzie się znajdują. Przy okazji, skradzione pieniądze były w walizce, którą pomagałem nieść Lisie Pandorze. Mam również trochę informacji o północnej Afryce. Jeden samolot poleci nielegalnie stąd do północnej Afryki. Na pokładzie będzie kilka osób. Może żołnierze, może mafia. I bedą też dwaj idioci z naszego kraju. Jeden z nich będzie prawdopodobnie pilotował samolot. Donieś o tym władzom. Jeśli potrzebujesz więcej informacji, postaram się czegoś dowiedzieć," mówi Paul.

„Szkoda, że twoje wakacje tak szybko się skończyły. Zadzwonię do Ciebie wkrótce. Do zobaczenia później i nie bądź smutny," mówi Paul.

„Czuję się dobrze. Do zobaczenia," podsumowuje Paul, dzwoni po taksówkę i jedzie na lotnisko.

you think that I'm an idiot just like you?" Paul protests.

"Yes," the man says and takes a drink of water, "I bribed the staff of the local airport. I want to take my dad out of here on this plane. And you can earn a lot of money," Ashur insists.

"I'll be a great fool if I believe you. And... It would be better for you if we never meet again," Paul Rost says. He gets up and leaves.

"You idiot! I will do this job myself and keep all the money!" the man shouts after him.

Paul goes to the hotel and packs his things. Then he makes a phone call.

"Hi, Paul! How is your vacation?" Andrew says on the other end of the line.

"A lot more exciting than you might think," Paul responds.

"You don't sound excited," his friend notes, "Maybe this has to do with the recent bank robbery? Don't you know about it yet? It happened the night before you left. John Vega disappeared along with four million dollars from the bank."

"Lisa Pandora and John Vega stole that money. They are both here, but I don't know where they are. By the way, the stolen money was in the suitcases that I helped Lisa Pandora carry. I also have some information about North Africa. A plane will fly illegally from here to North Africa. There will be some people on board. Maybe soldiers or the mob. And there will also be two idiots from our country. One of them will probably fly the airplane. Report this to the authorities. If you need more information, I'll try to find out," Paul says.

"It's a pity that your vacation ended so quickly. I'll call you soon. See you later, and don't be sad," Andrew says.

"I'm fine. See you," Paul concludes, calls a taxi, and rides to the airport.

C

Przegląd nowego słownictwa

1

- Dzisiaj jest środa czy czwartek?
- Dzisiaj jest środa.
- Wiesz, która jest godzina?
- Sprawdzę na telefonie. Dokładnie trzecia.
- Dziękuję. Przy okazji, na zewnątrz jest sucho czy pada deszcz?
- Na zewnątrz pada, ale nie jest zimno.

2

- Czy wiesz, że lotnisko jest zamknięte z powodu mgły?
- Naprawdę? I nie latają samoloty?
- Oczywiście, że nie latają. Mgła jest tak gęsta, że nawet ptaki chodzą.

3

- Jeden z naszych byłych klientów chce się z Panem zobaczyć Panie menadżerze.
- Czego chce?
- Mówi, że ma dla Pana niespodziankę.
- Czy to jest dobra czy zła niespodzianka?
- Sądząc po twarzy, powiedziałbym, że prawdopodobnie nie jest dobra.
- Ile czasu zostało do końca dniówki?
- Dwadzieścia minut, Panie menadżerze.
- Dobrze. Ja wychodzę.
- Gdzie pan idzie, Panie menadżerze? Drzwi są tam.
- Lepiej, żebym dzisiaj wyszedł przez okno. Przecież jesteśmy na parterze!

4

- Jaka przyjemna lekka bryza znad morza!
- Tak, a widok morza też jest bardzo piękny.
- Dobrze, wystarczy. Przyszedł czas na pakowanie i załadunek skrzynek.
- Jak Pan myśli, Panie menadżerze, oficer odprawy celnej nie domyślił się, że przewozimy te skrzynki nielegalnie?
- Oczywiście, że się domyślił.
- Co powinniśmy teraz zrobić? To dla nas duży problem.
- Nie martw się. Przekupiłem go.

New vocabulary review

1

- *Is it Wednesday or Thursday today?*
- *Today is Wednesday.*
- *Do you know what time is it?*
- *I will check my phone. Exactly three o'clock.*
- *Thank you. By the way, is it dry or raining outside?*
- *It is raining, but it isn't cold outside.*

2

- *Do you know that the airport is closed because of the fog?*
- *Really? And the planes don't fly?*
- *Of course they don't fly. The fog is so thick that even the birds walk.*

3

- *One of our former clients wants to meet with you, Mr. manager.*
- *What does he want?*
- *He says that he has a surprise for you.*
- *Is it a good or a bad surprise?*
- *Judging at his face, I would say that it probably isn't good.*
- *How much time is there until the end of the day?*
- *Twenty minutes, Mr. manager.*
- *Okay. I'm leaving.*
- *Where are you going, Mr. manager? The door is over there.*
- *Today, I'd better leave through the window. After all, we're on the ground floor!*

4

- *What a pleasant light breeze from the sea!*
- *Yes, and the sea view is also very beautiful.*
- *Okay, enough. It's time to pack and load boxes.*
- *What do you think, Mr. manager, the customs officer didn't guess that we ship these boxes illegally?*
- *Of course he guessed.*
- *What should we do now? This is a big problem for us.*

- Panie menadżerze. Przyszedł kolejny oficer odprawy celnej.
- Po co?
- Oni też chcą być przekupieni. Proszę im dać pieniądze!
- Dobrze, dam im. Jaki przyjemny kraj. Tutaj wszyscy są w euforii i mają dobry apetyt!

5

- Z jakiej sieci jest twój telefon komórkowy.
- Nie wiem.
- A jaki masz rodzaj telefonu komórkowego?
- Nie wiem.
- Twój telefon ma jedną kartę SIM czy dwie?
- Czemu pytasz?
- Jestem zainteresowany.
- A ja nie jestem zainteresowany.

- *Don't worry. I bribed him.*
- *Mr. manager, the other customs officers came.*
- *What for?*
- *They also want to be bribed. Give them money!*
- *Okay, I will. What a pleasant country. Here, everyone is euphoric and has a good appetite!*

5

- *What is your cell-phone service provider?*
- *I don't know.*
- *And what kind of a cell-phone do you have?*
- *I don't know.*
- *Does your phone have one SIM card or two?*
- *Why do you ask?*
- *I'm just interested.*
- *And I'm not interested.*

Gdzic są moje pieniądze?
Where is my money?

A

Słówka
Words

1. bagażowy - porter
2. biegł, pobiegł - ran
3. błąd, pomyłka - mistake
4. brudny (m) - dirty
5. być w szoku, być zszokowanym - be shocked
6. cela - cell
7. cela więzienna - jail cell
8. chwycił - grabbed
9. dym - smoke
10. furgonetka - van
11. kierowca - driver
12. klatka piersiowa - chest
13. korek - traffic
14. krzyknął, krzyczał - shouted
15. który (m), która (f) - which
16. latać - fly
17. łatwy (m) - easy
18. myśleć, pomyśleć - think
19. napiwek - tip
20. noga - leg

21. normalny, zwykły - ordinary
22. obrabować, ukraść - rob
23. odpowiedział (*he*) - replied
24. on miał - he had
25. park - park
26. pociągnął (*he*) - pulled
27. podniósł (*he*) - picked up
28. podniósł, uniósł się (*he*) - raised
29. podnosić, podnieść - rise
30. podszedł, zbliżył się (*he*) - approached
31. pomyślał (*he*) - thought
32. poraził (*he*) - stunned
33. portfel - wallet
34. poszedł (*he*) - walked, went
35. powąchał (*he*) - sniffed
36. przecznica - block
37. przewiózł (*he*) - transported
38. przyjechał, dojechał, przyszedł (*he*) - arrived
39. radio - radio
40. ruszył się (*he*) - moved

41. schludnie - neatly
42. siedział *(he)* - sat
43. słuchać - listen
44. spojrzał, popatrzył *(he)* - looked
45. sprawdził *(he)* - checked
46. sprzątacza - cleaner's
47. stał *(he)* - stood
48. stek - steak
49. suchy (m) - dry
50. taksówka - cab
51. Taser, paralizator - Taser
52. torebka - purse
53. ubrania - clothes
54. upadł *(he)* - fell
55. uśmiechnął się *(he)* - smiled
56. uświadomił sobie *(he)* - realized
57. wiedział *(he)* - knew

58. więzienie - jail
59. włóczęga - vagabond
60. wrzasnął *(he)* - yelled
61. wycelował *(he)* - pointed
62. wystarczająco - enough
63. założył kajdanki *(he)* - handcuffed
64. zamknął *(he)* - closed
65. zaniósł *(he)* - carried
66. zapukał *(he)* - knocked
67. zapytał, poprosił *(he)* - asked
68. zatrudniać, zatrudnić - hire
69. zatrzymał (się) *(he)* - stopped
70. zdecydował *(he)* - decided
71. zjedzony - eaten
72. zły (m) - angry
73. zrobił *(he)* - made
74. zrobiony (m) - done

 # B

Gdzie są moje pieniądze?

Lisa Pandora dojechała autobusem do innego miasta. Przyszła do hotelu „Karma" i weszła na drugie piętro. Lisa podeszła do drzwi pokoju numer dziesięć i się zatrzymała. Dała bagażowemu napiwek, a on odszedł. Lisa podeszła bliżej do drzwi, potem wyjęła z torebki paralizator i włożyła go do swojej kieszeni. Zapukała do drzwi. John Vega otworzył drzwi.
Wyszedł szybko na korytarz, wziął walizki i zaniósł je do pokoju. Lisa również weszła do pokoju i zamknęła drzwi.
„Czy wszystko poszło dobrze? Czy Rost nadal czeka przed łazienką?" John Vega się uśmiechnął.
„Wszystko poszło dobrze. Myślę, że Rost już pojechał do domu. Jego wakacje się skończyły," odpowiedziała Pandora.
John Vega postawił walizki na podłodze i otworzył je. Paczki pieniędzy leżały schludnie w walizce.
„Jest tu wystarczająco dużo pieniędzy, aby

Where is my money?

Lisa Pandora arrived in another town by bus. She came to the hotel "Karma", and went up to the second floor. Lisa came up to the door of room number ten and stopped. She gave the porter a tip, and he left. Lisa came close to the door, then took a Taser out of her purse and put it in her pocket. She knocked on the door. John Vega opened the door. He quickly went out to the corridor, took the suitcases and carried them into the room. Lisa also went into the room and closed the door.
"Did everything go well? Is Rost still waiting outside the bathroom?" John Vega smiled.
"Everything went okay. I think that Rost has already gone home. His vacation is over," Pandora replied.
John Vega put the suitcases on the floor and opened them. Packs of money lay neatly in the suitcase.
"There is enough money here to hire two hundred soldiers. Now we can fly to North

zatrudnić dwieście żołnierzy. Teraz możemy lecieć do północnej Afryki," podniósł jedną paczkę i otworzył ją. Na ziemię wysypał się zwykły papier. Pandora była zszokowana. „Zamieniłeś walizki!" krzyknęła na Vegę. Twarz Johna Vegi była czerwona i zła. Podszedł do Pandory i krzyknął na nią. „Gdzie są moje pieniądze? Daj mi moje pieniądze!" złapał ją za włosy i uderzył ją walizką w głowę, „Daj mi moje pieniądze!" krzyknął.

Pandora upadła na podłogę. Poraziła Vegę w nogę swoim paralizatorem. Upadł na podłogę. Pandora raziła go paralizatorem raz za razem. „Tutaj są twoje pieniądze ty idioto! A tu jest jeszcze więcej! I jeszcze więcej!" Pandora poraziła Vegę ponownie w twarz i klatkę piersiową. Z Johna Vegi zaczął się unosić dym. Leżał na podłodze i już się nie poruszył. Wtedy Pandora podeszła do walizki. Popatrzyła na papier.

„Tylko Peter Ashur mógł to zrobić! Tylko on wiedział o pieniądzach," wzięła walizkę i popatrzyła na Vegę. Leżał z zamkniętymi oczami. Dym wciąż się z niego unosił. Pandora wyjęła z jego kieszeni paszport i portfel i włożyła je do swojej torebki. Wyszła z pokoju i szybko podeszła do windy.

Po około dziesięciu minutach Vaga otworzył oczy. Rozejrzał się dookoła. Potem wstał powoli i usiadł na krześle. Uświadomił sobie, że jego portfel i paszport zniknęły.

„Zabiję cię, Pandoro," krzyknął.

Vega wyciągnął pistolet ze swojej kieszeni i sprawdził go. Potem włożył go z powrotem do kieszeni i wyszedł z pokoju. Wyszedł na zewnątrz i rozejrzał się. Nie wiedział, co ma teraz zrobić. Nie mógł wrócić do domu, ponieważ policja go szukała. Bez pieniędzy i paszportu był teraz jak włóczęga. Szedł ulicą, myśląc, co zrobić. Pieniądze zniknęły. W domu szukała go policja. Wszystko przepadło. Teraz był nawet gotów, żeby obrabować sklep albo bank. Na światłach zaparkowana była furgonetka. Uświadomił sobie, że była to

Africa," he picked up one pack and opened it. Ordinary paper fell to the floor.

"What is this?" John Vega opened another pack. In it there was also regular paper. Pandora was shocked.

"You switched the suitcases!" she shouted at Vega. John Vega's face was red and angry. He went up to Pandora and shouted at her. "Where is my money? Give me my money!" he grabbed her by the hair and hit her on the head with a suitcase, "Give me my money!" he shouted.

Pandora fell to the floor. She stunned Vega in the leg with her Taser. He fell to the floor. Pandora stunned him again and again with her Taser.

"Here's your money, you idiot! Here's some more! And here's more!" Pandora stunned Vega again and again in the face and chest. Smoke began to rise from John Vega. He lay on the floor and no longer moved. Then Pandora walked to the suitcases. She looked at the paper.

"Only Peter Ashur could have done this! Only he knew about the money," she took her purse and looked at Vega. He lay with his eyes closed. Smoke was still rising from him. Pandora took the passport and wallet out of his pocket and put them in her purse. She left the room and quickly walked to the elevator.

After about ten minutes, Vega opened his eyes. He looked around. Then he slowly got up and sat on a chair. He realized that his wallet and passport were gone.

"I will kill you, Pandora," he shouted. Vega pulled a gun out of his pocket and checked it. Then he put it back in his pocket and left the room. He went outside and looked around. He didn't know what to do next. He couldn't go back home because the police was looking for him. Without money and without a passport, he was now like a vagabond. He walked down the street, thinking what to do. The money was gone. Back home, the police was looking for him. Everything was lost.

furgonetka z banku, który przewoził pieniądze. Podszedł powoli, patrząc na kierowcę. Okienko kabiny kierowcy było otwarte. W kabinie było kilka worków. Kierowca palił i słuchał radia. Vega rozejrzał się, potem wyjął pistolet i podszedł do furgonetki.

„Daj mi torbę!" wrzasnął i wycelował pistolet w kierowcę. Kierowca popatrzył na pistolet. Potem się rozejrzał, podniósł torbę i dał ją Vedze.

„Nie ruszaj się!" krzyknął Vega i uciekł. Przebiegł trzy albo cztery przecznice. Potem wbiegł do parku i usiadł pod drzewem. Był bardzo szczęśliwy. Kraść - to takie łatwe! Otworzył torbę i coś z niej wyciągnął. To nie były pieniądze. To były jakieś brudne, śmierdzące ubrania. Rzucił torbę na ziemię. Uświadomił sobie, że obrabował furgonetkę pralni chemicznej. Popełnił kolejny błąd. Vega postanowił wrócić do hotelu.

„Ręce do góry!" stało za nim dwóch policjantów. Wycelowali w niego swoje pistolety. Vega podniósł ręce, a oni założyli mu kajdanki.

Policja zabrała go do lokalnego więzienia. W więziennej celi było jeszcze kilka osób. Jeden z nich podszedł do niego i powąchał jego ubrania.

„Jadłeś steka?" zapytał, „Zostało ci trochę? Nie jadłem od dwóch dni."

„Zabiję cię, Pandoro..." pomyślał John Vega.”I ciebie Peterze Ashur - ciebie też zabiję."

Now he was even ready to rob a store or bank. A van was stopped at the traffic lights. He realized that it was a bank's van, which transported money. He walked by slowly, looking at the driver. The window of the driver's cab was open. In the cab were a few bags. The driver was smoking and listening to the radio. Vega looked around, then pulled out his gun and walked up to the van.

"Give me the bag!" he yelled and pointed the gun at the driver. The driver looked at the gun. Then he looked around, picked up a bag and gave it to Vega.

"Sit still!" Vega shouted and ran away. He ran three or four blocks. Then he ran into a park and sat under a tree. He was very happy. To rob - that's so easy! He opened the bag and pulled something out. It wasn't money. These were some kind of dirty, smelly clothes. He threw the bag on the ground. He realized that he had robbed a dry cleaners' van. He made another mistake. Vega decided to return to the hotel.

"Hands up!" behind him stood two policemen. They pointed their guns on him. Vega raised his hands, and they handcuffed him. The police took him to the local jail. There were a few other people in the jail cell. One of them approached him and sniffed his clothes.

"Did you eat a steak?" he asked, "Do you have some left? I haven't eaten in two days."

"I'll kill you Pandora ..." John Vega thought, "And you, Peter Ashur - I'll kill you too."

 C

Przegląd nowego słownictwa
1
- Dzisiaj jest czwartek czy piątek?
- Dzisiaj jest czwartek.
- Wiesz, która jest godzina?
- Sprawdzę na moim telefonie. Jest za dziesięć czwarta.

New vocabulary review
1
- Is it Thursday or Friday today?
- It is Thursday today.
- Do you know what time is it?
- I will check my phone. It's ten minutes to four.

- Dziękuję. Przy okazji, czy na zewnątrz jest wietrznie?
- Na zewnątrz jest zimno, ale nie jest wietrznie.

2

- Zostałem okradziony.
- Kto Cię okradł?
- Ten brudny żebrak mnie okradł!
- Jak to zrobił?
- Wyciągnął mi portfel z kieszeni!
- Co było w twoim portfelu?
- Mój paszport i pieniądze.
- Dlaczego z głowy tego brudnego żebraka wychodzi dym?
- Poraziłam go paralizatorem.

3

- Proszę, daj mi trochę wody.
- Nie ma wody.
- W takim razie, proszę, daj mi trochę soku.
- Soku też nie ma.
- Daj mi steka!
- Nie ma steka! Chciałbyś zapalić albo napić się trochę wina? A może chciałbyś posłuchać radia?
- Nie, innym razem. Masz wspaniałą kawiarnię.
- Dziękuję. Wszyscy tak mówią. A my jesteśmy bardzo szczęśliwi.

4

- Jestem zszokowany!
- Co się stało?
- Mój komputer ciągle robi błędy!
- Jaki rodzaj błędów robi twój komputer?
- Jest zawsze w błędzie! I potrzebuje dużo czasu na myślenie!
- Interesujące. O czym myśli twój komputer?
- Ja też jestem ciekawy. Jaki dziwny komputer!

5

- Mam ładną klatkę piersiową?
- Tak. Ale dlaczego jest brudna?
- Nie jest brudna. To jest tatuaż.
- Pozwól mi się lepiej przyjrzeć.

6

- Czy w tym hotelu przyjmują nowych pracowników?
- Tak. W tym hotelu potrzeba pracowników do sprzątania pokojów.

- Thank you. By the way, is it windy outside?
- It is cold, but it isn't windy outside.

2

- I was robbed!
- Who robbed you?
- This dirty bum robbed me!
- How did he do it?
- He pulled the wallet out of my pocket.
- What was in your wallet?
- My passport and money.
- Why is there smoke coming out of this dirty bum's head?
- I stunned him with a Taser.

3

- Give me some water, please.
- There isn't any water.
- Then give me some juice, please.
- There isn't any juice either.
- Give me a steak!
- There is no steak. Would you like to smoke or drink some wine? Or maybe you would like to listen to the radio?
- No, some other time. You have a wonderful cafe.
- Thank you. Everyone says so. And we are very pleased.

4

- I'm shocked!
- What happened?
- My computer keeps making mistakes!
- What kind of mistakes does your computer make?
- It is always wrong! And it takes a long time to think!
- Interesting. What is your computer thinking about?
- I'm also interested. What a strange computer!

5

- Do I have a nice chest?
- Yes. But why is it dirty?
- It isn't dirty. That's a tattoo.
- Let me get a better look.

6

- Is the hotel hiring new staff?

- Potrzebują też kucharza?
- Tak, potrzebują też kucharza. Jesteś uporządkowany?
- Tak, jestem bardzo uporządkowany!
- Co potrafisz gotować?
- Potrafię robić zwykłą pizzę.
- To wszystko?
- Potrafię też zrobić niezwykłą pizzę. I robię to w sposób bardzo uporządkowany!

7

- Czyje są te ubrania?
- To są ubrania jakiejś młodej kobiety.
- A gdzie jest ta młoda kobieta?
- Jest w morzu.
- Jestem bagażowym z hotelu. Proszę jej powiedzieć, że zabiorę jej torebkę i ubrania do jej pokoju. A! A! A!
- Co się stało?
- Coś mnie poraziło!
- To paralizator. Ta młoda kobieta zostawiła go pod ubraniami.

8

- Czyj to jest paszport?
- To mój paszport, Panie celniku.
- Czyja to skrzynia?
- Ta skrzynia należy do tego młodego mężczyzny. Poprosił mnie, abym przeniosła ją przez odprawę celną.
- Jest Pani pewna?
- Tak mi powiedział.
- Otwórzmy ją razem i sprawdźmy.
- Zróbmy to.
- Co to są za lekarstwa i pistolety?
- Nie wiem Panie celniku. Musi Pan zapytać tego młodego mężczyzny.
- Młody człowieku, czy to twoje lekarstwa i pistolety?
- Oczywiście, że nie!
- Czy mogę teraz iść, Panie celniku?
- Tak. Proszę iść. Ten policjant zabierze Panią tam, gdzie Pani musi iść.

9

- Dlaczego przewoziła Pani lekarstwa i pistolety?
- Jeden młody człowiek poprosił mnie, żebym

- Yes. This hotel needs staff for room cleaning.
- Do they also need a cook?
- Yes, they also need a cook. Are you neat?
- Yes, I'm very neat!
- What can you cook?
- I can cook an ordinary pizza.
- Is that all?
- I can cook an unusual pizza, too. And I do it neatly!

7

- Whose clothes are these?
- These are a young woman's clothes.
- And where is the young woman herself?
- She is in the sea.
- I am a porter from the hotel. Tell her that I'll take her purse and clothes to her room. Ah-ah-ah!
- What happened?
- Something stunned me!
- It's a Taser. The young woman left it under her clothes.

8

- Whose passport is this?
- This is my passport, Mr. customs officer.
- Whose box is this?
- This box belongs to that young man. He asked me to carry it through customs.
- What's in the box?
- Newspapers and a radio, Mr. customs officer.
- Are you sure?
- That's what he told me.
- Let's open it together and check.
- Let's.
- What are these pills and guns?
- I don't know, Mr. customs officer. You have to ask that young man.
- Young man, are these your pills and guns?
- Of course not!
- Can I go now, Mr. customs officer?
- Yes. Go. This police officer will take you where you need to go.

9

- Why were you transporting pills and guns?

to zrobiła, Panie policjancie.
- Czy dał Pani za to picniądze?
- Nie. Po prostu mnie poprosił. Powiedział, że tam są gazety i radio.
- Dlaczego się Pani zgodziła?
- Prawdopodobnie dlatego, że jestem idiotką.

- *A young man asked me to do so, Mr. policeman.*
- *Did he give you money for it?*
- *No. He just asked. He said that there were newspapers and a radio.*
- *Why did you agree?*
- *Probably because I am a kind idiot.*

15

Proces
The trial

A

1. aresztować - arrest
2. aresztował (*he*), aresztowany (*adj*) - arrested
3. bomba - bomb
4. ciało - body
5. część - part
6. decyzja - decision
7. dostarczył (*he*) - provided
8. droga - road
9. eksperyment - experiment
10. eksperyment śledczy - investigative experiment
11. funkcjonariusz - officer
12. głodny (m) - hungry
13. interes - interest
14. kara - punishment, penalty
15. karać, ukarać - punish
16. karmić, dać jeść - feed
17. każdy (m), każda (f) - everyone
18. klatka - cage
19. klient (m), klientka (f) - client
20. kolorowy (m) - colorful
21. konfiskata - confiscation
22. konsultować się, skonsultować się - consult
23. kontynuował (*he*) - continued
24. kraść, ukraść - steal
25. łajdak - scoundrel
26. lizać, polizać - lick
27. malować - paint
28. maniak - maniac
29. możliwy (m) - possible
30. mrugnął (*he*) - winked
31. mur, ściana - wall
32. nos - nose
33. obiecał (*he*) - promised
34. obrona - defense
35. obrońca - defense counsel
36. obrońca, adwokat - defender
37. ochrona – security; strażnik - security guard
38. od, odkąd, skoro, jeśli - since

39. odwrócił (się) (*he*) - turned
40. ogłosił, wygłosić (*he*) - declared
41. organizacja - organization
42. oskarżony - defendant
43. pasiasty (m), w paski - striped
44. pełny (m) - full
45. podrapał (się) (*he*) - scratched
46. podwórze, dziedziniec - yard
47. pojechał, prowadził - drove
48. pokazał (*he*) - showed
49. polizał *(he)* - licked
50. potrzebował (*he*) - needed
51. powąchał (*he*) - smelled
52. powiedział - told, said
53. pozwolić - let
54. prawnik - lawyer
55. proces - trial
56. prokurator - prosecutor
57. przeprowadzić - conduct
58. przynajmniej - at least
59. przywódca - leader
60. ropucha - toad
61. sala rozpraw - courtroom
62. sędzia - judge
63. seksualnie - sexually
64. seksualny (m) - sexual
65. silnik - engine
66. skazany - convict
67. skoczył (*he*) - jumped
68. śledczy (m) - investigative
69. smacznego - bon appetit
70. śmierć - death

71. spał (*he*) - slept
72. śpiący (m) - sleepy
73. stolica - capital
74. substancja - substance
75. surowy (m) - severe
76. terrorysta - terrorist
77. trzymał (*he*) - held
78. turysta - tourist
79. tyłek - butt
80. uderzać, uderzyć - beat
81. udowadniać, udowodnić - prove
82. ukłonić się - bow
83. ukłonił się (*he*) - bowed
84. widział, zobaczył (*he*) - saw
85. własność, posiadłość - property
86. wspiął się (*he*) - climbed
87. wstać - get up
88. wszedł (*he*) - entered
89. wykorzystał (*he*) - exploited
90. wyrok - sentence
91. wysadzić - blow up
92. wytłumaczył (*he*) - justified
93. z obrzydzeniem - in disgust
94. zaczął (*he*) - started
95. zagroził (*he*) - threatened
96. zaoferował *(he)* - offered
97. zasugerował (*he*) - suggested
98. zgodził się (*he*) - agreed
99. ziewnął (*he*) - yawned
100. zmęczony (m) - tired
101. zwycięsko - victoriously

B

Proces

„Jeśli dasz mi coś do jedzenia, pozwolę ci polizać tę ropuchę," ktoś w celi zaproponował Johnowi Vedze.
„Jaką ropuchę?" powiedział John Vega zaskoczony.
„Jestem głodny, ponieważ prawie w ogóle nas tu nie karmią. Jeśli dasz mi jakieś jedzenie,

The trial

"If you give me something to eat, then I'll let you lick this toad," someone in the prison cell suggests to John Vega.
"What toad?" John Vega said in surprise.
"I'm hungry, because they almost never feed us here. If you give me some food, I'll let you lick this toad's butt," the man continued.

pozwolę ci polizać tyłek tej ropuchy," kontynuował mężczyzna.

„Dlaczego miałbym lizać tyłek ropuchy?" Vega nie rozumiał.

„Ta ropucha ma jakiś rodzaj substancji, tam na tyłku, która pozwala ci widzieć kolorowe sny w dzień i w nocy," mężczyzna pokazał Vedze ropuchę. Polizał zielony tyłek i uśmiechnął się, „Fajnie. Chcesz trochę? Masz," zaproponował.

„Dziękuję, sam ją poliż i... smacznego," Vega odwrócił się z obrzydzeniem.

Strażnik podszedł do drzwi celi i wyciągnął z kieszeni klucz.

„Wychodź łajdaku!" powiedział głośno strażnik, otwierając drzwi. Kilka osób wstało i podeszło do drzwi, „Nie wy. Ty. Wstawaj i wychodź," wskazał na Vegę. Vega wstał i wyszedł z celi. Strażnik zamknął drzwi.

„Idź prosto, wzdłuż tego korytarza! Podejdź aż do drzwi, a potem się zatrzymaj!" rozkazał. Vega poszedł wzdłuż korytarza aż do drzwi. Zatrzymał się. Strażnik zapukał do drzwi i otworzył je.

„Wchodź!" powiedział do Johna Vegi. Vega wszedł do wielkiego pokoju. Były tam dwie wielkie klatki. Jakiś mężczyzna siedział w jednej z nich. Strażnik otworzył drugą klatkę.

„Wchodź!" rozkazał ponownie. Vega wszedł do klatki i rozejrzał się dookoła. W pokoju było kilka stołów z ludźmi siedzącymi za nimi. Vega uświadomił sobie, że była to sala rozpraw. Koło okna dwóch pracowników malowało ścianę.

W pokoju panował mocny zapach farby. Pracownicy ubrani byli w pasiaste ubrania i Vega uświadomił sobie, że byli to skazani.

„Wysoki sądzie," wygłosił jeden z ludzi, wstając, „Żądam surowej kary dla tego łajdaka," wskazał z obrzydzeniem na mężczyznę w drugiej klatce. „Obiecał pracę w sklepie pięciu kobietom, a zamiast tego wykorzystał je seksualnie. Ja, jako prokurator, żądam wyroku 190 lat więzienia lub kary śmierci!"

„Co ma do powiedzenia obrona?" pyta sędzia.

"Why would I lick this toad's butt?" Vega didn't understand.

"This toad has some kind of substance there on the butt that lets you see colorful dreams day and night," the man showed the toad to Vega. He licked the green butt and smiled, "Cool. Want some? Here," he offered.

"Thank you, lick it yourself, and ... bon appetit," Vega turned away in disgust.

A security guard approached the cell door and pulled the keys out of his pocket.

"Come out, scoundrel!" the guard said loudly, opening the door. Several people stood up and walked to the door, "Not you. You. Get up and leave," he pointed to Vega. Vega got up and walked out of the cell. The guard closed the door.

"Go straight down this corridor! Walk up to the door, then stop!" he ordered. Vega walked down the corridor and up to the door. He stopped. The guard knocked on the door and opened it.

"Go in!" he told to John Vega. Vega entered a large room. There were two large cages. A man sat inside one of the cages. The guard opened the other cage.

"Go in!" he ordered again. Vega entered the cage and looked around. In the room were a few tables with people sitting behind them. Vega realized that it was a courtroom. Near the window, two workers were painting the wall. There was a strong smell of paint in the room. The workers were dressed in striped clothes, and Vega realized that they were convicts.

"Your honor," declared one of the people, getting up, "I demand a severe punishment for this scoundrel," he pointed with disgust at the man in the other cage. "He promised five women jobs at a shop, but instead he sexually exploited them. I, as a prosecutor, demand a sentence of 190 years in prison or the death penalty!"

"What does the defense say?" the judge asked.

„Wysoki sądzie, te kobiety były wykorzystywane seksualnie przez wiele lat, zanim on zaproponował im pracę. Przynajmniej dwie z nich wyświadczały usługi seksualne turystom w stolicy," powiedział obrońca, ukłonił się i usiadł.

„190 lat więzienia i kara śmierci są dla niego zbyt surową karą, jeśli one już wyświadczały usługi seksualne," sędzia popatrzył na mężczyznę w klatce i podrapał się po nosie. „Oto moja decyzja! 95 lat więzienia i konfiskacja jego własności!" powiedział. Strażnik podszedł do klatki i otworzył drzwi. Mężczyzna wyszedł z klatki.

„Podziękuj sędziemu za jego decyzję i ukłoń mu się!" rozkazał strażnik.

„Dziękuję, Wysoki Sądzie," powiedział mężczyzna, ukłonił się i wyszedł z sali rozpraw.

„Wysoki Sądzie," powiedział prokurator, wstając, „Ten łajdak okradł furgonetkę z pralni chemicznej. Groził kierowcy pistoletem. Wziął torbę z brudnymi rzeczami. Policjant, który go aresztował, widział jak otworzył torbę i wąchał brudne ubrania. Uważamy, że jest tym, który kradnie ubrania, które kobiety wywieszają na zewnątrz, aby wyschły. Ten maniak działa w naszym mieście od dwóch miesięcy! Żądam dla niego kary 350 lat więzienia!"

„Protestuję!" krzyknął Vega, „Przyjechałem do waszego miasta dopiero dwa dni temu!" usprawiedliwiał się.

„Cisza! Co ma do powiedzenia obrona?" zapytał sędzia.

„Wysoki Sądzie, czy możemy się skonsultować z naszym klientem?" zapytał obrońca.

„Proszę, tylko szybko," poprosił sędzia i ziewnął.

Obrońca poszedł do klatki, gdzie siedział Vega. Vega podszedł do niego.

„Pomóż mi, zapłacę Ci," powiedział szybko do obrońcy.

„W naszym kraju możliwe jest ukaranie tylko jednej części ciała," odpowiedział cicho obrońca, „Ponieważ trzymałeś broń i wąchałeś ubrania używając tylko prawej ręki, możemy

"Your honor, these women had been sexually exploited for many years before he offered them this job. At least two of them had provided sexual services to tourists in the capital," said the defender, bowed and sat down.

"190 years in prison and the death penalty are too severe punishment for him, since they had already provided sexual services," the judge looked at the man in the cage and scratched his nose. "Here is my decision! 95 years in prison and the confiscation of his property!" he said. A security guard approached the cage and opened the door. The man came out of the cage.

"Thank the judge for his decision and bow to him!" the guard ordered.

"Thank you, Your Honor," the man said, bowed, and walked out of the courtroom.

"Your honor," said the prosecutor, getting up, "This scoundrel robbed the dry cleaners' van. He threatened the driver with a gun. He took a bag of dirty clothes. The police officers who arrested him saw that he opened the bag and was sniffing the dirty clothes. We believe that he is the one who steals the clothes that women hang out to dry. This maniac has been active in our city for two months! I demand 350 years in prison as a punishment for him!"

"I protest!" Vega shouted, "I came to your town just two days ago!" he justified himself.

"Silence! What does the defense say?" the judge asked.

"Your honor, can we consult with our client?" the defender asked.

"Go ahead, but do it quickly," the judge asked and yawned.

The defender went to the cage where Vega was sitting. Vega came up to him.

"Help me. I'll pay you," he said quietly to the defender.

"In our country it is possible to punish just one part of the body," the defender replied quietly, " Since you held a gun and smelled

ukarać tylko rękę," kontynuował.

Vega popatrzył na obrońcę: „Co masz na myśli?" zapytał nerwowo.

„Mam na myśli, że sędzia może skazać tylko twoją prawą rękę," obrońca uśmiechnął się i mrugnął zwycięsko.

„Wystarczy! Jest już prawie pora kolacji, a ja jestem zmęczony," powiedział sąd, „Więc, co ma do powiedzenia obrona?" zapytał znów sędzia.

„Ponieważ oskarżony trzymał pistolet i wąchał ubrania za pomocą prawej ręki, w takim razie proszę o ukaranie tej ręki," powiedział prawnik i się ukłonił.

„Proszę chwilę poczekać!" krzyknął Vega.

„Żądam przeprowadzenia eksperymentu śledczego!"

„Po co?" powiedział sędzia zdziwiony i podrapał się po głowie. Wszyscy spojrzeli na Vegę z zainteresowaniem.

„Mogę udowodnić, że to nie ja byłem tym, który obrabował furgonetkę z pralni chemicznej!" zasugerował Vega.

„Więc kto to zrobił?" prokurator był zaskoczony. Wszyscy patrzyli na Vegę. Pracownicy przestali malować i również spojrzeli na Vegę z zainteresowaniem.

„Kierowca furgonetki pralni chemicznej jest przywódcą niebezpiecznej organizacji terrorystycznej. Dał mi pistolet i kazał mi to zrobić! W jego furgonetce jest bomba! Chce wysadzić posterunek policji i więzienie! Pokażę Wysokiemu Sądowi! Możemy przeprowadzić eksperyment śledczy?" krzyknął Vega.

„Tak," zgodził się sąd, „Szybko, przeprowadźcie eksperyment śledczy i aresztujcie też kierowcę! Aresztujcie wszystkich terrorystów! Szybko!"

Strażnicy wzięli Vegę na podwórze więzienne. Na podwórzu stała ciężarówka. W ciężarówce siedział kierowca i spał. Sędzia, obrońca, prokurator i pracownicy, którzy malowali ściany, patrzyli z więziennych okien.

„Tu jest ten łajdak!" Vega krzyknął do sędziego i złapał kierowcę za włosy.

the dirty clothes using only your right hand, then we can punish just the hand," he continued.

Vega looked at his defender: "What do you mean?" he asked nervously.

"I mean that the judge can punish just your right hand," the defender smiled and winked victoriously.

"Enough! It's almost dinner time and I'm tired," the judge said, "So, what does the defense say?" the judge asked again.

"Since the defendant had a gun and smelled dirty clothes with his right hand, then I ask only to punish the hand," the lawyer said, and bowed.

"Wait a minute!" Vega shouted, "I demand to conduct an investigative experiment!"

"What for?" the judge said in surprise and scratched his head. Everyone looked at Vega with interest.

"I can prove that I wasn't the one who robbed the dry cleaners' van!" Vega suggested.

"Then who did it?" the prosecutor was surprised. Everyone looked at Vega. The workers stopped painting and also looked with interest at Vega.

"The driver of the dry cleaners' van is the leader of a dangerous terrorist organization. He gave me a gun and made me do it! There is a bomb in his van! He wants to blow up the police station and the prison! I'll show you, Your Honor! Can we conduct an investigative experiment?" Vega shouted.

"Yes," the judge agreed, "Quickly, conduct an investigative experiment and also arrest the driver! Arrest all the terrorists! Quickly!"

The guards took Vega to the prison yard. A truck stood in the yard. The driver sat in the truck and slept. The judge, defense counsel, prosecutor, and the workers who were painting the walls looked down from the prison windows.

"Here is that scoundrel!" Vega shouted to

„Mamy cię, łajdaku! Obrzydliwy terrorysta!" krzyczał.

Śpiący kierowca zaczął krzyczeć w przerażeniu: „Pomocy! Znowu chce mnie okraść! Pomocy! Policja!"

Kilku policjantów złapało kierowcę i rzucili go na ziemię. Vega skoczył na kierowcę i zaczął go bić.

„Proszę spojrzeć, Wysoki Sądzie! Tu jest ten obrzydliwy terrorysta!" krzyczał, „W furgonetce jest bomba! Proszę spojrzeć!" wspiął się szybko do samochodu, złapał jedną z toreb i rzucił ją na ziemię z obrzydzeniem, „Bomba!" krzyknął Vega. Wszyscy się zatrzymali i spojrzeli na torbę.

„W furgonetce jest kolejnych pięć bomb! Muszę wyjechać tą furgonetką z więzienia!" Vega odpalił silnik i pojechał szybko wzdłuż drogi. Jeden ze strażników ostrożnie otworzył torbę na ziemi. Oczywiście była pełna brudnych ubrań.

„Za nim!" krzyknął sędzia, „Aresztować go, szybko! Idioci!"

John Vega jechał tak, jakby nigdy wcześniej nie prowadził. Teraz musi tylko znaleźć Petera Ashura. A wiedział gdzie go znaleźć.

the judge and grabbed the driver by the hair. "We got you, scoundrel! Disgusting terrorist!" he shouted.

The sleepy driver began to shout in horror: "Help! He wants to rob me again! Help! Police!"

Several police officers grabbed the driver and threw him to the ground. Vega jumped on the driver and began beating him.

"Look, your honor! Here's that disgusting terrorist!" he shouted, "There is a bomb in the van! Look!" he quickly climbed into the car, grabbed one of the bags and threw it on the ground in disgust, "Bomb!" Vega shouted. Everyone stopped and looked at the bag.

"There are five more bombs in the van! I have to drive the van out of the jail!" Vega started the engine and drove quickly down the road. One of the guards carefully opened the bag on the ground. Of course, it was full of dirty clothes.

"After him!" the judge shouted, "Arrest him, quickly! Idiots!"

John Vega drove like he'd never driven before. Now, he just needed to get Peter Ashur. And he knew where to find him.

C

Przegląd nowego słownictwa

1

- Mógłbyś mi powiedzieć, czy dzisiaj jest piątek czy sobota?
- Myślę, że dzisiaj jest piątek. Nie jestem pewny.
- Wiesz która jest godzina?
- Sprawdzę na moim telefonie. Za pięć piąta.
- Dziękuję. Przy okazji, czy na zewnątrz jest ciepło?
- Na zewnątrz jest chłodno, ale słonecznie. Później prawdopodobnie będzie gorąco.

2

- Co wieszasz?
- Wieszam pranie, żeby wyschło.

New vocabulary review

1

- Could you tell me, is it Friday or Saturday today?
- I think it's Friday today. I'm not sure.
- Do you know what time it is?
- I will check my phone. Five minutes to five.
- Thank you. By the way, is it warm outside?
- It is cool but sunny outside. It will probably be hot later.

2

- What are you hanging?

- Nie powinnaś wieszać prania obok przystanku autobusowego.
- Zawsze je tutaj wieszam.
- Lepiej jest wieszać pranie w ogrodzie za domem.

3

- Chcę Panu podziękować, że w końcu znaleźliście moje dokumenty.
- Lepiej, żeby podziękował Pan menadżerowi. To on był tym, który wysadził sejf i je znalazł.
- Dlaczego nie otworzył sejfu kluczem?
- Zgubił klucz dwa miesiące temu.

4

- Czy wiesz jak dostać się do zoo?
- Nie, nie wiem. Przykro mi.
- Poczekaj. Mogę Ci powiedzieć, jak się tam dostać. Najpierw idź prosto, aż do sygnalizacji świetlnej. Potem w prawo, aż do hotelu. Zoo jest za hotelem.
- Tak, dziękuję...
- Nie ma za co. Cześć!
- Poczekaj chwilę... A kiedy otwierają twoją klatkę? Przyjdę popatrzeć, jak Cię karmią i przyniosę Ci banana.

5

- Więc, Panie menadżerze, muszę skazać Pana za konfiskatę posiadłości.
- Wysoki Sądzie, proszę, nie! Już więcej tego nie zrobię! Obiecuję Panu.
- Co ma do powiedzenia obrona?
- Wysoki Sadzie, mój klient kradnie wszystko to, co jest w zasięgu wzroku. Już ukradł klucz strażnikowi, a psu strażnika jego miskę. Nie potrafi się kontrolować. Mój klient nie powinien zostać ukarany. Prawdopodobnie jest kleptomanem. Powinien zostać zbadany przez lekarza.
- Rozumiem. Niech go zbada lekarza. A gdzie jest mój telefon? Jest pan łajdakiem, Panie menadżerze! Łajdakiem i mianiakiem! Co Pan myśli, Panie prokuratorze?
- Powinien zostać surowo ukarany, Wysoki Sądzie! Właśnie ukradł moją gazetę. Żądam kary śmierci. I ukarzmy go od razu!

- I'm hanging laundry to dry.
- You shouldn't hang laundry near a bus stop.
- I always hang it here.
- It is better to hang laundry in the garden behind the house.

3

- I want to thank you for finally finding my documents.
- You'd better thank the manager. He was the one who blew up the safe and found them.
- Why didn't he open the safe with a key?
- He lost the key two months ago.

4

- Do you know how to get to the zoo?
- No, I don't know. Sorry.
- Wait. I can tell you how to get there. First, go straight up to the traffic light. Then right up to the hotel. The zoo is behind the hotel.
- Yes, thank you ...
- Not at all. Bye!
- Wait a minute ... And when is your cage open? I'll come to watch them feed you and I'll bring you a banana.

5

- So, Mr. manager, I have to sentence you for a confiscation of property.
- Please don't, Mr. judge. I won't do it anymore. I promise you.
- What does the defense say?
- Your honor, my client steals everything in sight. He already stole the prison guard's key and the guard-dog's saucer. He can't control himself. My client shouldn't be punished. He is probably a kleptomaniac. He should be examined by a doctor.
- I see. Have him examined by a doctor. And where's my phone? You are a scoundrel, Mr. manager! A scoundrel and a maniac! Mr. prosecutor, what do you think?
- He should be punished severely, your honor! He just stole my newspaper. I demand the death penalty. And let's punish him right now!

6

- Gdzie Pan był, gdy usłyszał Pan pierwszą eksplozję?
- Byłem zaledwie dwa kroki od banku, Panie Sędzio.
- A gdzie Pan był, gdy usłyszał Pan drugą i trzecią eksplozję?
- Do tego czasu byłem już trzy przecznice dalej!

7

- Proszę Pana, dlaczego Pan do mnie mruga?
- Nie mrugam do Pani. Proszę się uspokoić.
- Nie ma powodu, żeby mnie uspokajać! Dlaczego mruga Pan do kogoś innego, a nie do mnie?

8

- Nie patrz na inne kobiety! Patrz tylko na mnie!
- Ale to one na mnie patrzą. Czy to moja wina, że jestem taki sexy?
- Wyciągnij palec z nosa, to nie będą na Ciebie patrzeć.

9

- Proszę Pani, może mi Pani wyświadczyć przysługę?
- Nie, nie mogę.
- Proszę!
- Nie.
- Błagam Panią!
- Jaką przysługę maniaku?
- Proszę przestać uderzać swoją stopą o moje krzesło.

10

- Zabierz tego maniaka do pokoju numer pięć.
- Doktorze, protestuję! Jestem ciężarówką, a nie maniakiem! Muszę jechać do garażu! Puśćcie mnie!
- Proszę się uspokoić. Wierzymy, że jest pan ciężarówką, tylko dlatego, że polizał Pan tyłek ropuchy.
- Chcę konsultacji z prokuratorem!
- Dobrze. Zabierzcie go do prokuratora. Prokurator jest w pokoju numer cztery.

6

- *Where were you when you heard the first explosion?*
- *I was just two steps away from the bank, Mr. Judge.*
- *And where were you when you heard the second and third explosions?*
- *Oh, by that time I was already three blocks away!*

7

- *Mister, why are you winking at me?*
- *I'm not winking at you, miss. Calm down.*
- *No need to calm me down! Why are you winking at someone else and not at me?*

8

- *Don't look at other women! Look only at me.*
- *But they're all looking at me. Is it my fault that I'm so sexy?*
- *Take the finger out of your nose and they won't look at you.*

9

- *Miss, can you do me a favor?*
- *No, I can't.*
- *Oh, please.*
- *No.*
- *I beg you!*
- *What kind of a favor, maniac?*
- *Stop banging your foot on my chair.*

10

- *Take this maniac to room number five.*
- *Doctor, I protest! I am a truck and not a maniac! I need to drive to the garage! Let me go!*
- *Calm down, patient. We believe that you are a truck just because you licked the butt of a toad.*
- *I want to consult with the prosecutor!*
- *Okay. Take him to the prosecutor. The prosecutor is in room number four.*

16

Broń Chanów
The weapon of the Khans

 A

Słówka
Words

1. alkohol - alcohol
2. aż, aż do - until
3. beczka - barrel
4. biegać, biec - run
5. biznes, sprawa - business
6. blady (m) - pale
7. bliżej - closer
8. ból - pain
9. brama - gate
10. broń - weapon
11. być zdolnym do, móc - be able to
12. Chan - khan
13. ciągnąć - drag
14. doradził (*he*) - advised
15. dosięgnąć - reach
16. drużyna, ekipa - team
17. ekipa posiłkowa - reinforcement team
18. ekran - screen
19. fabryka, wytwórnia - factory
20. farma, gospodarstwo, hodowla - farm
21. gaz - gas
22. głośny (m) - loud
23. każdy (m), każda (f) - each
24. kierunek - direction
25. kij - stick
26. kłopot - trouble
27. koło - wheel
28. korek - traffic jam
29. krewny - relative
30. krzyknął (*he*) - cried
31. likier - liqueur
32. lubić, podobać się - enjoy
33. masa, tłum - mass
34. ministerstwo - ministry
35. na, na górze - on top of
36. nacisnął, przycisnął (*he*) - pressed

37. nadepnął (*he*) - stepped	68. strzelać - shoot
38. nalegał (*he*) - insisted	69. stworzyć - create
39. niewiarygodny (m) - unbelievable	70. syn - son
40. obniżył (*he*) - lowered	71. szalony (m) - crazy, mad
41. parking - parking lot	72. tata - daddy
42. pchać - push	73. trąba - trunk
43. pęćdziesiąt - fifty	74. twardy, ciężki (m) - hard
44. pijany (m) - drunken	75. uciec - escape
45. pociągnął (*he*) - dragged	76. uderzać - beat
46. podążył (*he*) - followed	77. usłyszał (m) - heard
47. podniósł (*he*) - rose	78. użyć - use
48. pogłaskał (*he*) - stroked	79. w stronę, w kierunku - toward
49. pole - field	80. wielki, ogromny - huge
50. pomysł - idea	81. wrócił (*he*) - returned
51. poprowadził (*he*) - led	82. wylądował (*he*) - landed
52. posiłki - reinforcement	83. wypełnił (*he*) - filled
53. powtórzył - repeated	84. wypił, napił się - drank
54. prawo - law	85. wywrócił (*he*) - overturned
55. protestował (*he*) - protested	86. wzrok - gaze, sight
56. przeciw, przeciwko - against	87. zaatakował (*he*) attacked
57. przyspieszył (*he*) - sped	88. zabił (*he*) - killed
58. pusty (m) - empty	89. zadzwonił (*he*) - rang
59. ranny, zraniony (m) - injured	90. zakończyć - conclude
60. rozlał (się) (*he*) - spilled	91. załamał, zniszczył (*he*) – broke down
61. rycząc - roaring	92. zażadał (*he*) - demanded
62. ryknął (*he*) - roared	93. zeskoczył (*he*) - leaped
63. siebie, sobie - themselves	94. zgnieść, zmiażdżyć - crush
64. słoń - elephant	95. zmiażdżył (*he*) - crushed
65. spotkał (*he*) - met	96. zniszczył (*he*) - destroyed
66. sprawdzić się, zadziałać - do the trick	97. zrozumiano, zrozumiał (*he*) - understood
67. spytał się, zapytał się (*he*) - inquired	

B

Broń Chanów

W drodze na lotnisko Paul utknął w korku. Jego taksówka również utknęła w korku. Popatrzył dookoła i zobaczył po prawej stronie długą, wysoką ścianę z wielką bramą. Nad bramą napisane było Hal Hut.
„Co to jest, to po prawej stronie?" spytał Paul.
„To jest więzienie Hal Hut," powiedział kierowca taksówki, „A to jest hodowla słoni,"

The weapon of the Khans

On the way to the airport, Paul got into a traffic jam. His cab also stopped in the traffic jam. He looked around and saw, on the right, a long, high wall with a big gate. Above the gate it said Hal Hut.
"What's that on the right?" Paul asked.
"That's the Hal Hut prison," the cab driver said, "And that's an elephant farm," he

89

wskazał na lewo.

Paul spojrzał tam, gdzie wskazał kierowca. Zobaczył ogromne słonie. Kilka słoni biegło przez pole. Podniosły trąby i ryknęły.

„Coś jest nie tak z tymi słoniami," powiedział kierowca. Zadzwonił telefon Paula.

„Tak," odpowiedział.

„Paul, tu Andrew. Możesz rozmawiać?" usłyszał Paul.

„Tak, jestem w taksówce, w drodzę na lotnisko," Paul odpowiedział Andrew.

„Faceci z kwatery głównej poprosili, żebyś zajął się tym samolotem, który poleci do północnej Afryki. Potrzebują wszystkie informacje, jakie posiadasz. Jeśli uda Ci się dostać do tego samolotu, Ministerstwo Obrony utworzy ekipę posiłkową. Jacy idioci z naszego kraju tam będą?" zapytał Andrew.

„Dwóch krewnych - ojciec i jego syn, obaj mają problemy z prawem. Spróbuję się dostać do tego samolotu jako pilot. Zadzwonię znowu, jak tylko będę mieć więcej informacji," powiedział Paul.

„Zrozumiano. Trzymaj się tam. Północna Afryka - teraz to jest o wiele poważniejsze niż nasi lokalni złodzieje i pijacy," powiedział Andrew.

„W porządku. Do zobaczenia," zakończył Paul. Nagle zobaczył, że ludzie wysiadali z zatrzymanych przed nim samochodów i uciekali. Kierowca jego taksówki również wyskoczył z auta i uciekł. Paul spojrzał przed siebie i zobaczył, że słonie biegły z lewej strony, w kierunku drogi.

Rycząc, podbiegły do samochodów i wywróciły je trąbami, aby zrobić sobie przejście. Potem przebiegły przez drogę i pobiegły prosto na jakąś ciężarówkę. Wysiadł szybko i zobaczył, że dwa ogromne słonie biegły w stronę taksówki. Jeden z nich podniósł taksówkę swoją trąbą i wywrócił ją. Na drugim słoniu jechał jakiś mężczyzna. Słoń przebiegł obok Rosta, rycząc. Mężczyzna krzyczał głośno i bił słonia kijem w grzbiet. Paul spojrzał na jego twarz. Ich oczy spotkały się na chwilę.

pointed to the left.

Paul looked where the driver had pointed. He saw huge elephants there. A few elephants were running across the field. They raised their trunks and roared.

"There's something wrong with the elephants," the driver said. Paul's phone rang.

"Yes," he answered.

"Paul, this is Andrew. Can you talk?" Paul heard.

"Yes, I'm in a taxi, on my way to the airport," Paul replied to Andrew.

"The guys from the head office have asked you to take care of the airplane that will be flying to North Africa. They need all the information that you have. If you can get on the plane, the Ministry of Defense will create a reinforcement team. Which idiots from our country are going to be there?" asked Andrew.

"Two relatives - a dad and his son, both are in trouble with the law. I'll try to get on the plane as the pilot. I'll call again as soon as I have more information," Paul said.

"Understood. Hang in there. North Africa - that's more serious right now than our local thieves and drunks," Andrew said.

"Okay. See you," Paul concluded. He suddenly saw that people were getting out of the stopped cars in front of him and running away. His taxi driver also jumped out of the car and ran away. Paul looked ahead and saw that the elephants were running from the left toward road. Roaring, they ran up to the cars and overturned them with their trunks to clear the way. Then they ran across the road and ran right toward some truck. He got out quickly and saw that two huge elephant were running toward his taxi. One of them picked up a taxi with his trunk and overturned it. A man was riding the other elephant. Roaring, the elephant ran past Rost. A man shouted loudly and beat the elephant with a stick on the back. Paul

Niewiarygodne! Mężczyzną na słoniu był Peter Ashur! Mężczyzna z tatuażem „Nie trać czasu!" wie jak stworzyć problemy dla siebie i dla innych. Krzycząc, poprowadził słonia w stronę ciężarówki, która stała na prawo od więziennego muru. Inne słonie podążały za nim. Paul poczuł silny zapach alkoholu, który wypełnił powietrze. Słonie podbiegły aż do ciężarówki, podniosły trąby i opuściły je na ciężarówkę.

Paul podbiegł bliżej, aby lepiej widzieć. Coś się rozlało naokoło ciężarówki. Prawdopodobnie był to likier, bo panował tam bardzo mocny zapach. Słonie piły z beczek na ciężarówce. Inne słonie, podbiegające z tyłu, nie mogły dosięgnąć beczek, bo nie było już miejsca. Zaczęły bić i zgniatać słonie obok ciężarówki. Rozpętała się walka. Zapach alkoholu spowodował, że słonie były jak szalone i rycząc, biły i popychały się nawzajem. Słonie, które już napiły się likieru, nie mogły się już dłużej kontrolować. Biły i popychały wszystko to, co znalazło się w zasięgu ich wzroku. Cała ta szalona masa zgniatała i pchała ciężarówkę tak mocno, że napierała na mur więzienny, aż wreszcie runął z hukiem. Paul zobaczył kilka cel więziennych. Ludzie w nich patrzyli na szalone słonie z przerażeniem. Ashur zeskoczył ze słonia, pobiegł tam i krzyczał: „Tato, to ja, Peter! Wskakuj tutaj!" W tym momencie ogromny słoń popchnął innego słonia, a on upadł obok Ashura. Ashur chciał odskoczyć w tył, ale upadł na ziemię, a słoń przygniótł jego rękę. Ashur wył w bólu. Mężczyzna wyskoczył ze swojej celi więziennej na drugim piętrze i wylądował dokładnie pomiędzy słoniami. Zniknął na sekundę lub dwie i Paul myślał, że zabiły go słonie. Ale wtedy podniósł się z ziemi i pobiegł do Ashura.

„Mój syn," krzyknął, złapał Ashura i odciągnął go od słoni.

Inni ludzie zaczęli wyskakiwać z cel więziennych na ziemię. Kilku z nich zostało natychmiast zranionych przez słonie. Ale wielu

looked at his face. For a moment their eyes met. Unbelievable! The man on top of the elephant was Peter Ashur! The man with the tattoo "Do not waste time!" knows how to create problems for himself and others. Shouting, he led the elephant to the truck that stood to the right of the prison wall. The other elephants followed him. Paul smelled a strong smell of alcohol, which filled the air. The elephants ran up to the truck, raised their trunks and lowered them into the truck. Paul ran up closer so that he could see better. Something had spilled around the truck. It was probably liqueur because the smell there was very strong. The elephants drank from the barrels on the truck. Other elephants, running up from behind, couldn't reach barrels because there was no more room. They started to beat and crush the elephants near the truck. A fight broke out. The smell of alcohol made the elephants crazy and, roaring, they beat and pushed each other. The elephants that already had a drink of liqueur, could no longer control themselves. They beat and pushed everything in sight. All this crazy mass crushed and pushed the truck so hard that it pressed on the wall of the prison until it broke down with a loud noise. Paul saw a few prison cells. The people in them looked at the mad elephants with horror. Ashur leaped from the elephant, ran there and cried: "Daddy, it's me, Peter! Jump over here!" At this moment a huge elephant pushed another elephant, and it fell near Ashur. Ashur wanted to jump back, but he fell to the ground and the elephant crushed his hand. Ashur cried out in pain. A man jumped down from his prison cell on the second floor and landed right between the elephants. For a second or two he disappeared and Paul thought that the elephants had killed him. But then he rose from the ground and ran to Ashur. "My son," he shouted, grabbed Ashur and dragged him away from the elephants. Other people

91

ludziom udało się uciec. Paul podbiegł do Ashura i pomógł jego ojcu go ciągnąć. Zaciągnęli Ashura do jednego z pustych samochodów. Wsiedli do środka. Paul usiadł za kierownicą i odpalił silnik.

Strażnicy więzienni wybiegli z bram więzienia. Zaczęli strzelać do ludzi, którzy uciekli z więzienia i do słoni. Paul nacisnął na gaz i samochód przyspieszył. Jechał brzegiem ulicy, aż do punktu gdzie kończył się korek. Wrócił na drogę i jechał tą drogą z dużą szybkością. Spojrzał na Ashura. Jego oczy były zamknięte. Zraniona ręka była przyciśnięta do ciała. Jego stary ojciec głaskał jego głowę i powtarzał: „Mój syn... mój syn..."

Ashur otworzył oczy i rozejrzał się. Po raz kolejny spotkał spojrzenie Paula.

„Dwieście tysięcy to za mało pieniędzy, żeby biegać pomiędzy pijanymi słoniami i pilotować samolot nad północną Afryką," zaprotestował Paul, „Daj mi połowę pieniędzy!" zażądał.

„Jesteś dobrym człowiekiem, Paul. Dlatego też dorzucę kolejne pięćdziesiąt tysięcy, tak więc dostaniesz dwieście pięćdziesiąt tysięcy dolarów," zaoferował Ashur.

Paul spojrzał na niego. Twarz Petera Ashura była bardzo blada. Było jasne, że bardzo go bolało.

„Trzysta pięćdziesiąt tysięcy dolarów, albo idziemy od razu na policję, Peter," nalegał Paul.

„Lubię robić z tobą interesy," zgodził się Ashur. „Zgadzam się. Musimy zabrać walizki z pieniędzmi z parkingu. Samolot odlatuje o piątej z lotniska Arena 1. Powinniśmy tam być o czwartej. Poprowadzę cię," powiedział.

Telefon Paula zadzwonił w jego kieszeni. Paul wyjął go, popatrzył na ekran i wyłączył go.

„A propos, kto doradził ci, żeby użyć słoni?" spytał Paul.

„W zeszłym roku słonie zaatakowały wytwórnię likieru," powiedział ojciec Ashura. „Wytwórnia była koło więzienia. Wypiły dużo alkoholu i zniszczyły wszystko, co było w zasięgu ich wzroku.

To dlatego zasugerowałem Peterowi pomysł

began to jump from the prison cells to the ground. A few of them were immediately injured by the elephants. But many were able to escape. Paul ran up to Ashur and helped his father to drag him away. They dragged Ashur to one of the empty cars. They got inside. Paul sat behind the wheel and started the engine. Prison guards ran out from the prison gates. They began shooting at the people who ran out of prison and at the elephants. Paul stepped on the gas and the car sped off. He drove along the side of the road to the point where the traffic jam ended. He returned to the road and drove down the road at high speed. He looked at Ashur. His eyes were closed. The injured arm was pressed against the body. His old father stroked his head and repeated: "My son... my son... "

Ashur opened his eyes and looked around. Once again, he met Paul's gaze.

"Two hundred thousand is not enough money to run between drunken elephants and fly a plane over North Africa," Paul protested, "Give me half the money!" he demanded.

"You're a good guy, Paul. That's why I will add another fifty thousand, so you'll get two hundred and fifty thousand," Ashur offered.

Paul looked at him. Peter Ashur's face was very pale. It was clear that he was in a lot of pain.

"Three hundred and fifty thousand, or we go straight to the police, Peter," Paul insisted.

"I enjoy doing business with you," Ashur agreed. "I agree. We have to pick up the suitcases with the money from a parking lot. The plane leaves at five o'clock from the airport Arena 1. We should be there at four o'clock. I'll give you directions," he said.

Paul's phone rang in his pocket. Paul took it out, looked at the screen and turned it off.

"By the way, who advised you to use the elephants?" Paul inquired.

"Last year, the elephants attacked a liqueur factory," Ashur's dad said. "The factory was

użycia pijanych słoni. I zadziałało, prawda?" uśmiechnął się.

„Tak, broń Chanów nadal sprawdza się przeciwko murom," powiedział Paul i włożył telefon z powrotem do kieszeni.

near the prison. They drank a lot of liquor and destroyed everything in sight. That's why I suggested the idea of using drunken elephants to Peter. And it did the trick, didn't it?" he smiled.

"Yes, Khans' weapon still works well against walls," Paul said and put the phone back in his pocket.

C

Przegląd nowego słownictwa

1

- Mógłbyś mi powiedzieć, czy dzisiaj jest sobota czy niedziela?
- Myślę, że dzisiaj jest niedziela. Nie jestem pewny.
- Wiesz, która jest godzina?
- Sprawdzę na telefonie. Za pięć szósta.
- Dziękuję. Przy okazji, czy na zewnątrz jest zimno?
- Nie jest zimno, ale jest wietrznie. Później prawdopodobnie będzie zimno.

2

- Spójrz, ten mężczyzna biega wokół parkingu jak szaleniec. Prawdopodobnie nie może znaleźć swojego samochodu.
- On przed chwilą obrabował bank. A jego samochód też został skradziony.

3

- Proszę Pana, dlaczego jest Pan taki blady? Boli Pana coś? Źle się Pan czuje?
- Boli mnie patrzenie, jak ten mężczyzna kupuje nowy samochód.

4

- Mówią, że on ma problemy z prawem.
- Naprawdę? A co on robi?
- Liże nielegalnie tyłki ropuch.
- Czy to jest niezgodne z prawem?
- Tak, to jest niezgodne z prawem.

5

- Spójrz! Na ulicy jest korek!
- Co się stało?
- Pijany kierowca wjechał na krawężnik i zranił

New vocabulary review

1

- Could you tell me, is it Saturday or Sunday today? (literally: Do not you know...?)
- I think it's Saturday today. I'm not sure.
- Do you know what time it is?
- I will check my phone. Five minutes to six.
- Thank you. By the way, is it cold outside?
- It isn't cold but it's windy. It will probably be cold later.

2

- Look, this man is running around the parking lot like a madman. He probably can't find his car.
- He had just robbed a bank. And his car was also stolen.

3

- Mister, why are you so pale? Are you in pain? Do you feel ill?
- It hurts me to watch this man buy himself a new car.

4

- They say that he is in trouble with the law.
- Really? What does he do?
- He illegally licks toads' butts.
- Is that against the law?
- Yes, it's against the law.

5

- Look! There is a traffic jam on the road!
- What happened?
- A drunken driver drove to the curb and injured several people at the bus stop.

kilkoro ludzi na przystanku autobusowym.
- Pijani kierowcy powinni zostać zabici!
- Ja też tak myślę!

6

- Policja oczyściła drogę. Teraz już nie ma korka i możemy jechać.
- A gdzie jest pijany kierowca, który zranił ludzi na przystanku autobusowym?
- Członkowie rodzin zranionych ludzi, wściekli z żalu, chcą dokonać egzekucji. Dlatego policja zabrała go do więzienia.
- Mam nadzieję, że nigdy stamtąd nie wyjdzie. On jest po prostu paskudnym łajdakiem.

7

- Ministerstwo Obrony kupuje każdego roku dużo broni.
- Broń jest niezbędna do obrony narodu.
- Tak, ale myślę, że połowa z tych pięniedzy powinna być przekazana szpitalom.

- *Drunk drivers should be killed!*
- *I think so too!*

6

- *The police cleared the road. Now there is no longer a traffic jam and we can drive.*
- *And where is the drunk driver who injured the people at the bus stop?*
- *Family members of the wounded, mad with grief, want to execute him. That's why the police took him to jail.*
- *I hope he never gets out of there. He's just a nasty scoundrel.*

7

- *The Ministry of Defense buys a lot of weapons each year.*
- *The weapons are necessary for national defense.*
- *Yes, but I think that half of that money should be given to hospitals.*

17

Bilet w jedną stronę
One-way ticket

A

Słówka
Words

1. Arab - Arab
2. biały - white
3. bilet - ticket
4. bojowy - combat
5. boleć - hurt
6. ciepło - heat
7. czterdzieści - forty
8. diament - diamond
9. dodał - added
10. doradca - consultant
11. doświadczony - experienced
12. dotknął - touched
13. drugi pilot - co-pilot
14. dziko - wildly
15. dżin - genie
16. ekonomia - economy
17. emocje - emotion
18. Europejczyk, europejski - European
19. fala - wave
20. gestykulować - gesticulate
21. głupi - stupid
22. hangar - hanger
23. inny - different
24. kawałek - piece
25. kierować, pokierować - steer
26. kilometr - kilometer
27. klapa - hatch
28. kogo - whom
29. kontuzja - injury
30. kontynuować - continue
31. kurtka - jacket
32. lekko - slightly
33. marzył - dreamed
34. międzynarodowy - international
35. mila - mile
36. minął - passed
37. mniej - fewer
38. modny - fashionable
39. mundur - uniform
40. na - per; na godzinę - per hour
41. nawigator - navigator
42. niżej (adv), niższy (adj) - lower
43. oddzielnie - apart
44. odejść - step away
45. odlatując, opuszczając - leaving
46. odlatywać - depart

47. oh - oh
48. pas startowy - runway
49. piasek - sand
50. pięknie, cudownie - lovely
51. podczas - during
52. podekscytowany - excited
53. podniósł - lifted
54. podstawowy - basic
55. podwozie - landing gear
56. pokazał się, ukazał się - appeared
57. poklepał, klepnął - patted
58. poleciał - flew
59. powierzchnia - surface
60. pozwolenie, zezwolenie - permit
61. pozwolenie na wejście/na wjazd - entrance permit
62. przeniesiony - transferred
63. przerażony - frightened
64. przerwał - interrupted
65. rakieta - missile
66. ramię - shoulder
67. samolot - aircraft
68. samolot towarowy - cargo plane
69. siedzenie - seat
70. skrzydło - wing
71. skrzynia, skrzynka - box

72. śmieć, grat - junk
73. smutno, ze smutkiem - sadly
74. spojrzenie - glance
75. startować, wznosić się (o samolocie) - take-off
76. strzelać - shoot
77. szaleniec - madman
78. szeroki - wide
79. ubranie - clothing
80. uniknąć - avoid
81. uważnie - intently
82. w ciąży, ciężarna - pregnant
83. w jedną stronę - one-way
84. wejście - entrance
85. wyć, zawyć - roar
86. wygląd - appearance
87. wyposażenie - equipment
88. wyżej - higher
89. zaśmiał się - laughed
90. zauważył - noticed
91. zazwyczaj - usually
92. zderzenie - collision
93. zmienić, zamienić - change
94. zmusić - forced
95. znaczyć (v) - matter

B

Bilet w jedną stronę

Lotnisko Arena 1 usytuowane było poza miastem. Paul Rost podjechał pod bramę. Zbliżył się do nich strażnik i poprosił o zezwolenie na wjazd. Ashur pokazał mu dokument, a strażnik pozwolił im wjechać na lotnisko.
„Potrzebny nam jest hangar numer 21" powiedział Ashur. Teraz już jego ręka boli mniej. Podjechali do hangaru numer 21 i wyszli z auta.
„Poczekaj tutaj," rozkazał Ashur. Wziął z auta dwie walizki i wszedł do hangaru.
Minutę później wyszedł i powiedział Rostowi i

One-way ticket

The Arena 1 airport was located out of town. Paul Rost drove up to the gate. A security guard approached and asked for an entrance permit. Ashur showed him a document and the guard let them enter the airport.
"We need hangar number 21," Ashour said. By now, his arm hurts less. They drove to hangar number 21 and got out of the car.
"Wait here," Ashur ordered. He took two suitcases out of the car and walked into the hangar.
A minute later he came out and told Rost

swojemu ojcu, żeby poszli za nim.

„To są bardzo poważni ludzie. Nie pytaj ich o nic, dobrze?" poprosił Rosta. Rost nie odpowiedział.

Weszli do hangaru. Stał tam samolot Douglas DC-3. Obok samolotu stało trzech ludzi. Jeden z nich powiedział do ojca Ashura, aby się odsunął i poszedł do boksów obok samolotu. Potem spojrzał na Rosta i Ashura. Mężczyzna miał około czterdziestu lat. Wyglądał na Araba.

„To są doradcy..." zaczął Ashur, ale Arab przerwał mu:

„Doradcy do spraw ekonomii międzynarodowej." Wszyscy trzej mężczyźni uśmiechnęli się. „Spójrz na tę mapę," kontynuował, „samolot powinien wylądować w tym miejscu na drodze. Będziesz w stanie to zrobić? pokazał mapę Rostowi. Paul Rost spojrzał na mapę.

„Jeśli droga jest wystarczająco szeroka, nie sądzę, aby były z tym jakiekolwiek problemy," powiedział Rost. Spojrzał na pozostałych dwóch mężczyzn. Wyglądali na Europejczyków. Oboje mieli ponad pięćdziesiąt lat.

Jeden z nich wskazał na mapę i powiedział, „Nie będzie żadnych problemów? Najpierw spójrz na te wyrzutnie rakietowe. Jak masz zamiar się przez nie przedostać?"

„Utrzymam samolot na wysokości dziesięciu metrów," powiedział Rost, patrząc uważnie na mapę. „Ten stary grat poleci tylko dwieście pięćdziesiąt kilometrów na godzinę. Przy takiej szybkości i wysokości dziesięciu metrów - to marzenie każdego naziemnego wojownika z wyrzutnią rakiet w jego rękach," Arab wskazywał palcem w twarz Rosta, „Ashur powiedział, że jesteś doświadczonym pilotem bojowym. Ale ty nie wiesz podstawowych rzeczy. Dlaczego tutaj przyjechałeś?" mężczyzna zaczął obszernie gestykulować, a Paul zauważył, że miał pistolet pod swoją kurtką, „Kogo ty tu przywiozłeś, Ashur? Mówiłeś, że on jest pilotem bojowym."

Ashur chciał coś powiedzieć, ale inna osoba

and his father to follow him.

"These are very serious people. Don't ask them any questions, okay?" he asked Rost. Rost didn't answer.

They went into the hangar. There was a Douglas DC-3 plane there. Three people stood near the plane. One of them told Ashur's father to step away and go to the boxes near the airplane. Then he looked at Rost and Ashur. The man was about forty years old. He had an Arab appearance.

"These are consultants in..." Ashur began, but the Arab interrupted him: "Consultants in international economy." All three men smiled. "Look at this map," he continued, "the airplane should land in this place on a road. Will you be able to do that?" he showed Rost the map. Paul Rost looked at the map.

"If the road is wide enough, then I don't think there will be any problems," Rost said. He looked at the other two men. They looked European. Both were more than fifty years old. One of them pointed at the map and said, "There won't be any problems? First look at these missile compounds. How are you going to get around them?"

"I will keep the aircraft at a height of ten meters," Rost said, looking intently at the map. "This old piece of junk will fly only two hundred and fifty kilometers per hour. At such a speed and an altitude of ten meters - that's the dream of every fighter on the ground with a surface to air missile in his hands," the Arab pointed his finger in Rost's face, "Ashur said that you were an experienced combat pilot. But you don't know basic things. Why did you come here?" the man began to gesticulate wildly and Paul noticed that he had a gun under his jacket, "Who did you bring, Ashur? You said that he was a combat pilot."

Ashur wanted to say something, but another person began to speak.

"What kind of plane did you fly?" he said.

97

zaczęła mówić.

„Na jakich samolotach latałeś?" powiedział.

„Na początku na myśliwcach. Potem, po kontuzji zostałem przeniesiony na samoloty towarowe. Latałem samolotami pośród strzałów z ziemi. I zazwyczaj było to na wysokości od dziesięciu do trzydziestu metrów. Wojownicy naziemni potrafią też zestrzelić samolot lecący na wysokości pięciu tysięcy metrów, z szybkością tysiąca pięciuset mil na godzinę. Ale im niżej lecisz, tym mniej rakiet wystrzelą. Jeśli mamy wystarczająco pocisków kumulacyjnych, rakiety nie są dla nas zagrożeniem," Rost spojrzał na samolot, „Ten DC-3 jest tak stary, że mógłby się sam rozpaść w powietrzu. Wtedy rakiety nie będą już mieć żadnego znaczenia," uśmiechnął się. Arab wymienił z nim spojrzenia. Potem poklepał Rosta po ramieniu, „Dobrze chłopcze, jesteś w grze. Mam na imię Aladdin. Wiesz, czasem pytają mnie, gdzie jest mój dżin. Wtedy mówię, że mój dżin jest tutaj!" Arab wyciągnął swój pistolet i przyłożył go do twarzy Rosta,

„Więc lepiej jest robić to, co mówię i nie zadawać głupich pytań. Wtedy ty i Ashur zobaczycie niebo w diamentach," Aladdin uśmiechnął się, „Wsiadaj do samolotu i sprawdź wyposażenie. Samolot musi wylecieć za dwie godziny," dodał.

Rost wsiadł do samolotu. Na pokładzie było około trzydziestu osób. Było tam też kilka skrzynek. Poszedł do kabiny.

Peter Ashur zajął siedzenie drugiego pilota. Jego ojciec zajął miejsce nawigatora. Paul zaczął sprawdzać wyposażenie. Samolot był tak stary, że część wyposażenia nie działała. A części całkowicie brakowało. Aladdin wszedł do kabiny.

„O, mamy świetnego nawigatora!" poklepał ojca Ashura po ramieniu, „Co jest w twoich walizkach?" zapytał Ashura.

„Nic... tylko trochę ubrań. Obrabowałem sklep z ubraniami... dla kobiet ciężarnych," powiedział Ashur.

„Chcesz wyglądać modnie? Rozumiem,"

"At first a fighter plane. Then, after an injury I was transferred to cargo planes. I flew planes through fire from the ground. And usually at a height of from ten to thirty meters. Fighters on the ground can shoot down a plane even at an altitude of five thousand meters and at speeds of fifteen hundred kilometers an hour, too. But the lower you fly, the fewer missiles they shoot at you. If there are enough heat shells, then the missiles are not so dangerous," Rost looked at the plane, "This DC-3 is so old it could fall apart in the air. Then the rockets won't matter," he smiled. One of the men smiled. The Arab exchanged glances with him. Then he patted Rost on the shoulder, "Okay, kid, you're in business. My name is Aladdin. You know, sometimes they ask me where's my genie. Then I say that my genie is in this thing!" the Arab pulled out his gun and held it to Rost's face, "So, it's better to do as I say and not ask any stupid questions. Then you and Ashur will see the sky in diamonds," Aladdin smiled, "Get into the plane and check the equipment. The airplane must depart in two hours," he added.

Rost got into the plane. There were about thirty men on board. There were also a few boxes. He went into the cabin. Peter Ashur took the co-pilot's seat. His father took the navigator's seat. Paul began to check the equipment. The plane was so old that some of the equipment didn't work. Some of it was missing completely. Aladdin entered the cabin.

"Oh, we have a great navigator!" he patted Ashur's father on the shoulder, "What's in your suitcases?" he asked Ashur.

"Nothing... just some clothes. I robbed a clothing store... for pregnant women," Ashur said.

"You want to look fashionable? I see," Aladdin smiled, "How is it going, pilot?" he turned to Rost, "Can you fly this old piece of junk to Libya?" he said.

Aladdin uśmiechnął się, „Jak idzie pilocie?" odwrócił się do Rosta, „Możesz polecieć tym starym gratem aż do Libii?" powiedział.

„Do Libii? Jestem pewny, że mogę, ale będę zaskoczony, jeśli nie rozpadnie się przy lądowaniu," powiedział Paul.

„Możesz mu się pozwolić rozpaść przy lądowaniu. Ten samolot leci tylko w jedną stronę," powiedział Arab i zaśmiał się jak szaleniec. Gdy Arab opuścił kabinę, Paul Rost wymienił spojrzenia z Ashurem.

„Mamy wspaniałych pracodawców, Peter," powiedział Paul.

„Dobrze płacą. Reszta mnie nie obchodzi," powiedział Ashur i spojrzał na zewnątrz. Dwóch mężczyzn w mundurach policyjnych weszło do hangaru. Arab i dwóch „doradców" podeszli do nich i zaczęli o czymś rozmawiać rozemocjonowani. Wtedy „doradcy" wyciągneli pistolety i zmusili policjantów, aby położyli się na ziemi.

Wzięli broń policjantów i założyli im kajdanki. Aladdin szybko wsiadł do samolotu i wszedł do kabiny.

„Wylatujemy natychmiast," powiedział głośno, „Szybko, ruszamy!"

„Ale samolot nie jest jeszcze gotowy. Nie sprawdziłem silników," odpowiedział Paul.

„Sprawdzisz je w powietrzu! Startuj, szybko!" krzyczał Arab.

„Dobrze, startujmy," zgodził się Rost i odpalił silniki.

Hangar wypełnił się dymem i hukiem.

„Otwórzcie drzwi!" krzyczał Aladdin. Kilka osób wyszło z samolotu i otworzyło drzwi hangaru. Potem wrócili do samolotu i zamknęli klapę. Samolot wyjechał z hangaru, skręcił na pas startowy i zaczął nabierać szybkości. Kilka samochodów policyjnych zajechało pod hangar. Potem skręciły i podążały za samolotem wzdłuż pasu startowego.

„Startuj! Startuj!" krzyczał Aladdin. Przed nimi pojawił się inny samolot. Startował z tego samego pasa, ale w innym kierunku. Rost uniósł trochę samolot, skręcił i zaczął zmieniać

"To Libya? I'm sure I could, but I would be surprised if it doesn't fall apart during landing," Paul said.

"Let it fall apart on landing. This airplane is flying in only one way," the Arab said and laughed like a madman. When the Arab left the cab, Paul Rost exchanged glances with Ashur.

"We have lovely employers, Peter," Paul said.

"They pay good money. I don't care about the rest," said Ashur and looked outside. Two men in police uniforms entered the hanger. The Arab and the two other "consultants" came up to them and began to talk about something with emotion. Then the "consultants" took out guns and forced the policemen to lie on the ground. They took the policemen's weapons and handcuffed them. Aladdin quickly got on the plane and walked into the cabin.

"We are leaving right now," he said loudly, "Quickly, let's go!"

"But the plane isn't ready yet. I haven't checked the engines," Paul replied.

"You will check them in the air! Take off, quickly!" the Arab cried.

"Okay, let's take off," Rost agreed and started the engines. The hangar filled with smoke and roaring.

"Open the door!" Aladdin cried. Several people came out of the plane and opened the doors of the hangar. Then they got back into the plane and closed the hatch. The airplane drove out of the hangar, turned to the runway and began to pick up speed. Several police cars pulled up to the hangar. Then they turned and followed the airplane down the runway.

"Take off! Take off!" Aladdin cried. In front of them another airplane appeared. It was taking off from the same runway, but in a different direction. Rost lifted the plane slightly off the ground, turned, and began changing direction to avoid a collision. The

kierunek, aby uniknąć zderzenia. Drugi samolot również skręcił, zmieniając kierunek i minął ich z hukiem. Ludzie na plaży usłyszeli huk i wtedy ujrzeli, że skrzydła samolotu prawie dotknęły morza, gdy skręcał, próbując lecieć wyżej. Rost zobaczył przerażone spojrzenie na twarzy Ashura i jego ojca.

„Wszystko w porządku. Kontynuujemy wznoszenie. Sprawdź podwozie," powiedział Ashurowi. Samolot z hukiem leciał coraz wyżej. Paul spojrzał ze smutkiem w dół na plażę. Tam niebieskie fale uderzały o biały piasek. Później spojrzał na Ashura i jego ojca, oboje wyglądali na przerażonych. To nie były wakacje, o których marzył. Aladdin wszedł do kabiny.

„Pozwól mi Cię pokierować, pilocie," uśmiechnął się, „Wzleć na wysokość pięciu tysięcy stóp i prosto na Libię!"

other aircraft also turned and, changing direction, passed them with a roar. People on the beach heard the roar and then saw that the plane's wing almost touched the sea as it turned, trying to fly higher. Rost saw the frightened look on the faces of Ashur and his father.

"All is well. We are continuing the take-off. Check the landing gear," he told Ashur. With a roar, the plane flew higher and higher. Paul sadly looked down at the beach. There, blue waves broke on the white sand. Then he looked at Ashur and his father, both of whom looked frightened. This wasn't the vacation he had dreamed of. Aladdin walked into the cabin.

"Let me steer, pilot," he smiled, "Go up to five thousand meters and straight to Libya!"

 # C

Przegląd nowego słownictwa
1
- Mógłbyś mi powiedzieć, czy dzisiaj jest niedziela, czy poniedziałek?
- Myślę, że dzisiaj jest niedziela. Nie jestem pewny.
- Wiesz, która jest godzina?
- Sprawdzę na moim telefonie. Jest dwadzieścia po ósmej.
- Dziękuję. Przy okazji, czy na zewnątrz jest gorąco?
- Nie jest gorąco, ale jest wietrznie. Później prawdopodobnie będzie chłodno.
2
- Co to są za hangary?
- W środku są samoloty.
- Pasażerskie czy wojskowe?
- Ogólnie, samoloty wojskowe, ale niektóre z nich to samoloty towarowe.
- Spójrz! Samolot startuje i wykonuje zakręt w powietrzu!

New vocabulary review
1
- Could you tell me, is it Sunday or Monday today?
- I think it's Sunday today. I'm not sure.
- Do you know what time it is?
- I will check my phone. It's twenty minutes past eight.
- Thank you. By the way, is it hot outside?
- It isn't hot but it's windy. It will probably be cool later.
2
- What are these hangars?
- There are airplanes inside.
- Civilian or military?
- In general, military airplanes, but some of them are cargo planes.
- Look! A plane is taking off and making a turn in the air!
3
- I want to change something in my life.
- Why?

3

- Chcę coś zmienić w moim życiu.
- Dlaczego?
- Nie lubię mojego życia. Jestem zmęczony.
- Co masz na myśli? Twoją pracę? Twoje życie prywatne?
- Chcę zmienić wszystko.
- Jeśli zmienisz wszystko, a się nie polepszy, co wtedy?
- Nie wiem.
- Lepiej idź do doradcy od problemów w życiu osobistym.

4

- Jakiś czas temu, marzyłem, żeby pojechać nad Ocean Indyjski.
- Czy twoje marzenie się spełniło?
- Tak. Teraz mieszkam w Indiach. Ale nie chcę tam już dłużej mieszkać.
- A czego chcesz?
- Chcę jechać do domu i zacząć biznes.
- Masz wystarczająco pieniędzy, żeby rozpocząć biznes?
- Tak, mam ich trochę.

5

- Powiedz mi, którędy mam iść, żeby dotrzeć do stacji?
- Idź w prawo, wokół tego budynku i idź prosto ulicą. Stacja będzie w odległości stu metrów.

6

- Gdzie jest menadżer banku?
- Wyszedł na zewnątrz.
- Ale ja stałem obok drzwi i nie wiedziałem go.
- Wyszedł przez okno.
- Często wchodzi i wychodzi przez okno?
- Nie. Zazwyczaj używa drzwi.

7

- W pracy mamy grupę międzynarodową.
- Naprawdę? Skad pochodzą twoi współpracownicy?
- Pochodzą z Europy, Ameryki, Afryki i Azji.

8

- Co by się stało, jeśli skrzydło samolotu dotknęłoby skrzydła innego samolotu?
- Obydwa samoloty zderzyłyby się.

- *I don't like my life. I'm tired.*
- *What exactly do you mean? Your work? Your personal life?*
- *I want to change everything.*
- *If you change everything, but it doesn't get better, what then?*
- *I don't know.*
- *You have to go to a consultant for problems in one's personal life.*

4

- *A while ago, I dreamed of going to the Indian Ocean.*
- *Did your dream come true?*
- *Yes. Now I live in India. But I don't want to live here anymore.*
- *And what do you want?*
- *I want to go home and start my own business.*
- *Do you have enough money to start a business?*
- *Yes. I have a little bit.*

5

- *Tell me please, which way should I go to get to the station?*
- *Go to the right around this building and walk straight down the street. The station will be a hundred meters away.*

6

- *Where is the bank manager?*
- *He went outside.*
- *But I was near the door and didn't see him.*
- *He left through the window.*
- *But does he usually come in and leave through a window?*
- *No. He usually uses the door.*

7

- *We have an international team at work.*
- *Really? Where are your co-workers from?*
- *They are from Europe, America, Africa, and Asia.*

8

- *What would happen if a plane's wing touched the wing of another plane?*
- *Both aircraft would crash.*

- Którą marynarkę powinnam dzisiaj założyć? Chcę wyglądać modnie.
- W marynarce zawsze się wygląda modnie. Możesz założyć którąkolwiek marynarkę, za wyjątkiem tej czerwonej.

- Powiedz mi proszę, czy daleko jest stąd do morza?
- Morze jest pięćset kilometrów stąd.
- Jaka wielka plaża! Jak się nazywa?
- Sahara.

- To co jest, ta rzecz w samolocie?
- To jest podwozie. Samolot jedzie po pasie startowym dzięki podwoziu. Proszę przejść i znaleźć swoje miejsce.
- Rozumiem. A co to jest?
- To są różne urządzenia. Pilot używa tych urządzeń podczas lotu.
- Wszystko jasne. A kto to jest, ten w mundurze?
- To jest nawigator. Podaje pilotowi położenie lotniska i samolotu oraz mówi mu, gdzie ma lecieć. Proszę zająć miejsce. Tutaj jest Pana miejsce.
- Wszystko jasne. Dziękuję. Gdy byłem mały, zawsze chciałem zostać nawigatorem.
- Dlaczego nawigatorem?
- To takie piękne słowo - nawigator!
- A kim Pan został?
- Zostałem inżynierem wojskowym. Robię rakiety do zestrzelenia samolotów wojskowych.
- Więc Pana zawód również związany jest z samolotami?
- Tak. Można powiedzieć, że teraz zabijam nawigatorów. I wie Pani co? Uważam to za równie interesujące!
- Jeśli jest Pan inżynierem rakietowym, jak może Pan nie wiedzieć, czym jest podwozie?
- Oczywiście, że wiem, czym jest podwozie, ale... Widziała Pani moją małą, zieloną ropuchę?

- *Which jacket should I wear today? I want to look fashionable.*
- *You always look fashionable in a jacket. You can wear any jacket except for the red one.*

- *Tell me, please, is the sea far from here?*
- *It is five hundred kilometers away.*
- *What a large beach! What is it called?*
- *The Sahara desert.*

- *What is this thing on the airplane?*
- *This is the landing gear. The plane drives down the runway on the landing gear. Go through and find your seat, passenger.*
- *I see. And what is this thing?*
- *Those are the instruments. The pilot uses the instruments during the flight.*
- *That's clear. And who is that, in the uniform?*
- *That's the navigator. He tells the pilot the locations of the airport and the airplane, and where he needs to fly. Take a seat, the passenger. Here is your seat.*
- *That's clear. Thank you. When I was little, I also wanted to become a navigator.*
- *Why a navigator?*
- *Such a beautiful word - navigator!*
- *And what did you become?*
- *I became a military engineer. I make missiles that shoot down military planes.*
- *So your profession is also related to airplanes?*
- *Yes. You could say that now I kill navigators. And you know what? I find that interesting, too!*
- *If you're a rocket engineer, why don't you know what landing gear is?*
- *Of course I know what landing gear is, but... Have you seen my little green toad?*

18

Niebo w diamentach
A sky in diamonds

 A

Słówka
Words

1. baterie słoneczne, panele słoneczne - solar panel
2. bez przerwy - without stopping
3. cały (m), cała (f) - whole
4. chybił - missed
5. ekonomia - economics
6. gapił się - stared
7. gdzieś - somewhere
8. horyzont - horizon
9. jechał - rode
10. kabina - cabin
11. kobiecy - female
12. kolumna, słup - column
13. krzyżował się, przecinał się - intersected
14. kucnął, przykucnął - crouched
15. kurz, pył - dust
16. namiot - tent
17. naprzód, do przodu - forward
18. nieprawidłowo - incorrectly
19. niski - low
20. nosił spadochron - wore parachute
21. obóz - camp
22. oczekiwać - expect
23. oczywisty - obvious
24. ogon - tail
25. opadł, obniżył się - descended
26. opuszczony, opustoszały - deserted
27. patrzył, obserwował - watched
28. piasek - sand
29. pić - drink
30. pocałował - kissed
31. poczekał, zaczekał - waited
32. podnosić, podnieść - raise
33. pojawiać się - appear
34. pojazdy - vehicles
35. pracował - worked

36. przygotował - prepared
37. przyjrzeć się - looked closely
38. przykro mi, przepraszam - I am sorry
39. przytulił - hugged
40. pustynia - desert
41. raca, rakieta - flare
42. rewanż, zemsta - revenge
43. rozciągał (się) - stretched
44. rozkazał - commanded
45. rzadko - rarely
46. słoneczny - solar
47. spadochroniarz - paratrooper
48. szczęśliwie - happily
49. szukał - searched
50. termiczny, termalny - thermal
51. trzymał - hold
52. udało mu się - managed
53. usta - mouth

54. widoczny - visible
55. wielbłąd - camel
56. wózek, wóz - cart
57. wszyscy - everybody
58. wybuchł - exploded
59. wycieczka - trip
60. wyrzucić, wystrzelić - launch
61. wystrzelił - launched
62. załadował - loaded
63. załkać, zaszlochać - wept
64. zaplanował - planned
65. zapomniał - forgot
66. zasilany - powered
67. zatrzymać, utrzymać - keep
68. zauważyć - notice
69. żółty - yellow
70. zmienić - change
71. zmienił - changed

 # B

Niebo w diamentach

Gdzieś na pustyni był mały obóz. Kilka wielbłądów piło wodę.
W pobliżu stał mały namiot. Obok namiotu siedział mężczyzna przy ognisku. Nagle usłyszeli huk. Mężczyzna spojrzał w tamtą stronę. Bardzo nisko nad nimi, z okropnym hukiem przeleciał samolot. Wielbłądy rozbiegły się w różnych kierunkach. Inny mężczyzna wybiegł z namiotu przy ognisku.
„Co to za typ samolotu?" zapytał.
„Jest bardzo duży!" zakrzyczał inny.
„Gdzie jest rakieta?" krzyknął mężczyzna z namiotu. Inny z nich otworzył jedną ze skrzyń na ziemi, podniósł rakietę i podał mu ją. Mężczyzna, który wybiegł z namiotu, położył ją sobie na ramieniu, zamknął jedno oko i wystrzelił ją. Rakieta wystrzeliła z drugiej strony i uderzyła w skrzynie na ziemi. Duży wybuch wzniósł w powietrze wielką kolumnę ognia i dymu.
Aladdin przygotował się do wystrzelenia

A sky in diamonds

Somewhere in the desert was a small camp. A few camels were drinking water. A small tent stood nearby. Next to the tent, a man was sitting near the fire. Suddenly they heard a roar. The man looked in that direction. An airplane passed very low overhead with a terrible roar. Camels ran in different directions. A man ran out of the tent by the fire.
"What kind of airplane is it?" he asked.
"It's very big!" another cried.
"Where is the missile?" the man cried from the tent. The other one opened one of the boxes on the ground, picked up a missile and gave it to him. The man who ran out of the tent placed it on his shoulder, closed one eye, and launched it. But he launched it incorrectly. The rocket shot out of the other side and hit the boxes on the ground. A big explosion set off a huge column of fire and smoke into the air.

pocisku z powłoką termiczną. Stał przy wielkiej, otwartej klapie z tyłu samolotu. Gdy zobaczył wybuch na lądzie, spojrzał na Ashura, który stał w pobliżu z takim samym typem pocisku.

„Uderzyło w nich! Uderzyło w nich!" krzyknął i się zaśmiał. W tym momencie kolejna rakieta wystrzeliła i prawie uderzyła w samolot. Ale Ashur szybko wyrzucił pocisk termiczny i rakieta uderzyła w niego i wybuchła. Wybuch przewrócił Araba na plecy, ale ten szybko się podniósł i przygotował następny pocisk termiczny. Zostały wystrzelone jeszcze dwie rakiety. Aladdin i Ashur wyrzucili pociski termiczne i rakiety znów wybuchły. Jeszcze jedna osoba z pociskiem termicznym podeszła do klapy i zaczęła im pomagać.

W kabinie Rost wyjrzał przez okno.

„Jeśli zobaczysz wyrzutnię rakietową, od razu mi powiedz," krzyknął do ojca Ashura. Stary mężczyzna również zaczął wyglądać przez okno. W tym momencie Aladdin wkroczył szybko do kabiny.

„Nadszedł czas, aby wypuścić spadochroniarzy! Wznieś się na czterysta metrów!" rozkazał.

Paul Rost odwrócił się i zobaczył, że ludzie w samolocie zakładali spadochrony i brali broń ze skrzynek.

„Wznoszę się na czterysta metrów!" powiedział i zaczął wznosić samolot.

Arab spojrzał przez okno i rozkazał spadochroniarzom, aby wyskakiwali. Spadochroniarze zaczęli wyskakiwać z samolotu. Lecz duże rakiety zostały znowu wystrzelone. Ashur bez przerwy wyrzucał pociski termiczne. Wszyscy spadochroniarze wyskoczyli. W samolocie zostali tylko „doradcy do spraw międzynarodowej ekonomii" i Aladdin. Wszyscy mieli założone spadochrony.

„Dzięki za robotę!" krzyknął Arab do Ashura, „A tutaj są twoje pieniądze!" Podniósł broń i zaczął strzelać. Ashurowi udało się schować za skrzynią. Arab jęknął i wyskoczył z samolotu.

Aladdin got ready to shoot down the missile with a thermal shell. He stood in a large open hatch at the ba yellow ck of the airplane. When he saw the explosion on the ground, he looked at Ashur, who stood nearby with the same kind of shell.

"He hit it! He hit it!" he shouted and laughed. At that moment another missile took off and almost hit the plane. But Ashur quickly launched a thermal shell and the missile hit the shell and exploded. The explosion threw the Arab on his back, but he quickly got up and prepared another thermal missile. Two more missiles were shot. Aladdin and Ashur launched thermal shells and the missiles exploded again. One more person got in the hatch with a thermal shell and began helping them.

In the cabin, Rost looked out the window.

"If you see a missile compound, tell me right away," he shouted to Ashur's father. The old man also began to look out the window. At that time, Aladdin quickly walked into the cabin.

"It's time to drop the paratroopers! Go up to four hundred meters!" he ordered.

Paul Rost turned and saw that the people on the plane were putting on parachutes and taking weapons out of the boxes.

"I'm going up to four hundred!" he said and began to raise the plane.

The Arab looked out the window and commanded the paratroopers to jump. The paratroopers began to jump out of the plane. But the ground missiles were being shot again. Ashur kept firing the thermal shells without stopping. All the paratroopers jumped out. Only the "consultants on international economics" and Aladdin were left on the plane. They wore parachutes.

"Thanks for your work!" the Arab shouted to Ashur, "And here's your money!" He raised his gun and began shooting. Ashur managed to hide behind a box. The Arab yelled and jumped out of the plane. The "consultants"

„Doradcy" wyskoczyli za nim. Ashur spojrzał przez otwartą klapę. Ale pojawiła się kolejna rakieta, a on szybko chwycił pociski termiczne i zaczął je wyrzucać. Jego ojciec wybiegł z kabiny w jego kierunku.

„Peter, co się stało? Gdzie są wszyscy? Kto strzelał?" zapytał.

„To był Aladdin. Chciał mi zapłacić za moją robotę, ale chybił," powiedział Peter Ashur, „Weź pociski termiczne i wyrzucaj je! Szybko!"

Jego ojciec zaczął wyrzucać pociski termiczne. Ashur wbiegł do kabiny.

„Paul musisz wylądować albo lecieć wyżej! Strzelają w nas wieloma pociskami!" krzyczał.

„Lądujemy!" powiedział Paul.

„Cześć Ashur!" usłyszeli kobiecy głos. Ashur i Rost odwrócili się i zobaczyli Lisę Pandorę. Stała za nimi, trzymając pistolet.

„Siadaj, Ashur!" krzyknęła Pandora. Ashur usiadł.

Wycelowała pistolet w jego twarz. Było oczywistym, że naprawdę chciała się zrewanżować.

„Cześć. Wyglądasz świetnie, Liso," Ashur uśmiechnął się.

„John Vega mówi 'cześć'," powiedziała Pandora.

„Vega.... Jestem szczęśliwy, że..." zaczął, ale Pandora mu przerwała.

„Paul, przepraszam, że zachowałam się w ten sposób. Ashur mnie zmusił," wycelowała pistolet w Ashura.

„Ja?" Ashur powiedział zaskoczony.

„Ashur to wszystko zaplanował," kontynuowała Lisa, „Rabunek banku i naszą wspólną podróż. Załadował nawet twoje meble, żeby Ci się lepiej przyjrzeć. Później powiedział, że jesteś najlepszą osobą do tej roboty."

„Jakie meble? Paul, nie wierz jej!" prosił Ashur.

W tym momencie rakieta uderzyła w ogon samolotu.

„Tato!" krzyknął Ashur i wybiegł z kabiny.

jumped after him. Ashur looked into the open hatch. But another rocket appeared and he again grabbed the thermal shells and began launching them. His father ran out of the cab toward him.

"What happened, Peter? Where is everybody? Who was shooting?" he asked.

"It was Aladdin. He wanted to pay me for my work, but he missed," Peter Ashur said, "Take the thermal shells and launch them! Quickly!"

His father began launching the thermal shells. Ashur ran into the cabin.

"Paul, you have to land the plane or fly higher! They are shooting a lot of missiles at us!" he cried.

"We are going to land!" Paul said.

"Hi, Ashur!" they heard a female voice. Ashur and Rost turned and saw Lisa Pandora. She stood behind them, holding a gun.

"Sit down, Ashur!" Pandora cried. Ashur sat down. She pointed the gun in his face. It was obvious that she really wanted to have her revenge.

"Hi. You look great, Lisa," Ashur smiled.

"John Vega says hello," Pandora said.

"Vega ... I'm glad that he ..." Ashur began, but Pandora interrupted.

"Paul, I'm sorry that I acted that way. Ashur made me do it," she pointed a gun at Ashur.

"Me?" Ashur said in surprise.

"Ashur planned it all," Lisa continued, "the bank robbery, and our trip together. He even loaded your furniture to get a closer look at you. Then he said that you were the right man for the job."

"What furniture? Paul, don't believe her!" Ashur asked.

At that moment, a missile hit the tail of the plane.

"Dad!" Ashur cried and ran out of the cabin.

Somewhere in the desert, a road passed through the sand. It intersected with another

Gdzieś na pustyni, przez piasek biegła droga. Krzyżowała się z inną drogą. Na tym skrzyżowaniu były światła. Tą drogą rzadko jeździły jakiekolwiek pojazdy. Ale światła zawsze działały. Ponieważ zasilane były bateriami słonecznymi, działały tylko w dzień. Wózek ciągnięty przez wielbłąda stanął na skrzyżowaniu. Na wózku siedziała rodzina. Ojciec, matka i czworo dzieci patrzyły na światła z zaciekawieniem. Światło było zielone, ale ojciec, który trzymał wielbłąda na wodzy, nie wiedział dokładnie, które światło oznaczało, że można było jechać. A więc czekał, aż światło się zmieni. W tym momencie usłyszeli przerażający huk.

Na drugiej ulicy, po lewej stronie, wylądował duży samolot. Z jego ogona i z lewego skrzydła unosił się dym. Samolot jechał wzdłuż drogi aż do skrzyżowania i zatrzymał się. W samolocie brakowało ogona i górnej części kabiny. W środku kabiny widać było kilka osób. Siedzieli i patrzyli na wózek z szeroko otwartymi oczami. Światło dla wózka zmieniło się na czerwone, ale ojciec tego nie zauważył. Gapił się na samolot z szeroko otwartymi ustami. Żona coś do niego krzyczała. Potem spojrzał na światła, zobaczył czerwone światło i krzyknął na wielbłąda. Wielbłąd powoli ruszył naprzód. Cała rodzina patrzyła, jak ludzie z samolotu zaczęli schodzić na ziemię. Wózek odjechał. Ashur, jego ojciec, Pandora i Paul Rost wyszli z samolotu i spojrzeli dookoła. Żółty piasek był wszystkim, co ich otaczało. Żółta, wypełniona piaskiem pustynia rozciągała się aż po horyzont. Obydwie drogi były zupełnie opustoszałe. Tylko wózek z rodziną powoli odjeżdżał ze skrzyżowania.

„Tato, teraz jesteś wolny!" Ashur powiedział szczęśliwy i objął ojca.

„Czekałem na ten moment od pięciu lat. Dziękuję Ci, mój synu," stary człowiek zaszlochał i ucałował syna.

„Myślę, że czas odejść," powiedział Ashur i pobiegł do samolotu. Wyciągnął walizki z

road. At this intersection was a traffic light. Vehicles very rarely drove down this road. But the traffic light always worked. Since it was powered by solar panels, it only worked during the day. A cart pulled by a camel stood at the intersection. A family sat in the cart. A father, a mother and four children looked at the traffic light with interest. The light was green, but the father, who held the camel's reigns, didn't know exactly which light meant you could go. So he waited for the light to change. At this time, they heard a terrible roar.

On the left a big plane landed on the other road. Smoke was rising from its tail and its left wing. The plane drove down the road up to the intersection and stopped. The plane was missing its tail and the top of the cabin. Some people were visible inside the cabin. They sat and watched the cart with wide eyes. The traffic light for the cart changed to red, but the father didn't notice this. He stared at the plane with his mouth wide open. The wife shouted something at him. Then he looked at the traffic light, he saw the red light, and shouted at the camel. The camel slowly rode forward. The whole family watched as the people on the plane began to climb down to the ground.

The cart drove away. Ashur, his dad, Pandora, and Paul Rost climbed down from the plane and looked around. All around there was yellow sand. The yellow sand-filled desert stretched to the horizon. Both roads were completely deserted. Only the cart with the family slowly rode away from the intersection.

"Dad, now you're free!" Ashur said happily and hugged his father.

"I have been waiting for this moment for five years. Thank you my son," the old man wept and kissed his son.

"I think it's time to leave," Ashur said, and ran to the plane. He took the suitcases out of the plane. Lisa closely looked at Ashur.

samolotu. Lisa przyjrzała się dobrze Ashurowi.

„Zauważyłem, że zapomnieli ci zapłacić, Peter. Twoi pracownicy wyskoczyli z samolotu tak szybko, że zapomnieli ci dać pieniądze," powiedział Paul do Petera.

„Nigdy nie wiesz, czego się spodziewać po tych..." Ashur szukał odpowiednich słów.

„....doradcach," zasugerował Rost, „Ja wykonałem swoją robotę. Musisz zapłacić mi trzysta pięćdziesiąt tysięcy dolarów."

„Byłbym szczęśliwy, gdybym mógł Ci zapłacić, ale..." Ashur spojrzał na Pandorę, a potem na Rosta. Nagle samolot eksplodował. Wszyscy skulili się z zaskoczenia. Kilka rac wystrzeliło z samolotu i powoli opadło na ziemię.

„Niebo zrobione z diamentów," powiedział Paul powoli, „tak jak obiecał Aladdin."

Ojciec Ashura podniósł rękę w stronę drogi. Daleko, ponad żółtą, piaskową pustynią wzosiła się kolumna piasku i kurzu.

„Kto to może być?" powiedział Ashur nerwowo. Ale nikt nie odpowiedział.

Po minucie widzieli już nie tylko kolumnę piasku i kurzu, ale słyszeli też huk motorów. Kilka samochodów jechało pośród piasku z dużą szybkością, w ich kierunku.

"I noticed that they forgot to pay you, Peter. Your employers jumped out of the plane so quickly that they forgot to give you the money," Paul said to Peter.

"You never know what to expect from these ..." Ashur searched for words.

"... consultants," Rost suggested, "I did my job. You have to pay me three hundred fifty thousand dollars."

"I would be happy to pay Paul, but ..." Ashur looked at Pandora then at Rost.

Suddenly, the plane exploded. People crouched down in surprise. Several flares shot out of the plane and slowly descended to the ground.

"A sky made of diamonds," Paul said slowly, "As Aladdin promised."

Ashur's father raised his hand toward the road. Far away, above the yellow desert sand rose a column of sand and dust.

"Who could it be?" Ashur said nervously. But no one answered.

A minute later they could not only see the column of sand and dust, but hear the roar of engines. Several cars drove toward them at high speed right through the sand.

 # C

Przegląd nowego słownictwa
1
- Mógłbyś mi powiedzieć, czy dzisiaj jest wtorek czy ponedziałek?
- Myślę, że dzisiaj jest poniedziałek. Nie jestem pewny.
- Wiesz, która jest godzina?
- Sprawdzę na moim telefonie. Jest wpół do dziewiątej.
- Dziekuję. Przy okazji, czy na zewnątrz pada?
- Nie pada, ale jest wietrznie i pochmurno. Prawdopodobnie wkrótce będzie padać.
2
- Panie sprzedawco, ma Pan baterie do

New vocabulary review
1
- *Could you tell me, is it Tuesday or Monday today?*
- *I think it's Monday today. I'm not sure.*
- *Do you know what time it is?*
- *I will check my phone. It's eight thirty.*
- *Thank you. By the way, is it raining outside?*
- *It isn't raining, but it's windy and cloudy. It will probably rain soon.*
2
- *Salesman, do you have phone batteries?*
- *What kind of phone do you have?*

telefonu?
- Jaki ma Pan rodzaj telefonu?
- Mam Samsunga.
- Nie mamy żadnych baterii dla Samsunga, ale mamy te dla Motoroli. Chciałby je Pan?
- Czy będzie działać w Samsungu?
- Nie wiem.
- W takim razie nie chcę ich.
- Może chciałby Pan baterię Sony, Nokia albo Viewsonic?
- A będą działać w Samsungu?
- Nie wiem. Powinien Pan je kupić i spróbować.
- Nie, dziękuję.

3

- Panie sprzedawco, mógłby mi Pan powiedzieć: te dżinsy są dla mężczyzn czy kobiet?
- To są dżinsy dla kobiety. Jaki rodzaj Pan potrzebuje?
- Potrzebuję dżinsy dla mężczyzny.
- To są kobiece dżinsy, ale wyglądają tak jak męskie. Proszę je przymierzyć!
- Nie, dziękuję.

4

- Wczoraj nie poszedłem do pracy.
- Dlaczego?
- Zadzwoniłem do mojego pracodawcy i powiedziałem, że jestem bardzo chory. Potem poszedłem do baru, żeby napić się jakiegoś likieru. Siedziałem tam cały dzień. Wieczorem mój pracodawca nagle wszedł do środka i mnie zobaczył!
- I co mu powiedziałeś?
- Przytuliłem go i podziękowałem mu za przybycie w odwiedziny, w tak trudnym dla mnie czasie.
- Tak? I co powiedział?
- Przeprosił za to, że nie przyniósł mi kwiatów.
- Jaki dobry pracodawca! Co czytasz?
- Gazetę. Szukam nowej pracy. Zostałem zwolniony.

5

- Mógłbyś mi powiedzieć, jak się dostać do centrum miasta?
- Wejdź po tych schodach. Po lewej stronie

- I have a Samsung.
- There are no Samsung batteries, but we have ones for Motorola. Would you like them?
- Will it work with a Samsung?
- I don't know.
- Then I don't want them.
- Maybe you would like Sony, Nokia or Viewsonic batteries?
- And will they work with a Samsung?
- I don't know. You should buy them and try.
- No, thank you.

3

- Salesman, could you please tell me: are these jeans for men or women?
- These are women's jeans. What kind do you need?
- I need men's jeans.
- These are women's jeans, but they look just like men's. Try them on!
- No, thank you.

4

- Yesterday I didn't go to work.
- Why?
- I called my employer and said that I was very ill. Then I went to a bar to drink some liqueur. I sat there all day. In the evening, my employer suddenly came in and saw me!
- And what did you tell him?
- I hugged him and thanked him for coming to visit me at a difficult time.
- Yes? And what did he say?
- He apologized for not having brought me flowers.
- What a good employer! What are you reading?
- This is a newspaper. I'm looking for a new job. I was fired.

5

- Could you please tell me how to get to the town center?
- Go up these stairs. On the left you will see a beautiful yellow building. That's a hotel. There will be a street near the hotel, but you shouldn't go there.

zobaczysz piękny, żółty budynek. To jest hotel. Obok hotelu będzie ulica, ale nie powinieneś tam iść.
- Rozumiem.
- Po prawej zobaczysz stary budynek. Jest bardzo stary. Po prostu kawał ruiny! Ale tam też nie idź.
- Jasne. A gdzie powinienem iść?
- A gdzie musisz iść? Powiedz mi jeszcze raz.
- Teraz już wiem, gdzie muszę iść. Dziękuję.

6

- Wózek jest okropnym środkiem transportu!
- Tak. Samolot jest o wiele lepszy od wózka.
- To prawda. Samolot jest też o wiele szybszy od wózka.
- Tak, tak. Ale wózek jest cichszy od samolotu.
- Dokładnie.
- Wózek nie potrzebuje pasa startowego, żeby ruszyć.
- To jasne. Ale najważniejszą rzeczą jest to, że nie zmuszają nas, wielbłądów, do ciągnięcia samolotów!
- Dokładnie.

- *I see.*
- *On the right you'll see an old building. It is very old. Simply a piece of junk! But don't go there either.*
- *That's clear. And where should I go?*
- *And where do you need to go? Tell me again.*
- *Now I already know where I need to go. Thank you.*

6

- *A cart is a terrible means of transportation!*
- *Yes. An airplane is much better than a cart.*
- *That's true. And the plane is much faster than a cart.*
- *Yes, yes. But the cart is quieter than the plane.*
- *Exactly.*
- *And the cart doesn't need a runway for take-off.*
- *That's clear. But the most important thing is that they don't make us camels pull airplanes!*
- *Exactly.*

19

Ashur zmienia karierę
Ashur makes a career change

A

Słówka
Words

1. antylopa - antelope
2. badać - examine
3. bandażować, zabandażować - bandage
4. błagał - pleaded
5. często - often
6. gorszy - worse
7. granica - border
8. kariera - career
9. kochany (m), kochana (f) - darling
10. korytarz - hallway
11. krzyczeć - cry
12. lekarstwa - medicine
13. maszyna – machine; karabin maszynowy - machine gun
14. medyczny - medical
15. niebezpieczeństwo, zagrożenie - danger
16. pacjent (m), pacjentka (f) - patient
17. pielęgniarka (f), pielęgniarz (m) - nurse
18. przebaczony; przebaczył (*he forgiven*) - forgiven
19. przyniósł - brought
20. ścisnął - squeezed
21. serce - heart
22. stado - herd
23. stanowić (zagorżenie) - pose (a danger)
24. strzelanina - shoot-out
25. strzelił - shot
26. szok - shock
27. szybki - quick
28. terminy - terms
29. udezрył, zderzył się - crashed
30. wiązać, zawiązać - tie
31. wybaczyć, przebaczyć - forgive
32. wybuch - blast
33. zasięg - reception
34. zawiązał - tied
35. zoolog - zoologist
36. zraniony (adj), zranił (he) - wounded

B

Ashur zmienia karierę

Ashur zaczął szukać miejsca, aby ukryć swoje walizki.

„Pomóżcie mi! Musimy ukryć walizki," błagał. Ale nikt się nie ruszył. Było oczywiste, że samochody dotrą do samolotu w mniej niż jedną minutę. Paul Rost spojrzał na swój telefon. Nie było sygnału. Dwa samochody podjechały do nich. Inny samochód podjechał do wózka z rodziną. Kilku mężczyzn z karabinami maszynowymi wyskoczyło z samochodów i pobiegło do wózka. Zapytali o coś mężczyznę, a potem zmusili go, aby wsiadł do samochodu. Kobieta i dzieci zaczęły krzyczeć. Ojciec podbiegł do nich. Jeden z mężczyzn strzelił w niego i mężczyzna upadł na ziemię. Kobieta i dzieci nadal krzyczały i płakały. Mężczyźni związali ręce Ashurowi, jego ojcu i Rostowi, i wsadzili ich do samochodu. Paul Rost popatrzył ze smutkiem na samolot. Sytuacja staje się coraz gorsza. Teraz są w poważnych kłopotach. A telefon nie działa. Spojrzał na zranionego mężczyznę. Był zraniony w nogę i nie mógł się podnieść. Dwóch mężczyzn związało go i wsadziło do auta.

„Kto jest pilotem tego samolotu?" zapytał Paula Rosta jeden z mężczyzn.

„Jesteśmy lekarzami. Możemy wam pomóc. Macie jakichś rannych?" powiedziała Lisa Pandora głośno.

„Pytam się was, kto jest pilotem?" krzyknął mężczyzna i uniósł karabin maszynowy.

„Samolot się rozbił i wybuchł. Wszyscy na pokładzie zostali zabici," Pandora odpowiedziała za Paula Rosta.

„Kim jesteście? Co tu robicie?" zapytał inny mężczyzna.

„Jesteśmy lekarzami z organizajcji Lekarze bez granic. Mamy pomagać zranionym ludziom. Nasz samochód zatrzymał się na tych

Ashur makes a career change

Ashour started looking for a place to hide his suitcases.

"Help me! We need to hide suitcases," he pleaded. But no one moved. It was obvious that the cars would reach the airplane in less than a minute. Paul Rost looked at his phone. There was not reception. Two cars drove up to them. Another car drove up to the cart with the family. Several men with machine guns jumped off the cars and ran to the cart. They asked the man something and then forced him to get into the car. The woman and the children began to shout. The father ran toward them. One of the men shot him and the man fell to the ground. The woman and children continued to scream and cry. The men tied the hands of Ashur, his father, and Rost, and put them in the car. Paul Rost looked sadly at the plane. Things are getting worse and worse. Now they're in very serious trouble. And the phone isn't working. He looked at the wounded man. He was wounded in the leg and could not get up. Two men tied him up and put him in the car.

"Who is the pilot of this airplane?" one of the men asked Paul Rost.

"We are doctors. We can help you. Do you have any wounded?" Lisa Pandora said loudly.

"I'm asking you, who is the pilot?" shouted the man, and raised the machine gun.

"The plane crashed and exploded. Everyone on the plane was killed," Pandora answered for Paul Rost.

"Who are you? What are you doing here?" another man asked.

"We are doctors from the organization Doctors without Borders. We must help wounded people. Our car was stopped at this traffic light when suddenly that plane

światłach, gdy nagle rozbił się samolot. Samolot spadł na nasz samochód. Nasz kierowca i pięciu innych lekarzy zostali zabici w wybuchu. Wybiegłam z samochodu z dwoma innymi lekarzami w ostatniej chwili," Pandora wskazała Rosta i ojca Ashura, „Ten pacjent również zdołał uciec," Lisa wskazała Petera Ashura. „Macie jakichś rannych?" dodała.

„On nie wygląda na pacjenta," zauważył mężczyzna z karabinem maszynowym.

„Jest zoologiem. Bomba zabiła tuż przed nim stado antylop, które obserwował od dwóch lat," powiedziała Pandora, patrząc na Ashura, „Teraz często upada na ziemię, krzycząc 'Moje antylopy'," spojrzała ponownie na Ashura. Ashur usiadł na ziemi i krzyknął, „Moje antylopy!"

„Musimy go zabrać do szpitala, albo może umrzeć od szoku," kontynuowała Pandora, „Musimy również związać jego ręce, ponieważ stanowi zagrożenie dla siebie i dla innych," podsumowała.

Mężczyzna z karabinem spojrzał na samolot, potem na wózek: „Pojedziecie z nami do naszego obozu. Mamy wiele rannych ludzi. Potrzebują pilnie opieki," spojrzał na Ashura, „Nie potrzebujemy żadnych zoologów. Nie pojedzie z nami," dodał mężczyzna.

„Oh moje antylopy! Oh moje antylopy!" powiedział Ashur szybko, „Potrzebuję mojego lekarza," złapał rękę swojego ojca, a on usiadł przy nim, „Oh moje antylopy! Oh moje walizki," Ashur wskazał torby.

„Nie," krzyknęła Pandora, „W tych walizkach są leki i sprzęt. Musimy wziąć je ze sobą!" zażądała. Mężczyzna z karabinem maszynowym wziął torby i wrzucił je do samochodu.

„Oh moje antylopy!" Ashur płakał i wsiadł do samochodu, „Muszę pilnie jechać do szpitala!" Ale mężczyzna odciągnął go od samochodu i rzucił go na ziemię. Ashur spojrzał Pandorze w oczy. Ale Pandora odwróciła się i spojrzała na Paula Rosta. Potem wsiadła do samochodu

crashed. The plane fell right onto our car. Our driver and five other doctors were killed in the blast. I and two other doctors ran away from the car just in time," Pandora pointed to Rost and Ashur's father, "And this patient also managed to run out," Lisa pointed to Peter Ashur. "Do you have any wounded?" she added.

"He doesn't look like the patient," the man with the machine gun noted.

"He's a zoologist. A bomb killed a herd of antelopes that he had been studying for two years right in front of him," Pandora said, looking at Ashur, "Now, he often falls to the ground, shouting 'my antelopes'," she looked at Ashur again. Ashur sat on the ground and shouted, "My antelopes!"

"We have to take him to the hospital or he could die of shock," Pandora continued, "We also need to tie his hands because he poses a danger to himself and to others," she concluded.

The man with the gun looked at the plane, then at the cart: "You will go with us to our camp. We have many wounded people. They need urgent care," he looked at Ashur, "We don't need any zoologists. He won't go with us," the man added.

"Oh my antelopes! Oh my antelopes!" Ashor said quickly, "I need my doctor," he grabbed his father's hand and his father sat down beside him, "Oh my antelopes! Oh my suitcases," Ashur pointed to the bags.

"No," Pandora cried, "There is medicine and equipment in the suitcases. We must take them with us!" she demanded. The man with the machine gun took the bags and put them in the car.

"Oh my antelopes!" Ashur cried and climbed into the car, "I urgently need to go to the hospital!"

But the men dragged him away from the car and threw him to the ground. Ashur looked Pandora in the eye. But Pandora turned and looked at Paul Rost. Then she got in a car

obok rannego mężczyzny i zaczęła bandażować mu nogę. Wszyscy wsiedli do samochodów i odjechali.

Około pół godziny później, samochody zatrzymały się i zaczęła się strzelanina. Słychać było głośne krzyki. Wszyscy leżeli na podłodze samochodu. Po niecałych pięciu minutach, samochód znowu odjechał i pięć minut później wjechali do miasta. Samochody zatrzymały się obok małego budynku. Paul Rost i Lisa Pandora zostali zaprowadzeni do budynku. Był to szpital.

„Hej, pani doktor! Chodź tutaj! Szybko!" krzyknął mężczyzna z karabinem, „Tutaj jest dużo rannych. Musisz im pomóc."

„W walizkach są lekarstwa i sprzęt," powiedziała Pandora, „Proszę, przynieście je tutaj."

Przynieśli walizki i postawili je w pokoju. Lisa Pandora zaczęła badać pacjentów. Powiedziała coś do pielęgniarki, używając kilku terminów medycznych. Paul spojrzał na nią zaskoczony. Uśmiechnęła się.

„Mam wykształcenie medyczne, Paul," położyła swoją rękę na jego,

„Jeszcze mi nie wybaczyłeś? Moje serce mówi mi, że nadal o mnie myślisz. Proszę, wybacz mi! Bardzo mi przykro, za to co zrobiłam. Podobało mi się spędzanie z Tobą czasu," Lisa ścisnęła jego rękę i spojrzała Paulowi w oczy.

„Pani doktor! Szybko! Mamy wiele rannych!" krzyczała pielęgniarka, więc Lisa podążyła za nią korytarzem. Zanim odeszła, spojrzała Paulowi smutno w oczy. Paul Rost również spojrzał na Lisę, a potem przez okno. Na ulicy znowu zaczęła się strzelanina. Kilku rannych weszło z korytarza do pokoju. Lisa z pielęgniarką zaczęły ich badać. Paul pomógł im, jak tylko mógł. Nagle Lisa krzyknęła, „Gdzie są walizki?"

Paul podniósł wzrok i zobaczył, że walizek nie było w pokoju. Wyjrzał prze okno i zobaczył, że jeden z rannych mężczyzn biegł wzdłuż ulicy z walizkami, wrzucił je do jednego z samochodów i szybko do niego wsiadł. Zanim

beside the wounded man and began to bandage his leg. All the people got into the cars and drove off.

About half an hour later, the cars stopped and a shoot-out began. There were loud cries. Everyone lay down on the floor of the car. Less than a minute later the car drove off again and in another five minutes they drove into the city. The cars stopped near a small building. Paul Rost and Lisa Pandora were led into the building. It was a hospital.

"Hey, doctor! Come here! Quickly!" the man with the gun shouted, "There are many wounded here. You must help them."

"There is medicine and equipment in the suitcases," Pandora said, "Please bring them here."

They brought in the suitcases and put them in the room. Lisa Pandora began to examine the patients. She said something to the nurse, using several medical terms. Paul looked at her in surprised. She smiled.

"I have a medical education, Paul," she put her hand on his, "Haven't you forgiven me yet? My heart tells me that you are still thinking about me. Please forgive me! I am very sorry about what I did. I enjoyed spending time with you," Lisa squeezed his hand and looked into Paul's eyes.

"Doctor! Quick! We have many wounded!" the nurse cried, and Lisa followed her into the hallway. Before she left, she looked sadly into Paul's eyes. Paul Rost also looked at Lisa, and then out the window. On the street shooting broke out again. A few wounded entered the room from the hallway. Lisa and the nurse began to examine them. Paul helped them as best as he could. Suddenly Lisa cried, "Where are the suitcases?"

Paul looked up and saw that the suitcases weren't in the room. He looked out the window and saw that one of the wounded men ran into the street with the suitcases, threw them into one of the cars and quickly got into it. Before he got into his car, he looked at

wsiadł do swojego samochodu, spojrzał na nich i się uśmiechnął. Oczywiście, był to Ashur.

„Ukradł pieniądze i sprzęt!" krzyknęła Pandora. Chciała wybiec z pokoju, ale Paul złapał ją za ramię.

„Lisa, proszę, nie! Zostań tutaj! Pozwól Ashurowi wziąć pieniądze!" poprosił.

„Nigdy! Paul, kochany, pomóż mi odzyskać pieniądze!" poprosiła.

„Lisa, nie idź. Proszę, zostań tutaj..." poprosił Paul Rost, ale Lisa uciekła. Wybiegła na zewnątrz, wsiadła do jednego z samochodów i podążyła za Ashurem.

them and smiled. It was, of course, Ashur.
"He stole the medicine and equipment!" Pandora cried. She wanted to run out of room, but Paul grabbed her by the arm.
"Please, Lisa, don't! Stay here! Let Ashur take the money!" he asked.
"Never! Paul, darling, help me get the money back!" she asked.
"Do not go, Lisa. Please stay here ..." Paul Rost asked, but Lisa ran away. She ran outside, got into one of the cars and followed Ashur.

C

Przegląd nowego słownictwa

1
- Mógłbyś mi powiedzieć, czy dzisiaj jest wtorek czy środa?
- Myślę, że wtorek. Nie jestem pewny.
- Wiesz, która jest godzina?
- Sprawdzę na moim telefonie. Jest za pięć dziesiąta.
- Dziękuję. Przy okazji, czy na zewnątrz jest wietrznie?
- Nie jest wietrznie, ale jest pochmurno. Prawdopodobnie wkrótce zrobi się chłodno.

2
- Czy lekarz może uzdrowić chorą osobę samym spojrzeniem?
- Nonsens! Oczywiście, że nie może.
- Tak, może! Wczoraj nie chciałem iść do szkoły. Powiedziałem lekarzowi, że boli mnie ogon. Lekarz posłał mi takie spojrzenie, że od razu poszedłem do szkoły!
- Ale ty nie masz ogona!
- Ty o tym wiesz. Ale skąd lekarz się tego domyślił?

3
- Teraz żałuję, że nie uczyłam się dobrze w szkole. Gdybym się dobrze uczyła, teraz byłabym menadżerem.

New vocabulary review

1
- Could you tell me, is it Tuesday or Wednesday?
- I think it's Tuesday. I'm not sure.
- Do you know what time it is?
- I will check my phone. It's five minutes to ten.
- Thank you. By the way, is it windy outside?
- It isn't windy, but it's cloudy. It will probably get cold soon.

2
- Can a doctor cure a sick person with just look?
- Nonsense! Of course he can't.
- Yes he can! Yesterday I didn't want to go to school. I told the doctor that my tail hurts. The doctor gave me such a look that I immediately went to school!
- But you don't have a tail!
- You know that. But how did the doctor guess?

3
- I now regret that I didn't study well in school. If I'd studied well, I would be a manager now.
- And I don't regret that! If I'd studied well,

- A ja tego nie żałuję! Gdybym dobrze się uczyła, pracowałabym teraz na zewnątrz, w zimnie, zamiast siedzieć w czyimś ciepłym mieszkaniu, pijąc kawę!
- Dobrze, ukradłam już wszystkie dobre rzeczy. Dokończ kawę i chodźmy stąd. Właściciel może tu być w każdej chwili.

4

- Kto strzelił, synu?
- Ja strzeliłem, tato.
- Dlaczego?
- Chciałem przeprowadzić eksperyment.
- Jaki rodzaj eksperymentu?
- Chciałem trafić w ptaka, który siedział obok wielbłąda.
- Trafiłeś go?
- Tak.
- Ptaka?
- Nie, wielbłąda.
- Co my teraz zrobimy, mój synu?
- Teraz go wyleczę, tato.
- Nie. Żadnych innych eksperymentów! Ja wyleczę wielbłąda, a ty pociągniesz nasz wózek!

5

- Co jest szybsze: antylopa czy wielbłąd?
- Jeśli stoi za nimi człowiek, antylopa biegnie szybciej.
- A jeśli obok człowieka stoi również tygrys?
- Wtedy człowiek pobiegnie szybciej i od wielbłąda, i od antylopy!

I'd be working outside in the cold now instead of sitting in someone else's warm apartment and drinking coffee!
- Okay, I already stole all the good stuff. Finish drinking your coffee and let's go. The owner could be here at any moment.

4

- Who fired the shot, son?
- I fired it, Dad.
- Why?
- I wanted to conduct an experiment.
- What kind of experiment?
- I wanted to hit the bird that was sitting next to our camel.
- Did you hit it?
- Yes.
- The bird?
- No, the camel.
- What will we do now, my son?
- Now I'm going to treat it, Dad.
- No. No more experiments! I will treat the camel, and you'll pull our wagon!

5

- What's faster: an antelope or a camel?
- If a person is behind them, the antelope will run faster.
- And if there is also a tiger next to the person?
- Then the man will run faster than both the camel and the antelope!

116

20

Rzut kamieniem losu
A stone's throw from fate

A

Słówka
Words

1. asystent, pomocnik - assistant
2. autorytet, władza - authority
3. bardzo, wielce - greatly
4. budynek - building
5. buty - shoes
6. cierpienie - suffering
7. ciężko - heavily
8. dał sygnał - signaled
9. demokratyczny - democratic
10. diabeł - devil
11. dyktatura - dictatorship
12. dzielić, podzielić - divide
13. dzwonić - ring
14. frajerzy - losers
15. gra - game
16. inaczej, w przeciwnym razie - otherwise
17. informacja - info
18. Islam - Islam
19. kamień - stone
20. kapitalizm - capitalism
21. król - king

22. los - fate
23. mama - mom
24. mechanicznie - mechanically
25. medal - medal
26. minister - minister
27. nauczyciel - teacher
28. odbiornik - receiver
29. ogłoszony - appointed
30. opieka zdrowotna - healthcare
31. opierać się - resist
32. oprócz, poza, za wyjątkiem - except
33. pan, władca - master
34. pewny - certain
35. płaszcz, fartuch - coat
36. poczuł - felt
37. potępienie - condemnation
38. poważnie - seriously
39. prawdopodobnie, możliwie - possibly
40. premier - Prime minister
41. prezydent - president
42. prowadzić - lead

43. prowincja - province
44. przykryty - covered
45. religia - religion
46. rewolucja - revolution
47. ropa, olej - oil
48. równo - equally
49. rozłączyć - disconnect
50. rząd - cabinet, government
51. rządził - ruled
52. sąsiadujący - neighboring
53. satelita - satellite
54. ścigał się - raced
55. spisek - conspiracy
56. środek - middle
57. stan, państwo - state
58. stanowisko - post
59. strzelić, wystrzelić - fire
60. szafy - closets
61. szanse, możliwości - opportunities
62. szybszy - faster
63. uczyć się, nauczyć się - learn
64. umowa - agreement
65. uświadomić sobie - realize

66. uszkodzony - damaged
67. utalentowany - talented
68. w stronę - towards
69. w zwolnionym tempie - slow motion
70. władza - power
71. wojna - war
72. wolny - slow
73. wspierać - support
74. wycelować - point
75. wydawał się - seemed
76. wystrzelił - fired
77. z wyprzedzeniem - in advance
78. zabawki - toys
79. zabijać, zabić - kill
80. zajmować - occupy
81. zamienić, zmienić - switch
82. zauważyć - noted
83. zjadł - ate
84. złapać - capture
85. zły - evil
86. zostać, stać się - become
87. zyskać - gain
88. żywy - alive

 # B

Rzut kamieniem losu

Lisa pojechała za Peterem Ashurem. Na ulicy zaczęła się strzelanina. Paul stanął i wyjrzał przez okno. Wszystko to, co się wydarzyło, zdawało się być snem. Nagle wydawało mu się, że został pozostawiony sam w środku Afryki. Czas się zatrzymał, a on stał nieruchomo. Ludzie leżeli naokoło i patrzyli na niego. Lekarze im pomagali, ale on nikogo nie zauważał. Nagle zadał sobie pytanie, co on tam robił, w małym miasteczku pośrodku Sahary. W tym momencie otworzyły się drzwi i wszedł jakiś mężczyzna. Wszyscy natychmiast na niego spojrzeli. Muammar Kaddafi wszedł powoli i stanął na środku pokoju. Jego głowa i ramię były zabandażowane. Jego twarz wyrażała cierpienie, ale on nie zwracał na to

A stone's throw from fate

Lisa drove after Peter Ashur. A shooting broke out on the street. Paul stood and looked out the window. Everything that happened seemed like a dream. Suddenly he felt that he was left alone in the middle of Africa. Time had stopped and he stood still. People around him lay and looked at him. Doctors were helping them, but he didn't notice anyone. He suddenly asked himself what he was doing there, in a small town in the middle of the Sahara. At this moment the door opened and a man walked in. Everyone immediately looked at him. Muammar Gaddafi walked slowly into the middle of the room. His head and arm were bandaged. His face showed suffering, but he didn't pay

uwagi. W jego spojrzeniu był autorytet i władza. Człowick, który rządził tym krajem przez ponad czterdzieści lat, był nadal gotowy do walki. Spojrzał na ludzi w pokoju i dał sygnał dłonią swojemu asystentowi. Jego asystent podszedł do niego i otworzył pudełko, które trzymał w rękach. Kaddafi wyjął z pudełka medal i zawiesił go jednemu z lekarzy. „Istnieje spisek, aby przejąć władzę nad Libijską ropą i zająć Libijską ziemię," powiedział, patrząc na lekarzy, „Kobiety powinny się przygotować do wojny we własnych domach. Kobiety muszą się nauczyć, jak podkładać bomby w szafach, torbach, butach, zabawkach dziecięcych." Wziął kolejny medal i zawiesił go innemu lekarzowi, „Kaddafi nie jest zwykłym prezydentem, który mógłby po prostu odejść - on jest przywódcą rewolucji. Jestem przywódcą międzynarodowym, nauczycielem wszystkich władców Arabskiego świata i królem królów Afrykańskich." Muammar Kaddafi wyciągnął karabin i uniósł go ponad swoją głowę. Podszedł do Paula Rosta:

„Zło tkwi w kapitalizmie, w dyktaturze. To wszystko są złe moce, próbujące przejąć kontrolę nad ludźmi." W tym momencie zadzwonił telefon Rosta. Rost mechanicznie wyciągnął telefon, ale Kaddafi wziął od niego telefon i mówił dalej do odbiornika: „Na świecie nie ma żadnego demokratycznego państwa poza Libią. I istnieje tylko jedna religia - Islam.

Wszyscy ci, którzy wierzą w coś innego - są zwykłymi frajerami," Kaddafi oddał Rostowi telefon i odłożył karabin. Wyjął medal z pudełka i nałożył go Paulowi. Kaddafi poszedł na środek pokoju: „Przez cztery miesiące - cztery miesiące! - Bombardowaliście nasz kraj i zabijaliście Libijczyków, a teraz wszyscy są za bardzo wystraszeni, aby wypowiedzieć choć jedno słowo potępienia," zakrył twarz rękami i stał tak przez kilka sekund. Potem opuścił ręce i podszedł do drzwi. Przed wyjściem spojrzał na ludzi w pokoju: „Jeśli śmierć jest mężczyzną,

attention to it. In his gaze were authority and power. The man who ruled the country for more than forty years was still ready to fight. He looked at people in the room and signaled with his hand to his assistant. His assistant walked up to him and opened a box that he held in his hands. Gaddafi took a medal out of the box and put it on one of the doctors.
"There is a conspiracy to gain control over Libyan oil and to occupy Libyan land," he said, looking at the doctors, "Women should get ready for war in their own homes. Women must learn to place bombs in closets, bags, shoes, children's toys." He picked up another medal and put it on another doctor, "Gaddafi is not an ordinary president who could just leave - he is the leader of the revolution. I am an international leader, the teacher of all the rulers of the Arab world, and the king of Africa's kings," Muammar Gaddafi took out a gun and raised it above his head. He went up to Paul Rost: "The Devil is in capitalism, in dictatorship. These are all evil forces, trying to take men under their control." At that moment, Rost's phone rang. Rost mechanically took out the phone, but Gaddafi took the phone from him and continued speaking into the receiver: "There isn't a single democratic state in the whole world except for Libya. And there is only one religion - Islam. All who believe otherwise - are just losers," Gaddafi gave the phone back to Rost and put the gun away. He took a medal out of the box and put it on Paul. Gaddafi walked to the middle of the room: "For four months - four months! - You have been bombing our country and killing Libyans, and everyone is too afraid to say even one word of condemnation," he covered his face with his hands and stood like that for a few seconds. Then he lowered his hands and walked to the door. Before leaving he looked at people in the room: "If death is a man, then we must

musimy oprzeć się aż do końca, ale jeśli jest kobietą, musimy oddać się jej w ostatnim momencie," powiedział Muammar Kaddafi i opuścił pokój. W tym momencie nastąpił wybuch i Rost upadł na ziemię. Potem wstał powoli i wyszedł z budynku. Budynek został ciężko uszkodzony przez wybuch. Szedł powoli ulicą. Od czasu do czasu ludzie biegli wzdłuż ulicy, nie patrząc na niego. Ktoś obok niego strzelał z karabinu maszynowego. Usłyszał jakiś dźwięk, ale nie potrafił zrozumieć, co to było. Czasem dym zasłaniał całą ulicę i nic nie widział. Ten dźwięk wydobywał się gdzieś niedaleko. Potem odwrócił głowę i zobaczył, że obok niego zatrzymał się samochód. Lisa Pandora krzyczała do niego coś przez okno. Ale wszystko zdawało się dziać w zwolnionym tempie, a nie potrafił zrozumieć, co ona powiedziała. Lisa powoli wyszła z auta i pobiegła w jego stronę.

Popchnęła go i oboje upadli na ziemię. Od tej chwili wszystko wydarzyło się bardzo szybko. Lisa coś do niego krzyczała, karabin maszynowy strzelał niedaleko, a telefon w jego kieszeni dzwonił bez przerwy.

„Biegnij, Paul, biegnij! Szybciej!" prosiła Lisa, złapała go za ramię i ciągnęła go do samochodu. Paul pobiegł za nią i wsiadł do samochodu. Samochód ruszył w pościg.

Telefon bez przerwy dzwonił.

„Paul, twój telefon dzwoni!" powiedziała Pandora.

Paul wyciągnął telefon i odebrał. To był Andrew.

„Paul! Gdzie ty jesteś? Słyszę strzały! Wszystko w porządku?" Andrew krzyczał na drugim końcu.

„Tak, żyję," powiedział Paul.

„Dziękuję za wiadomość o samolocie. To był szturm. Chcieli napaść na jedną z Libijskij prowincji. Prawie wszyscy zostali zabici natychmiast po lądowaniu. Słyszysz mnie, Paul?" kontynuował Andrew.

„Tak, słyszę," powiedział Paul.

„Nie rozłączaj telefonu. Widzimy Cię przez

resist to the end, but if it is a woman, we should give in to her at the last moment," said Muammar Gaddafi and left the room. At that moment there was an explosion, and Rost fell to the floor. Then he got up slowly and walked out of the building. The building was heavily damaged by the explosion. He walked slowly down the street. From time to time, people ran down the street without looking at him. Someone nearby was firing a machine gun. He heard some kind of sound, but couldn't understand what it was. Sometimes smoke covered the street and he couldn't see anything. The sound was somewhere nearby. Then he turned his head and saw that a car stopped next to him. Lisa Pandora shouted something to him through the window. But everything seemed to be in slow motion, and he couldn't understand what she said. Lisa slowly got out of the car and ran towards him. She pushed him, and they both fell to the ground. From that moment everything happened very quickly. Lisa shouted something to him, machine guns fired nearby, the phone in his pocket rang without stopping.

"Run, Paul, run! Faster!" Lisa asked, grabbed him by the arm and dragged him to the car. Paul ran after her and got into the car. The car raced down the street. The phone rang without stopping.

"Paul, your phone is ringing!" Pandora said.

Paul took out the phone and answered it. It was Andrew.

"Paul! Where are you? I hear shooting! Are you all right?" Andrew shouted at the other end.

"Yes, I'm alive," Paul said.

"Thanks for the info about the plane. It was the mob. They wanted to capture one of Libya's provinces. Almost all of them were killed immediately after landing. Can you hear me, Paul?" Andrew continued.

"Yes, I hear," Paul said.

satelitę. Wkrótce nasi ludzie przywiozą Cię do domu. Słyszysz mnie?" krzyczał Andrew.

„Tak," odpowiedział Paul i w tym momencie zauważył Ashura i jego ojca na podłodze. Ashur był poważnie ranny. Jego ojciec mu pomagał. Paul włożył telefon do swojej kieszeni.

„Strzelali w samochód Ashura. Wyciągnęłam ich stamtąd. W przeciwnym razie zostaliby zabici," Lisa spojrzała na Paula, „Kto dzwonił?"

„Moja mama. Pytała się kiedy przyjdę na kolację," odpowiedział Rost.

Lisa położyła swoją dłoń na jego dłoni.

„Podoba mi się, że nawet teraz potrafisz żartować," uśmiechnęła się.

Ich samochód pędził przez piasek z dużą szybkością. Zostawili miasto za sobą.

„Gdzie jedziemy?" zapytał Paul.

„Nie obchodzi mnie, gdzie. Ja tylko chcę być z Tobą," powiedziała Pandora, „Teraz jedziemy do sąsiedniej prowincji. Zawarłam układ z Ashurem. Podzielimy równo pieniądze, a ja zostanę ogłoszona premierem," powiedziała Pandora.

Paul spojrzał na nią. Nie był zaskoczony tym, co powiedziała. Nie potrafił tylko zrozumieć, o czym ona mówiła.

„Ashur ma kilku przyjaciół w tej prowincji. Prowadzą tam rewolucję," kontynuowała Pandora, „Chcą, aby Ashur został prezydentem ich nowego kraju."

Paul był pewny, że nic nie mogło go zaskoczyć. Ale tymi wiadomościami był bardzo zaskoczony.

„Ashur będzie prezydentem ich nowego kraju?" powiedział.

„Tak, Ashur będzie prezydentem ich nowego kraju," powiedziała do niego. „Teraz Libia daje dużo możliwości utalentowanym ludziom!"

„Prawdopodobnie został poważnie zraniony, jeżeli chce być prezydentem," zauważył Rost.

„Tak, Ashur będzie prezydentem," powiedziała Lisa, zmieniając bieg w samochodzie, „A ja będę premierem!" dodała.

„Czy mogę być ministrem zdrowia w twoim rządzie?" Rost uśmiechnął się, wskazując na

"Don't disconnect the phone. We can see you on the satellite. Soon, our guys will take you home. Can you hear me?" Andrew shouted.

"Yes," Paul replied, and at that moment he noticed Ashur and his father on the floor. Ashur was badly injured. His father was helping him. Paul put the phone in his pocket.

"They fired on Ashur's car. I got them out of there. Otherwise they would have been killed," Lisa looked at Paul, "Who called?"

"My mom. She asked when I'm coming over for dinner," Rost replied.

Lisa put her hand on his.

"I like that you can joke even now," she smiled.

Their car raced across the sand at high speed. They left the town behind.

"Where are we going?" Paul asked.

"I don't care where. I just want to be with you," Pandora said, " Now we're driving to the neighboring province. I made an agreement with Ashur. We will divide the money equally, and I will be appointed as the prime minister," Pandora said.

Paul looked at her. He wasn't surprised by what she said. He just couldn't understand what she was talking about.

"Ashur has a few friends in this province. They are leading the revolution in this province," Pandora continued, "They want Ashur to be the president of the new country."

Paul was certain that nothing could surprise him. But he was greatly surprised by this news.

"Ashur will be the president of the new country?" he said.

"Yes, Ashur will be the president of the new country," she said to him. "Now Libya has many opportunities for talented people!"

"He was probably injured badly if he wants to be president," Rost noted.

"Yes, Ashur will be the president," Lisa said, switching the gears of the car, "And I will be

swój fartuch lekarski.

„Możliwe. Zobaczymy," powiedziała Lisa. Lecz zauważyła uśmiech w jego oczach i powiedziała, „Czasem jesteśmy bliżej naszych snów, niż myślimy."

„Kiedy się zorientowałaś, że twoim snem jest zostanie premierem? Myślę, że było to nie więcej niż godzinę temu," powiedział Rost.

„To nie jest takie proste, Paul," popatrzyła na niego poważnie, „Tego typu rzeczy są planowane z wyprzedzeniem. Wiedziałam o tym już wtedy, kiedy jedliśmy pizzę w moim domu. A nawet trzy miesiące wcześniej. John Vega, Peter Ashur i ja zaplanowaliśmy to razem. Zabraliśmy pieniądze z banku, aby zapłacić żołnierzom.

Żołnierze muszą nas wspierać w naszym nowym kraju. To duża gra, z dużymi pieniędzmi, Paul. Tutaj jest dużo ropy. A ta ropa nie ma już silnego władcy," powiedziała.

„Ty, Ashur i Vega byliście wszyscy dobrze przygotowani. A jakie będzie stanowisko Johna Vegi w waszym rządzie, w tym nowym kraju?" zapytał Paul. Pandora spojrzała na Paula, ale nic nie odpowiedziała.

the prime minister!" she added.

"Can I be the minister of healthcare in your cabinet?" Rost smiled, pointing to his doctor's coat.

"Possibly. We'll see," Lisa said. But she noticed the smile in his eyes and said, "Sometimes, we are much closer to our dreams than we think."

"When did you realize that your dream is to become a prime minister? I think that it was no more than an hour ago," Rost said.

"It isn't that simple, Paul," she looked at him seriously, "These kinds of things are planned in advance. I knew about it back when we ate pizza at my home. And even three months before that. John Vega, Peter Ashur and I planned it together. We took the money out of the bank in order to pay the soldiers. The soldiers have to support us in our new state. It's a big game with a lot of money, Paul. There is a lot of oil here. And this oil no longer has a strong master," she said.

"You, Ashur, and Vega were all well prepared. And what will be John Vega's post in your government in this new country?" Paul asked. Pandora looked at Paul, but answered nothing.

C

Przegląd nowego słownictwa

1

- Mógłbyś mi powiedzieć, czy dzisiaj jest środa, czy czwartek?
- Myślę, że dzisiaj jest środa. Nie jestem pewny.
- Wiesz, która jest godzina?
- Sprawdzę na moim telefonie. Jest prawie za piętnaście trzecia.
- Dziękuję. Przy okazji, czy na zewnątrz jest ciepło?
- Na zewnątrz jest gorąco, ale pochmurno. Mam nadzieję, że wkrótce będzie chłodno.

2

- Nasz kraj nie potrzebuje dyktatora!

New vocabulary review

1

- Could you tell me, is it Wednesday or Thursday today?
- I think it's Wednesday today. I'm not sure.
- Do you know what time it is?
- I will check my phone. It's almost fifteen minutes to three.
- Thank you. By the way, is it hot outside?
- It's hot but cloudy outside. I hope it will be cool soon.

2

- Our state doesn't need a dictator!
- I'm not a dictator. I am the leader of the

- Nie jestem dyktatorem. Jestem przywódcą rewolucji!
- Ale my chcemy innego przywódcę. I nie tylko jednego, ale dziesięciu albo dwudziestu.
- Nie rozumiecie, że władza musi być silna. Dziesięć przywódców będzie ze sobą walczyć.
- Chcemy demokracji!
- Demokracja zabija wszystko to, co dobre! Demokracja to zło!
- Chcemy wolności, aby robić biznes!
- Biznes - to jest kapitalizm. Kapitalizm - to szatański system! Popatrz, my mamy darmową opiekę zdrowotną i edukację! Chcecie płacić za opiekę zdrowotną i edukację?
- Chcemy dobrej opieki zdowotnej i edukacji!
- Mamy bardzo dobrą opiekę zdrowotną i edukację. Ja jestem przywódcą międzynarodowym! Jestem królem królów! Rozkazuję aresztować wszystkich frajerów, którzy chcą kapitalizmu i demokracji.

3

- Mam okazję dostać posadę w Ministerstwie Zdrowia.
- Nie wiedziałem, że masz wykształcenie medyczne.
- Nie mam wykształcenia medycznego. Mam przyjaciół w Ministerstwie Zdrowia.

4

- Tato, gdzie są moje zabawki?
- Nie wiem. Zobacz pod stołem.
- Mamo, gdzie są moje zabawki?
- Nie wiem. Zobacz w łazience.
- Znalazłem je! Żołnierze walczą pod stołem, a samoloty bombardują łazienkę.

5

- Lubisz mieć władzę nad innymi?
- Nie, wcale mi się to nie podoba. A propos, wypełniłeś wszystkie moje rozkazy?

6

- Wypuść żołnierzy na brzeg morza.
- Ale nasze samoloty tam bombardują, Panie Generale.
- W takim razie pozwól im na przejęcie lotniska.
- Ale lotnisko jest nasze już od długiego czasu.

revolution!
- But we want a different leader. And not just one, but ten or twenty.
- You don't understand that the rule must be strong. Ten leaders will fight one another.
- We want a democracy!
- Democracy kills all that's good! Democracy - it's the devil!
- We want freedom to do business!
- Business - that's capitalism. Capitalism - that's the devil's system! Look, we have free healthcare and education! Do you want to pay for healthcare and education?
- We want good healthcare and education!
- We have very good healthcare and education. I am an international leader! I am the king of kings! I order to arrest all of the losers who want capitalism and democracy.

3

- I have the opportunity to get a position in the Ministry of Healthcare.
- I didn't know that you have a medical degree.
- I don't have a medical degree. I have friends in the Ministry of Healthcare.

4

- Dad, where are my toys?
- I don't know. Look under the table.
- Mom, where are my toys?
- I don't know. Look in the bathroom.
- I found them! The soldiers are fighting under the table, and the planes are bombing in the bathroom.

5

- Do you like having power over others?
- No, I don't like it at all. By the way, have you fulfilled all of my orders?

6

- Let the soldiers out on the sea shore.
- But our planes are bombing there, Mr. General.
- Then let them seize the airfield.
- But the airfield has been ours for a long time.

- W takim razie pozwól żołnierzom iść naprzód i zabić wszystkich w zasięgu wzroku! Wojna jest wojną.
- Tak jest, Panie Generale.

7

- W Rosji, w dwudziestym wieku, konfiskowano wszystkie posiadłości bogatych. Później dzielono je równo pomiędzy biednych.
- Czy to była demokracja?
- Nie, to był komunizm. Później wszyscy bogaci zostali zabici, albo wsadzeni do więzienia.
- Czy to była dyktatura?
- Tak, to był komunizm wojenny. Później wysadzili w powietrze kościoły i pozbyli się religii.
- To było niesprawiedliwe.
- Tak, to było zabójcze dla kraju i dla ludzi.

8

- Nasz prezydent zawarł pakt z diabłem!
- Dlaczego tak sądzisz?
- Ponieważ dostaje wszystko to, czego chce.
- Nie, on zawarł pakt z premierem!

- *Then let the soldiers go forward, fight and kill everyone in sight! War is war.*
- *Yes, Mr. General.*

7

- *In Russia, in the twentieth century, they confiscated all the property of the rich. Then they divided it equally among the poor.*
- *Was it a democracy?*
- *No, it was communism. Then all the rich were killed or put in prison.*
- *It was a dictatorship?*
- *Yes, it was wartime communism. Then they blew up the churches and wiped out religion.*
- *That was unfair.*
- *Yes, it was deadly for the state and the people.*

8

- *Our president made a pact with the devil!*
- *Why do you think so?*
- *Because he gets everything he wants.*
- *No, he made a pact with the prime-minister!*

124

21

Tylko jedna szansa
Just one chance

A

Słówka
Words

1. bać się - be scared
2. brzeg, skraj - edge
3. dać mandat – fine *(v)*
4. dno, dół - bottom
5. dodatek - bonus
6. drewniany - wooden
7. dwupiętrowy - two-story
8. dziecko - child
9. energia - energy
10. flaga - flag
11. grupa - group
12. język - language; język ojczysty - native language
13. kolor - color
14. koniec - end
15. krem - lotion; krem do opalania - tanning lotion
16. krzyczeć - shout
17. lina - rope
18. mieć nadzieję - hope
19. nalać, nasypać - pour
20. obalić - topple

21. ochoczo - eagerly
22. ojczysty - native
23. opłata - fare
24. pas, talia - waist
25. pasażer na gapę - stowaway
26. plac - square
27. platforma - platform
28. podczas - while
29. podróżować - travel
30. podróżował - traveled
31. pomachał - waved
32. posąg - monument
33. powiedział, przemówił - spoke
34. przypominać - resemble
35. rozerwał - tore up
36. rozpoznał - recognized
37. ruszać się, ruszyć się - move
38. rządzić - rule
39. skaczący - bouncing
40. skóra - skin
41. spróbował - tried
42. stał się, został - became

43. stosunek - affair
44. strach - fear
45. tamci, tamte - those
46. tłum - crowd
47. trzymać - hold
48. tuzin - dozen
49. ulotka - leaflet
50. uratować - rescue
51. walka, bójka - fight
52. wdzięczny - thankful
53. witać, przywitać - greet

54. wschód - east
55. wśród, pośród - among
56. wysłać - send
57. za jakiś czas, za niedługo - sometime soon
58. zabandażowany - bandaged
59. zagrzebany, pogrzebany - buried
60. zapłacił - paid
61. zasłużyć sobie - deserve
62. ze strachem - fearfully
63. zwycięzca - winner

B

Tylko jedna szansa

Paul Rost i Lisa Pandora jechali przez Saharę z dużą szybkością. Zraniony Peter Ahur leżał z tyłu samochodu, a jego ojciec siedział przy nim. Ojciec Ashura stał się bardzo nerwowy, po tym jak usłyszał, co planuje jego syn.
„Nie powinieneś tego robić, synu," powiedział, patrząc na syna, „Ta gra jest zbyt duża i zbyt niebiezpieczna. Już oszukałeś Johna Vegę i Lisę, a oni Ci tego nie wybaczą."
„Dam Pandorze więcej, niż jej zabrałem. A Vega jest głupcem i zasłużył sobie na to, co go spotkało!" powiedział Ashur, potem wstał i usiadł obok ojca,
„Moi przyjaciele już wszystko przygotowali. Wszystko, czego teraz potrzebują, to ja i moje doświadczenie w stosunkach międzynarodowych!" Ashur zobaczył uśmiech w oczach Rosta i szybko stanął na nogi, „Tak, moje doświadczenie. A ty nie powinieneś się uśmiechać, Paul," wskazał palcem w Paula, „Gdy stanę się zwycięzcą, nie odrzucisz moich pieniędzy i dodatków, które mogę dać tobie i wszystkim moim przyjaciołom! Dlatego musisz mi pomóc teraz, kiedy tak bardzo potrzebuję pomocy twojej i moich przyjaciół! To nasza jedyna szansa! Ty to musisz zrozumieć, Paul!"

Just one chance

Paul Rost and Lisa Pandora drove at high speed across the Sahara. The wounded Peter Ashur lay in the back of the car, and his father sat next to him. Ashur's father became very nervous when he heard what his son was planning to do.
"You shouldn't do this, son," he said, looking at his son, "This game is too big and too dangerous. You already cheated John Vega and Lisa, and they will not forgive you for it."
"I will give Pandora a lot more than I took from her. And Vega is a fool and deserves what he got!" Ashur said, then got up and sat next to his father, "My friends already prepared everything. All they need now is me and my experience in international affairs!" Ashur saw the smile in Rost's eyes quickly got to his feet, "Yes, my experience. And you shouldn't smile, Paul," he pointed his finger at Paul, "When I become the winner, you won't refuse the money and bonuses that I could give you and all my friends! That's why you have to help me now, when I need your and all my friends' help so much! It's our only chance! You, Paul, have to understand it!"
Paul Rost looked at Ashur very seriously, but said nothing.
"What's that?" Pandora asked. Paul looked

Paul Rost spojrzał na Ashura poważnie, ale nic nie powiedział.

„Co to?" zapytała Pandora. Paul wyjrzał na zewnątrz i zobaczył coś na ziemi. Ruszało się. Gdy podjechali bliżej, uświadomili sobie, co to było. To były głowy dwóch mężczyzn zakopanych w ziemi. Mężczyźni nie mogli się wydostać. Ich ręce musiały być związane.

„Ashur! Peter, pomóżcie mi!" zakrzyczała jedna z głów i wszyscy rozpoznali Aladdina. Drugi mężczyzna był jednym z doradców. Jego oczy były zamknięte, a on się nie ruszał. Rost podszedł do nich, ale Ashur krzyknął: „Nie, Paul, nie pomagaj im! Zasługują na to, co im zrobiono!" Potem wymienił spojrzenia z Pandorą. Pandora wyszła z samochodu i wyciągnęła pistolet.

„Ashur, musimy ich uratować," powiedział ojciec Ashura do swojego syna.

„Dobrze, ale nie teraz! Nie mamy czasu! Powiemy o nich ludziom w mieście i zostaną aresztowani!" powiedział Ashur do ojca.

Rost usiadł koło Aladdina i powiedział cicho: „Jak się masz, doradco? Ktoś musiał się bardzo na was zdenerwować, skoro was tu zagrzebał. Chcesz rządzić krajem i widzieć niebo w diamentach?" Aladdin spojrzał na nich ze strachem, „Przy okazji, nie zapłaciłeś za wyjazd i podróżowałeś do Libii jako pasażer na gapę,"

powiedział, sypiąc trochę piasku na twarz Aladdina, „Teraz będziemy musieli ci dać grzywnę," popatrzył na Pandorę, „Lisa, jaką grzywnę damy temu pasażerowi na gapę?"

„Kto sprawuje władzę w prowincji?" Pandora zapytała Aladdina, celując w niego pistoletem.

„Mężczyzna o imiu Mermet sprawuje władzę na północy i na wschodzie," powiedział Aladdin.

„Ilu ma ludzi?" kontynuował Ashur.

„Nie wiem. Pomóż mi, Ashur!" poprosił Aladdin.

„Oczywiście, Aladdinie. Ty pomogłeś mnie, a ja pomogę tobie. Przyślę ci wkrótce

out and saw something on the ground. It was moving. When they got closer, they realized what it was. These were the heads of two people buried in the ground. The people couldn't get out. Their hands must have been tied.

"Ashur! Peter, help me!" one of the heads cried and everyone recognized Aladdin. The other man was one of the consultants. His eyes were closed and he wasn't moving.

Rost came up to them, but Ashur shouted: "No, Paul, don't help them! They deserve what was done to them!" Then he exchanged glances with Pandora. Pandora got out of the car and pulled out a gun.

"Peter, we have to rescue them," Ashur's father said to his son.

"Okay, but not right now! We don't have time! We'll tell the people in town, and they will be arrested!" Ashur said to his father.

Rost sat down near Aladdin and said quietly: "How are you, consultant? Someone probably got very angry at you, since they buried you here. Do you want to rule the country and see the sky in diamonds?" Aladdin looked at them fearfully, "By the way, you haven't paid the fare for the trip and traveled to Libya as a stowaway," he said, pouring a little sand on Aladdin's head, "Now we'll have to fine you, stowaway," he looked at Pandora, "Lisa, how do we fine this stowaway?"

"Who holds the power in the province?" Pandora asked Aladdin, pointing the gun at him.

"A man by the name of Mermet holds the power in the north and the east," Aladdin said.

"How many people does he have?" Ashur continued.

"I don't know. Help me, Peter!" Aladdin asked.

"Of course, Aladdin. You helped me and I will help you. I'll send you a girl with mineral water and tanning lotion sometime soon," Ashur said, "And be thankful that I'm not fining you for traveling to Libya without a

dziewczynę z wodą mineralną i kremem do opalania," powiedział Ashur, „I bądź wdzięczny, że nie daję ci grzywny za podróżowanie do Libii bez biletu," powiedział i pokazał Aladdinowi karabin maszynowy, „Mam nadzieję, że wkrótce ujrzysz niebo w diamentach!"

Rost i Pandora wsiedli do samochodu i pojechali dalej. Przejechali około dwudziestu kilometrów, gdy nisko nad ich głowami przeleciał samolot. W tym momencie ujrzeli tłum ludzi. Pośrodku Sahary stał mały, dwupiętrowy budynek i kilka tuzinów małych domków dookoła. Duży tłum ludzi stał na placu przed dwupiętrowym budynkiem. Wielu z nich krzyczało i trzymało flagi. Na środku placu stała platforma. Kilka ludzi na platformie krzyczało coś, a tłum powtarzał to, co oni krzyczeli. Wielu ludzi było pokrytych krwią, a niektórzy byli zabandażowani. Niektórzy nosili mundury wojskowe. Po lewej stał pomnik i kilka osób zawiązało na nim linę, próbując go obalić. Paru ludzi próbowało stanąć im na drodze i rozpętała się walka. Kobiety i dzieci biegały i krzyczały pomiędzy tymi, którzy walczyli. Ludzie na platformie zaczęli rzucać ulotki.

Niektórzy łapali je ochoczo, podczas gdy inni je rozrywali. Kobieta ubrana na czarno chwyciła swoje dziecko i uciekła z placu w strachu. Pandora zatrzymała samochód, gdy zobaczyła kilku ludzi biegnących w ich stronę i krzyczących. Przygotowała pistolet, ale Ashur położył jej dłoń na ramieniu.

„To są przyjaciele, Liso. Są bardzo szczęśliwi, że nas widzą," powiedział Ashur i wysiadł z samochodu. Podniósł ręce, witając ludzi i poszedł w ich stronę z uśmiechem. Paul Rost wysiadł z samochodu i podniósł ulotkę. Była na niej twarz Petera Ashura i jakiejś innej osoby, a na dole był mały kawałek tekstu w lokalnym języku. Ludzie podbiegli do Ashura, podnieśli go i zanieśli przez tłum. Ludzie krzyczeli i machali rękami. Zanieśli Ashura na platformę, a on zaczął coś krzyczeć do

ticket," he said and showed Aladdin the machine gun, "I hope you see the sky in diamonds very soon!"

Rost and Pandora got back into the car and drove on. They drove about twenty kilometers when airplanes passed low overhead. At that moment they saw a crowd of people. In the middle of the Sahara desert stood a small two-story building and a few dozens of small houses around it. A large crowd of people stood in the square in front of the two-story building. Many of them were shouting and held flags. In the middle of the square was a platform. A few people on the platform were shouting something, and the crowd repeated what they shouted. Many of the people were covered in blood and some of them were bandaged. Some wore military uniforms. On the left stood a monument and several people tied to a rope to it tried to topple it. Several people tried to get in their way and a fight broke out. Women and children ran and shouted among those who were fighting. The people on the platform began to throw leaflets. Some grabbed them eagerly, while others tore them up. A woman in black grabbed her child and ran away from the square in fear.

Pandora stopped the car when she saw a few people running toward them and shouting. She prepared the gun, but Ashur put his hand on her shoulder.

"These are friends, Lisa. They are very happy to see us," Ashur said and got out of the car. He raised his hands, greeting the people, and walked toward them with a smile. Paul Rost got out of the car and picked up a leaflet. On it was Peter Ashur's face and some other person and at the bottom was a small piece of text in the local language. People ran up to Ashur, picked him up and carried him through the crowd. People shouted and waved their hands. They carried Ashur to the platform, and he began to shout something to the crowd in their native language. The crowd repeated Ashur's words. Paul now noticed that Ashur's hair and

tłumu w ich ojczystym języku. Tłum powtarzał słowa Ashura. Paul zauważył teraz, żc włosy Ashura i jego kolor skóry przypominały te u tubylców. Ashur zaczął skakać do rytmu swoich własnych słów. A tłum zaczął skakać do rytmu z Ashurem. Stojąc pośród krzyczących ludzi, Rost poczuł nagle silną energię pochodzącą od tłumu. Przez sekundę przestraszył się i zaczął szukać w tłumie Pandory. Ashur krzyknął i skoczył do góry jeszcze jeden raz, a drewniana platforma załamała się pod jego stopami. Wpadł do platformy aż po pas, ale inni ludzie natychmiast go wyciągnęli i postawili na nogi. Pandora stała na skraju placu i rozmawiała z grupką mężczyzn. Mężczyźni byli uzbrojeni, a Rost natychmiast uzmysłowił sobie, kim są. Pandora z kilkoma osobami z grupy weszła do budynku. Paul Rost rozejrzał się dookoła i podążył za nimi.

skin color resembled the locals'. Ashur began bouncing to the beat of his own words. And the crowd began bouncing in beat with Ashur. Stood among the shouting people, Rost suddenly felt the strong energy that came from the crowd. For a second he felt scared, and he began to look for Pandora in the crowd. Ashur shouted and jumped up one more time, and the wooden platform broke under his feet. He fell to his waist into the platform, but the other people immediately pulled him out and got him on his feet. Pandora stood on the edge of the square and spoke to a group of men. The men were armed, and Rost immediately realized who they were. Pandora and several other people from the group went into the building. Paul Rost looked around and followed them.

 C

Przegląd nowego słownictwa

1

- Mógłbyś mi powiedzieć, czy dzisiaj jest czwartek czy piątek?
- Myślę, że czwartek. Nie jestem pewny.
- Wiesz, która jest godzina?
- Sprawdzę na moim telefonie. Jest dokładnie trzecia.
- Dziękuję. Przy okazji, czy na zewnątrz jest zimno?
- Na zewnątrz pada śnieg i jest wietrznie. Ale mam nadzieję, że wkrótce będzie ciepło.

2

- Jaka jest grzywna za przejazd autobusem bez biletu?
- Grzywna za przejazd autobusem bez bilteu to dziesięć dolarów.

3

- Ile mieszkańców jest w tym drewnianym, dwupiętrowym budynku?
- Mieszka tu około trzydziestu ludzi. To jedyny

New vocabulary review

1

- Could you tell me, is it Thursday or Friday?
- I think it's Thursday. I'm not sure.
- Do you know what time it is?
- I will check my phone. Exactly three o'clock.
- Thank you. By the way, is it cold outside?
- It is snowing and windy outside. But I hope that it will be warm soon.

2

- What is the fine for ticketless travel on the bus?
- The fine for ticketless travel on the bus is ten dollars.

3

- How many residents are there in this wooden two-story house?
- About thirty people live there. This is the only two-story house in this town.

dwupiętrowy budynek w mieście.

4

- Dlaczego ci ludzie się kłócą?
- To jest kierowca i pasażer. Kierowca chce dać pasażerowi grzywnę za podróżowanie bez biletu.
- Dlaczego pasażer na gapę nie zapłaci grzywny?
- Ponieważ jest skąpy.
- Gdzie jest policja?
- W tym małym mieście nie ma policji.

5

- Proszę Pana, mógłby mi Pan pomóc nałożyć krem do opalania?
- Gdzie?
- Tutaj i tu.
- Z przyjemnością. Czy tak jest dobrze?
- Tak, tak jest dobrze. Tylko że krem jest bardzo zimny. Oh! Proszę Pani, dlaczego Pani rzuca we mnie pizzą?
- Ponieważ to jest mój mąż! Kochanie, chodź tutaj!

6

- Co to jest za posąg?
- To jest posąg Lenina, przywódcy rewolucji komunistycznej w Rosji.
- Ale w Rosji już nie ma komunizmu.
- Ale to nie jest Rosja. To jest Kuba.

7

- Dlaczego się rozgniewałaś, kochanie?
- A dlaczego ty jej dotykałeś?
- Ja jej tylko pomogłem nałożyć krem do opalania.
- Tylko że nałożyłeś jej lody zamiast kremu!

8

- Dużo ludzi powiewało flagami na placu.
- Jakiego rodzaju flagami? Flagami Partii Komunistycznej czy Demokratycznej?
- Flagami klubu piłki nożnej.

9

- Kochanie, nie będziesz na mnie zła?
- Co się stało, mój drogi?
- Paliłem w samochodzie.
- Nie jestem zła, mój drogi.
- I dostałem mandat od policji za palenie

4

- *Why are these people fighting?*
- *This is a bus driver and a passenger. The driver wants to fine the passenger for ticketless travel.*
- *Why doesn't the stowaway pay the fine?*
- *Because he's greedy.*
- *Where is the police?*
- *There is no police in this small town .*

5

- *Mister, would you help me apply tanning lotion?*
- *Where?*
- *Here and here.*
- *With pleasure. Is this good?*
- *Yes, that's good. Only the lotion is very cold. Oh! Lady, why are you throwing pizza at me?*
- *Because it's my husband! Darling, come over here!*

6

- *What is this monument?*
- *This monument is for Lenin, the leader of the communist revolution in Russia.*
- *But there is no communism in Russia anymore.*
- *But this isn't Russia. This is Cuba.*

7

- *Why did you get angry, my dear?*
- *And why did you touch her?*
- *I just helped her apply sun-tanning lotion.*
- *But you applied ice cream instead of lotion!*

8

- *A lot of people were waving flags in the square.*
- *What kind of flags? The flags of the Communist or the Democratic party?*
- *The flags of a football club.*

9

- *Darling, you won't be angry with me?*
- *What's wrong, dear?*
- *I have been smoking in the car.*
- *I'm not angry, dear.*
- *And I was fined by the police for lighting a*

ogniska w mieście.
- Ile?
- Dwadzieścia pięć dolarów.
- To jest nonsens.
- Oczywiście, że to nonsens. I tak chciałaś kupić nowy samochód?

10

- Jaki jest twój język ojczysty?
- Mój ojczysty język to angielski.
- Które miasto to twoim miastem rodzinnym?
- Moim miastem rodzinnym jest Carlsbad.
- Carlsbad w Niemczech?
- Nie, Carlsbad, U.S.A.

11

- Boję się, kochany.
- Czemu się boisz, moja droga?
- Boję się myśleć, ile jedzenia zjadam każdego dnia.

12

- Skaczmy do rytmu!
- Skaczmy!
- Fajnie?
- Fajnie!
- Oh, łóżko się złamało!
- Nie martw się. To łóżko mojego taty i mojej mamy. Teraz chodźmy na łóżko mojego brata!

13

- Kto przemawia na platformie?
- To jest żona prezydenta.
- A gdzie jest prezydent?
- On też jest na platformie. Stoi obok swojej żony. Widzisz tego małego człowieka?
- Czy prezydent też będzie przemawiać?
- Oczywiście. Jeśli dosięgnie mikrofonu.

14

- Gdy piję tę herbatę, czuję taką energię na języku!
- To dlatego, że przez pomyłkę dolałam coca-coli zamiast wody do tego dzbanka na herbatę. Przepraszam.

15

- Proszę Pani, proszę dać mi szansę, abym mógł Panią lepiej poznać.
- Dobrze, dam Panu tylko jedną szansę. Tylko proszę jej później nie odrzucić, dobrze?

---

camp-fire in the city.
- How much?
- Twenty-five dollars.
- This is nonsense.
- Of course it's nonsense, dear. You wanted to buy a new car anyway.

10

- What is your native language?
- My native language is English.
- What is your hometown?
- My hometown is Carlsbad.
- Carlsbad in Germany?
- No, Carlsbad, U.S.A.

11

- I'm afraid, dear.
- Why are you afraid, my dear?
- I'm afraid to think of how much food I eat every day.

12

- Let's bounce to the beat!
- Let's!
- Cool?
- Cool!
- Oh, the bed broke!
- Don't worry. This is my dad and mom's bed. Now let's go to my brother's bed!

13

- Who is speaking on the platform?
- This is the president's wife.
- Where's the president?
- He is also on the platform. He is standing next to his wife. Do you see that little guy?
- Will the president himself be speaking?
- Of course. If he can get to the microphone.

14

- When I drink this tea, I feel such energy on my tongue!
- That's because I poured Coca-Cola instead of water into the teapot by mistake. I'm sorry.

15

- Miss, give me a chance to get to know you.
- Okay, I'll give you only one chance. Just don't refuse it later, okay?
- Now I'm not sure.

- Teraz nie jestem pewny.
- Nie mów 'nie' miłości, mój drogi.
- Pomocy!

- *Don't say no to love, my dear.*
- *Help!*

22

Życie nie przebacza błędów
Life doesn't forgive mistakes

A

Słówka
Words

1. absolutnie - absolutely
2. bandyta - gunman
3. bezrobotny - unemployed
4. biedny - poor
5. bomba - bomb
6. całować, pocałować - kiss
7. ceremonialnie - ceremoniously
8. ciągnąć, pociągnąć - pull
9. cienki - thin
10. czysto - cleanly
11. decydujący - decisive
12. dobrze/schludnie uczesany - well-groomed
13. Europa - Europe
14. gestykulował - gestured
15. gwarantować - guarantee
16. helikopter - helicopter
17. hitoria - history
18. kiedykolwiek, nigdy - ever
19. komenda główna - headquarter
20. komisja - commission
21. krzyczeć, krzyknąć - scream

22. lśniący, błyszczący - shining
23. malutki - tiny
24. miękko - softly
25. nadzorować - oversee
26. namiętnie - passionately
27. namiętny - passionate
28. naród - nation
29. narodowy - national
30. obiednica - promise
31. obudził się – woke up
32. obywatel - citizen
33. ochroniarz - bodyguard
34. odmówił - refused
35. ognisko - bonfire
36. ogolony - shaved
37. okrążył - circled
38. opuścić - abandon
39. otoczył - surrounded
40. otrzymać - receive
41. para - pair
42. poddenerwowany, przejęty - agitated
43. podpisać - sign

44. poinformował - informed
45. południe - south
46. port - port
47. powaga, znaczenie - importance
48. przekazał - handed
49. przerażający - frightening
50. przez, poprzez - through
51. przyszłość - future
52. punkt - dot
53. ręka, dłoń - hand
54. reżim - regime
55. rozciągać - stretch
56. rozpoznać - recognize
57. ściskać - clutch
58. słup - pillar
59. super gwiazda - superstar
60. symbol - symbol
61. szeroki, rozległy - vast
62. szybki - fast
63. szybko - rapidly
64. tchórz - coward
65. tradycyjny - traditional

66. tragedia - disaster
67. unia - union
68. uratować - save
69. uzbrojony - armed
70. w ciągu - within
71. w końcu - finally
72. wioska - village
73. wolność - freedom
74. wybory - elections
75. wydma - dune
76. wypełniać, wypełnić - fulfill
77. wypłata, pensja - salary
78. wyszeptał - whispered
79. zablokował - blocked
80. zapalił - lit
81. zarost - stubble
82. zbliżać się, przybliżać się - approach
83. zbombardował - bombed
84. zimno, chłód - coldness
85. został, stał - stayed
86. związek - connection

 # B

Życie nie przebacza błędów

Paul Rost wszedł do budynku. Mężczyzna z karabinem maszynowym zablokował mu drogę, ale Lisa Pandora zobaczyła go. Powiedziała coś do jednego z ludzi, a on rozkazał bandycie, aby wpuścił Rosta. Rost podszedł do pokoju, do którego weszła Lisa Pandora. Drzwi się lekko otworzyły i Rost zobaczył, że Pandora przekazywała jakieś pieniądze i podpisywała jakieś papiery. Zobaczyła Paula i uśmiechnęła się newrowo: „Paul, zaczekaj na mnie w holu," powiedziała. Ludzie, którzy byli z nią, spojrzeli na Paula, a on poczuł przerażający chłód w ich oczach. Wieczorem, ludzie na placu zapalili ogniska. Siadali wokół ognisk, podczas gdy na platformie ludzie przemawiali jeden za drugim. Wszyscy mówili o Peterze Ashurze, jako

Life doesn't forgive mistakes

Paul Rost entered the building. A man with a machine gun blocked his way, but Lisa Pandora saw him. She said something to one of the people, and he commanded the gunman to let Rost in. Rost came up to the room that Lisa Pandora had entered. The door opened slightly, and Rost saw that Pandora was handing over the money and signing some papers. She saw Paul and smiled nervously: "Paul, wait for me in the hallway," she said. The people with her looked at Rost and he felt the frightening coldness in their eyes.
In the evening, the people in the square lit bonfires. They sat around the fires while on the platform people spoke one after another. They all spoke about Peter Ashur as the leader of their new country. They said that

przywódcy ich nowego kraju. Mówili, że będą darmowe szkoły i szpitale, że pensje będą tak dobre jak w Europie i że biedni i bezrobotni ludzie będą otrzymywać pieniądze od państwa. Rost stał na brzegu placu, kiedy Lisa podeszła do niego od tyłu i go objęła.

„Paul," szepnęła miękko, „Jesteśmy na Saharze, ale mnie jest zimno. Wejdźmy do domu. Przygotowałam dla Ciebie łóżko," poszli do małego domku na skraju miasta, „Czy wiesz, że dookoła nas nie ma żadnego miasta ani wioski w promieniu dwustu kilometrów? A na południe Sahara rozciąga się przez tysiąc pięćset kilometrów. A dookoła nie ma nic poza wydmami piaskowymi. I nie ma w ogóle wody. Daj mi trochę wody," powiedziała. Paul Rost rozejrzał się dookoła za butelką wody, ale Lisa chwyciła jego twarz w swoje dłonie i odwróciła w swoją stronę, „Nie, nie patrz. Daj mi się napić, Paul." Chciał się znowu rozejrzeć, ale mu nie pozwoliła, „Nie, nie patrz. Daj mi się napić, daj mi..." wyszeptała namiętnie. Pocałował ją i ona również dała mu namiętny pocałunek. Księżyc i ogniska oświetlały miasto, które było jak mały punkt pośród szerokiego oceanu z piasku. Rankiem Lisa dotknęła dłońmi twarzy Paula i obudziła go.

„Cześć," wyszeptała.

„Cześć," wyszeptał do niej. Pokazała mu mały pierścionek. Potem pocałowała jego rękę i założyła pierścionek na jego palec.

„Co to jest?" zapytał zaskoczony.

„To symbol tego, co jest teraz między nami. Nigdy go nie zdejmuj, dobrze?" wyszeptała.

„Dobrze," wyszeptał. W tym momencie usłyszeli strzały i krzyki. John Vega wszedł do pokoju z karabinem maszynowym, „Pani Premier, twój minister chce dostać swoją wypłatę," John Vega był nie do poznania. Był bardzo szczupły. Jego oczy były szeroko otwarte, jak u szaleńca, „Twój minister chcę cię również zwolnić, Liso Pandoro! Ponieważ nie wywiązałaś się z obietnic!" krzyczał nadal. John Vega wycelował swój pistolet w Pandorę,

there would be free schools and hospitals, that salaries will be as good as in Europe, and that poor and unemployed people will receive money from the state.

Rost was standing at the edge of the square when Lisa came up behind him and hugged him.

"Pa-ul," she whispered softly, "We're in the Sahara, but I'm cold. Let us go into the house. I prepared a bed for you," they went to a small house on the edge of town, "Do you know that all around us there are no cities and no villages within two hundred kilometers? And to the south the Sahara stretches for fifteen hundred kilometers. And all around there is nothing but sand dunes. And there's no water at all. Give me some water," she said. Paul Rost looked around for the water bottle, but Lisa took his face in her hands and turned it toward her, "No, don't look. Give me a drink, Paul." He wanted to look around again, but she didn't let him, "No, do not look. Give me a drink, give me... " she whispered passionately. He kissed her, and she also gave him a passionate kiss. The moon and the bonfires lit the town, which was like a tiny dot in the vast ocean of sand.

In the morning Lisa touched Paul's face with her hand and woke him up.

"Hi," she whispered.

"Hi," he whispered back. She showed him a small ring. Then she kissed his hand, and put the ring on his finger.

"What is that?" he asked in surprise.

"It is a symbol of what is now between us. Don't ever take it off, okay?" she whispered.

"Okay," he whispered. At this moment, there were shouts and shots. John Vega entered the room with a machine gun, "Madam Prime Minister, your minister wants to get his salary," John Vega was difficult to recognize. He was very thin. His eyes were wide open like a madman's, "Your minister also wants to fire you, Lisa Pandora! Because you do not fulfill your promises!" he continued to shout.

ale zatrzymały go dwa strzały i upadł. Za nim stał mężczyzna z grupy Lisy Pandory. „Dziękuję, Said," powiedziała Pandora i wyszła z łóżka, „Dziś jest decydujący dzień, Paul. Nie zostawiaj mnie, dobrze?" powiedziała.

Ashur wszedł do pokoju, a razem z nim weszło czterech ludzi z karabinami i stanęli w drzwiach. Rost uświadomił sobie, że byli to ochroniarze Ashura.

„Dzisiaj odwiedzi nas Komisja Unii Europejskiej," powiedział Ashur, „Pani Pandoro, Pani, jako premier, musi pokazać Komicji, że gwarantujemy całej naszej nowej ojczyźnie całkowicie demokratyczne wybory." Peter Ashur wręczył Pandorze ceremonialnie jakieś dokumenty. Rost był zaskoczony faktem, że Ashur zachowywał się jak prawdziwy prezydent. Był dobrze uczesany i starannie ogolony. Nosił tradycyjny lokalny strój. Rost dotknął swojgo zarostu i spojrzał na brudne ubrania. Ashur podszedł do Rosta.

„Nadszedł najważniejszy dzień, Panie Rost. Dzisiaj rozpoczynamy historię nowego demokratycznego kraju," Ashur podniósł ręce, aby pokazać powagę momentu i opuścił pokój. Jego ochroniarze i Lisa podążyli za nim. Ojciec Petera Ashura został w pokoju. Rzucił się do stóp Petera Rosta i krzyknął: „Paul, uratuj mojego syna! On wpadnie w duże kłopoty! Ty jesteś jedyną osobą tutaj, która nie oszalała na punkcie pieniędzy!"

„Ale co ja teraz mogę zrobić?" usprawiedliwiał się Paul, podciągając mężczyznę, aby stanął na własne nogi, „Nasi ludzie powinni mnie stąd zabrać i on też mógłby pojechać. Ale czy pojedzie?"

„Aresztuj go, Paul!" krzyczał stary człowiek i pokazał Rostowi kajdanki, „Tu są kajdanki!"

„To będzie bardzo trudne teraz, kiedy otoczony jest tyloma uzbrojonymi osobami," powiedział Paul wyglądając przez okno.

„Oh, co za nieszczęście, co za nieszczęście..." powtarzał stary człowiek, ściskając głowę rękami.

John Vega pointed his gun at Pandora, but two shots stopped him and he fell down. Behind him stood a man from Lisa Pandora's team.

"Thank you, Said," Pandora said, and got out of bed, "Today is a decisive day, Paul. Do not leave me, okay?" she said.

Ashur entered the room, and along with him entered four more people with guns and stood by the door. Rost realized that they were Ashur's bodyguards.

"Today, the European Union Commission will visit us," Ashur said, "Madam Pandora, you, as the future prime minister, have to show the commission that we guarantee absolutely democratic elections throughout our young nation." Peter Ashur ceremoniously handed Pandora some documents. Rost was surprised by the fact that Ashur acted like a real president. He was well-groomed and cleanly shaved. He wore the traditional national dress of the local people. Rost touched his stubble and looked at his dirty clothes. Ashur went up to Rost.

"The most important day has arrived, Mr. Rost. Today we begin the history of a new democratic state," Ashur raised his hands to show the importance of the moment and left the room. His bodyguards and Lisa followed him out. Peter Ashur's father stayed in the room. He threw himself at Paul Rost's feet and shouted: "Paul, save my son! He is going to get into big trouble! You are the only one here who hasn't gone mad for money!"

"But what can I do now?" Paul justified himself, pulling the old man to his feet, "Our people are supposed to get me out of here, and he could go too. But will he want to go?"

"Arrest him, Paul!" the old man cried, and showed Rost a pair of handcuffs, "Here are the handcuffs!"

"That's very hard to do now, when he's surrounded by so many armed men," Paul said, looking out the window.

"Oh, what a disaster, what a disaster..." the

Na placu było jeszcze więcej ludzi. Wszyscy krzyczeli i byli bardzo podekscytowani.

„W nocy zbombardowali morskie porty!" Ashur krzyczał z platformy, „Stary reżim nie chce nam dać wolności! Dziś odwiedzi nas Komisja Unii Europejskiej; będzie nadzorować wybory demokratyczne w naszym nowym kraju!"

Nad miastem znów przeleciał samolot i w tym momencie telefon Rosta zadzwonił w kieszeni.

„Tak," powiedział Rost.

„Paul,przebywanie tam jest teraz niebezpieczne! Nasza komenda główna została powiadomiona, że to miasto zostanie wkrótce zbombardowane! Nasi mężczyźni zabiorą Cię helikopterem lada chwila," Andrew krzyczał przez odbiornik, „Bądź gotowy do biegu!"

„Co stanie się z tymi wszystkimi ludźmi?" zapytał Paul, patrząc na kobiety i dzieci w tłumie.

„Nie wiem, Paul! Nikt tego nie wie!" odpowiedział Andrew.

W tym momencie łączność została zerwana, a Paul zobaczył kilka punktów na niebie, po prawej stronie. Szybko zbliżały się do miasta. W tym momencie wyleciał zza wydm helikopter z niebieską flagą z boku i wylądował obok placu. Nikt z niego nie wysiadł i nikt nie wsiadł. Rost podbiegł do helikoptera i otworzył drzwi. W helikopterze siedziało dwóch uzbrojonych mężczyzn.

„Paul Rost?" zapytał jeden z nich. „Proszę wsiadać, szybko! Mamy tylko jedną minutę! Za chwilę zaczną bombardować to miejsce!"

„Muszę wziąć ze sobą więcej osób!" krzyczał Paul.

„Tylko Pan! Szybko!" upierali się ludzie w helikopterze.

„Oni są wszyscy z naszego kraju! Nie możecie zostawić tu teraz naszych obywateli! Zrobię to szybko!" krzyknął Paul i pobiegł na plac w stronę platformy. Lisa Pansora i Peter Ashur odmówili lotu.

„Nie jesteśmy tchórzami! Będziemy walczyć!" protestował Ashur z platformy.

old man repeated, clutching his head in his hands.

In the square there were even more people. All of them were screaming and were very agitated.

"At night, they bombed the sea ports!" Ashur shouted from the platform, "The old regime doesn't want to give us freedom! Today the European Union Commission will visit us; it will oversee the democratic elections in our new country!"

An airplane flew over the town again and at that moment Rost's phone rang in his pocket.

"Yes," Rost said.

"Paul, it is dangerous to be there now! Our headquarters have been informed that the city will soon be bombed! Our guys will take you away in a helicopter any moment now," Andrew shouted through the receiver, "Be ready to run away at once!"

"What will happen to all these people?" Paul asked, looking at the women and children in the crowd.

"I don't know, Paul! No one knows!" Andrew replied.

At that moment the connection was lost and Paul saw a few dots in the sky to the right. They were rapidly approaching the city. At that moment, a helicopter with a blue flag on the side flew from behind the dunes and landed near the square. Nobody comes out of it and no one went in. Rost ran to the helicopter and opened the door. Two armed men were sitting in the helicopter.

"Paul Rost?" One of them asked, "Get in quickly! We have only one minute! They will start bombing this place right now!"

"I need to take more people with me!" Paul cried.

"It's only you! Quickly!" The people in the helicopter insisted.

"They are all from our country! You can't leave our citizens here now! It will be fast!" Paul shouted and ran to the square toward the platform. Lisa Pandora and Peter Ashur

„Niech Pan wsiada do helikoptera, szybko!" krzyczał Paul do ojca Ashura.

„Nie opuszczę go! On jest moim synem! Muszę umrzeć razem z nim," odpowiedział stary człowiek.

Pandora spojrzała na punkty na niebie. Teraz były blisko i widać było, że były to wielkie samoloty wojskowe.

„Paul!" krzyknęła, podbiegła do niego i chwyciła go za rękę. Razem podbiegli do helikoptera i wsiedli do niego. Helikopter wzleciał i zatoczył koło nad miastem. Pierwsze bomby zaczęły spadać na miasto. Gdy helikopter leciał nad placem, Rost zobaczył Ashura stojącego na platformie i krzyczącego coś do ludzi na placu. Pierwsze bomby spadły na plac, a ludzie zaczęli biec w różnych kierunkach. Ale on nie uciekł. To był jego moment blasku. Ashur podniósł ręcę ponad głowę i gestykulował z pasją. Był super gwiazdą! Jego sen wreszcie się spełnił! Był gotowy umrzeć, ale nie chciał oddać swojego marzenia o walce. To była ostatnia rzecz, jaką Rost widział z helikoptera.

Miasto zniknęło w dymie z wybuchu. Wkrótce tylko słup dymu na horyzoncie wskazywał miejsce , gdzie znajdowało się miasto.

refused to fly.

"We are not cowards! We will fight!" Ashur protested from the platform.

"Get in the helicopter quickly!" Paul shouted to Ashur's father.

"I won't abandon him! He's my son! I must die with him," the old man replied.

Pandora looked at the dots in the sky. Now they were close and one could see that they were large military airplanes.

"Paul!" She shouted, ran to him, and grabbed his arm. Together, they ran to the helicopter and got in. The helicopter rose and circled over the city. The first bombs began to fall on the city. As the helicopter flew over the square, Rost saw that Ashur was standing on the platform and shouting something to people in the square. The first bombs fell on the square and people ran in different directions. But he did not leave. It was his shining moment. Ashur raised his hands above his head and gestured passionately. He was a superstar! His dream finally came true! He was ready to die, but did not want to give up his dream without a fight. It was the last thing Rost saw from the helicopter. The town disappeared in the smoke of the explosions. And soon only a pillar of smoke on the horizon pointed to the place where the town was.

C

Przegląd nowego słownictwa
1

- Mógłbyś mi powiedzieć, czy dzisiaj jest jeszcze styczeń, czy już jest luty?
- Myślę, że dzisiaj jest jeszcze styczeń. Nie jestem pewny.
- Mógłbyś mi powiedzieć, która jest godzina?
- Pozwól, że spojrzę na mój telefon. Jest dokładnie piąta.
- Dziękuję. Przy okazji, czy na zewnątrz nie pada deszcz?

New vocabulary review
1

- Could you tell me, is today still January or is it February already?
- I think that today is still January. I'm not sure.
- Could you tell me, what time is it?
- Let me look at my phone. Exactly five o'clock.
- Thank you. By the way, isn't it raining outside?
- It isn't raining but snowing outside and it's

- Nie zewnątrz nie pada deszcz, ale pada śnieg i jest bardzo zimno.

2

- W tym kraju jest dużo biednych i bezrobotnych ludzi.
- Czy ludzie bezrobotni dostają pomoc finansową od państwa?
- Tak, państwo wspomaga biednych ludzi dając im pieniądze. Ale płacą bardzo mało.
- Czy państwo daje im darmowe jedzenie i ubrania?
- Tak, dają trochę niepełnosprawnym i rodzinom wielodzietnym.

3

- Gdzie pracuje twój przyszły mąż?
- Mój przyszły mąż pracuje w więzieniu dla kobiet, mamo. A wcześniej pracował jako menadżer banku.
- Dlaczego zmienił pracę i poszedł do więzienia, szczególnie do więzienia dla kobiet?
- Ukradł pieniądze z banku, a jego była żona powiedziała, że to ona zrobiła. I wsadzili ją do więzienia. Teraz widzi ją prawie każdego dnia.
- I ten fakt Cię w ogóle nie obchodzi?
- Nie. Po pierwsze, ponieważ wydaję pieniądze, za które ona siedzi. A po drugie, za niedługo ukradniemy dużo jedzenia z więzienia.
- Obawiam się, że jego następna żona będzie jadła jedzenie, które ty planujesz ukraść.

4

- Tato, co jest lepsze, helikopter czy samolot?
- Nie da się ich porównać synu.
- Dlacego nie?
- Helikopter lata w pionie. Jest jak winda. Samolot lata w poziomie. Można go porównać do wielbłąda.
- W takim razie, co łatwiej pilotować, samolot czy wielbłąda, tato?

5

- Jeśli zostanę prezydentem, gwarantuję pokój i pracę dla wszystkich obywateli naszego kraju.

very cold.

2

- In this country, there are many poor and unemployed people.
- Do unemployed people receive financial support from the state?
- Yes, the state supports poor people by giving them money. But they pay a very small amount.
- Does the state give them free food and clothing?
- Yes, it gives a little to the disabled and families with many small children.

3

- Where does your future husband work?
- My future husband works in a women's prison, mom. And earlier he worked as a manager at a bank.
- Why did he changed jobs and went to prison, particularly a women's prison?
- He stole money from the bank, and his ex-wife said that she had done it. And they put her in jail. Now he sees her almost every day.
- And this fact doesn't bother you?
- No. First, because I am spending the money for which she is doing time. And, secondly, because we will soon steal a lot of food from the prison.
- I am afraid that his next wife will be eating the food that you're planning to steal.

4

- Dad, what better a helicopter or plane?
- They cannot be compared, son.
- Why not?
- The helicopter flies vertically. It is like an elevator. A plane flies horizontally. It can be compared to a camel.
- Then, what is easier to steer, an airplane or a camel, dad?

5

- If I become president, I guarantee that there will be freedom and work for all the citizens of our country.
- And if you don't become president?
- Then I guarantee that all the citizens of our

- A jeśli nie zostaniesz prezydentem?
- Wtedy gwarantuję, że wszyscy obywatele naszego kraju będą w więzieniu i pod dyktaturą wojskową!
- To straszne. I znów nic się nie zmieni.

6

- Turcja jest w Europie czy w Azji?
- Geograficznie Turcja jest w Azji, nie w Europie. Ale politycznie Turcja mogłaby wejść do Unii Europejskiej.
- To znaczy, że Turcja stanie się Europejska?
- Tak, to brzmi niewiarygodnie. Ale może się wydarzyć.

7

- Gdzie są wyższe wypłaty, w Europie czy w Azji?
- Nie można tego tak porównywać. W różnych krajach są różne wypłaty, dla różnych zawodów.

8

-Witam. Gdzie jest wasz menadżer?
- To ja.
- Miło Pana spotkać. Jak się Pan ma?
- Wspaniale! Jak mogę Panu pomóc?
- Jestem z komisji prowadzącej inspekcję.
- Jestem chory!
- Słucham? Jest Pan chory?
- Tak. Dzwońcie po lekarza! Muszę jechać do szpitala!

9

- Panie Prezydencie, ludzie chcą znać historię ich kraju.
- Nie ma problemu. Daj im historię ich kraju.
- Ale którą wersję hisorii powinienem im dać, tę, którą mieliśmy przed wyborami prezydenckimi, czy tę, którą mieliśmy po nich?
- Tę, w której jestem super gwiazdą i symbolem naszego kraju!

10

- Panie Prezydencie. Obywatele są poddenerwowani. Nie ma pracy, ani jedzenia!
- W takim razie idź przemów w radiu. Daj obywatelom tradycyjną nadzieję i tradycyjne zapewnienia! Jesteś premierem. Musisz

country will be in prison and under a militar dictatorship!
- That's too bad. Again, nothing will change.

6

- Is Turkey in Europe or in Asia?
- Geographically Turkey is in Asia, not Europe. But politically Turkey could enter the European Union.
- It means the Turks will become Europeans?
- Yes, it sounds incredible. But it might happen.

7

- Where are the salaries higher, in Europe or Asia?
- You can't compare it like that. In different countries there are different salaries for different professions.

8

- Hello. Where is your manager?
- It's me.
- Nice to meet you. How are you?
- Excellent! How may I help you?
- I'm with the commission for bank inspection.
- I'm sick!
- What? Are you ill?
- Yes. Call a doctor! I need a hospital!

9

- Mr. President, the people want to know the history of their country.
- No problem. Give them the history of our country.
- But what version of the history should I give, the one we had before the presidential election, or the one we had after them?
- The version in which I am a superstar and the symbol of our state!

10

- Mr President, the citizens are agitated. There is no work and no food!
- Then speak on the radio. Give the citizens traditional hope and traditional guarantees! You are the prime minister. You have to know how to make promises!
- But the people don't want promises. They want reforms. Fifteen hundred people are

wiedzieć jak składać obietnice!

- Ale ludzie nie chcą obietnic. Chcą reform. Na placu stoi tysiąc pięćset ludzi.

- W takim razie aresztuj ich! I nie zawracaj mi więcej głowy tym nonsensem!

11

- Panie Prezydencie! Nasi obywatele idą tutaj!

- Dobrze, porozmawiam z nimi. Jestem dobrze uczesany i ogolony?

- Ale oni są uzbrojeni!

- W takim razie zawołaj moich ochroniarzy! Gdzie są ministrowie?

- Twoi ochroniarze uciekli razem z ministrami!

- Tchórze! W takim razie czas, abym ja też uciekł. Gdzie jest mój helikopter?

- Tłum na placu podłożył ogień pod helikopter!

- Kiedy tłum wejdzie, powiedz im, że jestem kucharzem. Dobrze, Panie Premierze?

- Tak jest, Panie Prezydencie.

12

- Panie Premierze, spójrz na globus, granica jest na północy czy na południu?

- Jedną chwilę, Panie Prezydencie.

- Szybciej! Tłum nas dogania.

- Globus pokazuje tylko nasz kraj. Nie ma na nim granic, Panie Prezydencie.

- Masz globus całego świata?

- Nie, to jest Globus narodowy naszego kraju. To Pana osobisty wynalazek, Panie Prezydencie.

standing in the square.

- *Then arrest them! And don't bother me with such nonsense anymore!*

11

- *Mr. President, our citizens are coming here!*

- *Okay, I'll talk to them. Am I well-groomed and shaved?*

- *But they are armed!*

- *Then call my bodyguards! Where are the ministers?*

- *Your bodyguards ran away together with the ministers!*

- *Cowards! Then it's time for me to run away too. Where's my helicopter?*

- *The crowd in the square set the helicopter on fire!*

- *When the crowd comes in, tell them I'm a cook. Okay, Prime Minister?*

- *Yes, sir, Mr. President.*

12

- *Prime Minister, look at the globe, is the border in the north or the south?*

- *One moment, Mr. President.*

- *Faster! The crowd is catching up with us.*

- *The globe only shows our country. There is no border, Mr. President.*

- *Do you have the globe of the world?*

- *No, it is our country's national Globe. It's your personal invention, Mr. President.*

23

Zbrodnia i kara
Crime and punishment

A

Słówka
Words

1. albo...albo - either … or
2. broda - beard
3. być nagrodzonym, być odznaczonym - be awarded
4. cel - goal
5. chłodno - coldly
6. chłopiec - boy
7. czekolada - chocolate
8. delikatnie - gently
9. deszcz - rain
10. dziwnie - awkwardly
11. elektryczny - electric
12. głównie - mainly
13. gniewnie - angrily
14. klasyfikacja - classification
15. kraść, ukraść - steal
16. krzyknął - screamed
17. lody - ice cream
18. na próżno - in vain
19. na zawsze - forever
20. nie do opisania - indescribable
21. nieprzyjaźnie - unfriendly
22. nudny - boring
23. obronił - defended
24. osłonił - shielded
25. owoce - fruit
26. para - a couple of
27. pomysł - idea
28. popełnić - commit
29. powitał, przywitał - greeted
30. skończyć - finish
31. sprawiedliwość - fairness
32. uspokoił - soothed
33. wanilia - vanilla
34. według - according to
35. więzień - inmate, prisoner
36. wyjście - exit
37. wytarł - wiped
38. zapomnieć - forget

39. zawstydzić się, czuć wstyd - feel ashamed

40. zdumienie - amazement
41. zrelaksowany - relaxed

B

Zbrodnia i kara

Helikopter leciał nad Saharą. Rost i Pandora siedzieli w helikopterze w milczeniu. Potem położyła swoją dłoń na jego dłoni i uśmiechnęła się do niego. Lisa wyciągnęła spod siedzenia torbę, którą zabrała ze sobą do helikoptera i otworzyła ją. W torbie były pieniądze. Uśmiechnęła się i mrugnęła do Paula.

„A to mała niespodzianka dla mojego chłopca," powiedziała. Paul wyciągnął kajdanki z kieszeni. Pokazał Lisie kajdanki, uśmiechnął się i mrugnął do niej.

„Co to jest?" powiedziała Lisa zaskoczona.

„A to jest mała niespodzianka dla mojej dziewczynki. Posiedzisz w więzieniu kilka miesięcy, zrozumiesz swoje błędy i wyjdziesz jako zupełnie inna osoba," powiedział Paul i założył Lisie kajdanki.

„Co? Paulu Roście, ty łajdaku! Natychmiast je ściągnij!" krzyczała gniewnie Lisa Pandora.

„Nie przejmuj się. Przysięgam, że nie dadzą Ci więcej niż parę miesięcy," przysiągł Paul.

„Nie chcę iść do więzienia! Sam idź do więzienia! Łajdaku!" krzyczała gniewnie Lisa. Ale Paul tylko się zaśmiał.

„Nie martw się, będę Ci przynosił owocę i lody," uspokoił Pandorę.

„Nie chcę Cię więcej znać!" protestowała.

Minęło kilka tygodni. Paul Rost wrócił do pracy. Dostał medal. Lisa Pandora poszła do sądu. Paul bronił jej i dostała tylko cztery miesiące więzienia. Ale gdy przyszedł odwiedzić ją w więzieniu i przyniósł jej owocę i lody, lody wylądowały na jego głowie a owoce pofrunęły przez korytarz. Paul wyszedł z więzienia cały pokryty lodami i owocami. Ale nie był zły na Lisę, a tydzień później znów

Crime and punishment

The helicopter was flying over the Sahara. Rost and Pandora sat in the helicopter in silence. Then she put her hand on his and smiled at him. Lisa pulled out a bag which she took with her to the helicopter from under the seat and opened it. There was money inside the bag. She smiled and winked at Paul.

"It's a little surprise for my boy," she said. Paul took a pair of handcuffs out of his pocket. He showed Lisa the handcuffs, smiled and winked at her.

"What is it?" Lisa said in surprise.

"It's a little surprise for my girl. You will sit in jail for a few months, understand your mistakes and come out a different person," Paul said, and put the handcuffs on Lisa.

"What? Paul Rost, you're a scoundrel! Take them off immediately!" Lisa Pandora cried angrily.

"Don't worry. I promise that they'll give you no more than a couple of months," Paul promised.

"I don't want to go to jail! You go to jail! Scoundrel!" Lisa screamed angrily. But Paul just laughed.

"Don't worry, I'll bring you fruit and ice cream," he soothed Pandora.

"I don't want to know you anymore!" she protested.

A few weeks passed. Paul Rost returned to work. He was awarded a medal. Lisa Pandora was tried. Paul defended her, and she was given only four months in prison. But when he came to visit her in prison and brought her fruit and ice cream, the ice cream ended up on his head, and the fruit

przyniósł jej owoce i lody. Tym razem Lisa powitała go z uśmiechem.

„Jak się masz, Paulu Roście?" powiedziała, chwytając jego rękę. Paul się zrelaksował i uśmiechnął się do niej.

„Wszystko w porządku Liso. Tęskniłem za Tobą," powiedział, delikatnie trzymając jej dłoń w swoich dłoniach. Włożyła rękę do jego torby i lody znów wylądowały na jego głowie. Strażnik, który stał w pomieszczeniu, osłonił Paula swoim ciałem od wściekłej Lisy i owoce wylądowały na jego głowie. Strażnik upadł na ziemię, a Rost szybko wybiegł z pokoju. W miarę jak szedł korytarzem do drzwi więzienia, krzyki Lisy Pandory słychać było na cały korytarz. Strażnik i więzień, którego prowadził zatrzymali się i patrzyli w zdumieniu jak Paul zcierał lody z twarzy. Paul uśmiechnął się niezręcznie i powiedział do nich:

„Szalona kobieta. Zamiast lodów waniliowych, chciała czekoladowe."

W końcu przyszedł bez lodów i bez owoców. Lisa Pandora usiadła i popatrzyła na niego w milczeniu.

„Jeśli nie odmawiasz spotkań, mam nadzieję..."

próbował znaleźć odpowiednie słowa, „Liso, myślę, że zrobiłem słuszną rzecz. Chcę, żebyś zrozumiała...." Paul gestykulował w zdenerwowaniu, ale Lisa nic nie powiedziała, tylko się na niego gapiła.

„Nie odmawiam spotkań tylko dlatego, że siedzenie w celi jest nudne," powiedziała do niego zimno.

„Liso, rozumiem, dlaczego jesteś zła..." zaczął, ale mu przerwała.

„Paulu Roście, ty nie rozumiesz bardzo wielu rzeczy. Mówię do Ciebie, a Ty nic nie słyszysz, tak jak głuche dalmatyńczyki. Ty i ja mieszkamy w innych światach. Ty i ja mamy bardzo inne zainteresowania i cele," kontynuowała, „Dałam Ci szansę na rozpoczęcie nowego i ciekawego życia. Co zrobiłeś? Jak mi podziękowałeś, Paulu Roście? Wziąłeś wszystko to, co miałam i wsadziłeś

went flying down the hall. Paul left the prison all covered in ice cream and fruit. But he wasn't angry at Lisa, and a week later, he brought her fruit and ice cream again. This time, Lisa greeted him with a smile.

"How are you, Paul Rost?" she said, taking his hand. Paul relaxed and smiled at her.

"All is well, Lisa. I've missed you," he said, gently holding her hand with both his hands. She put her hand in his bag, and the ice cream ended up on his head again. The guard, who was standing in the room, shielded Paul from the angry Lisa with his body, and the fruit ended up on his head. The guard fell to the floor and Rost quickly ran out of room. As he walked down the hall to the prison door, Lisa Pandora's screams could be heard throughout the hall. A guard and a prisoner he was leading stopped and watched in amazement as Paul wiped ice cream off his face. Paul smiled awkwardly and said to them: "Crazy woman. Instead of vanilla ice cream, she wanted chocolate." Finally, he came without the ice cream and fruit. Lisa Pandora sat and looked at him in silence.

"If you do not refuse the meetings, I hope ..." he was trying to find the right words, "Lisa, I think that I did the right thing. I want you to understand..." Paul gestured in agitation, but Lisa said nothing and just stared at him.

"I don't refuse the meetings only because it's boring to sit in a cell," she said to him coldly.

"Lisa, I understand why you are angry..." he began, but she interrupted him.

"Paul Rost, you don't understand many things. I tell you, but you don't hear anything, just like a deaf Dalmatian. You and I live in different worlds. You and I have very different interests and goals," she continued, "I gave you a chance to start a new and interesting life. What did you do? How did you thank me, Paul Rost? You took everything I had, and put me in jail. Why do you come to see me now? I don't need you.

mnie do więzienia. Dlaczego teraz przychodzisz, żeby mnie zobaczyć? Nie potrzebuję Cię. Zapomnij o mnie na zawsze i nigdy więcej tu nie przychodź!" Pandora dokończyła, wstała i wyszła. Paul nagle poczuł się zawstydzony. Nie mógł zrozumieć, dlaczego czuł się zawstydzony i przed kim. W końcu nie zrobił nic złego. Zrobił wszystko prawidłowo! Paul dotknął dłońmi swojej czerwonej twarzy. Rozejrzał się dookoła pokoju. Kilku strażników i kilku więźniów, którzy również mieli spotkania, przestali rozmawiać i spojrzeli na niego. Potem wszyscy zajęli się swoimi sprawami, a Paul Rost powoli wstał i poszedł w stronę wyjścia.

Minęły kolejne dwa miesiące. Paul nigdy już nie wrócił do więzienia. Głównie siedział w domu i nic nie robił. W końcu nadszedł dzień, kiedy Lisa Pandora wyszła z więzienia. Paul Rost podjechał pod drzwi więzienia swoim własnym samochodem i się zatrzymał. Padał deszcz. Na ulicy nie był żadnych ludzi. Tylko jeden jeszcze samochód stał niedaleko więziennych drzwi. Z samochodu wyszedł mężczyzna i spojrzał się w kierunku Paula. Stał w deszczu i patrzył się na samochód Paula. Rost przypatrywał się mężczyźnie. Mężczyzna miał brodę i długie włosy. Zapalił papierosa i zdjął okulary. To był Ashur! Rost wyszedł z samochodu. Stali oboje w deszczu i patrzyli się na siebie. W tym momencie drzwi się otworzyły i Lisa Pandora wyszła na zewnątrz. Zobaczyła Rosta i Ashura. Lisa szła i zatrzymała się w połowie drogi pomiędzy nimi. Potem zapaliła papierosa i popatrzyła uważnie najpierw na Rosta, potem na Ashura. Wyrzuciła papierosa i poszła w stronę Rosta. Lisa podeszła do Rosta i stanęła.
„Cześć," powiedział Rost. Nie uśmiechnął się do niej i spojrzał na nią z powagą.
„Przyszedłeś na próżno. Straciłeś szansę, którą Ci dałam," powiedziała Lisa, uśmiechnęła się i poszła do samochodu Ashura. Ashur otworzył dla niej drzwi i zamknął, gdy była już w

Forget about me forever, and never come here again!" Pandora finished, got up and left. Paul suddenly felt ashamed. He couldn't understand why he felt ashamed and in front of whom. After all, he didn't do anything wrong. He did all the right things! Paul touched his red face with his hand. He looked around the room. Some security guards and several inmates, who also had meetings, stopped talking and looked at him. Then they all went on with their business, and Paul Rost slowly stood up and walked toward the exit.

Another two months went by. Paul never went back to the prison. He mainly stayed at home and did nothing. Finally the day came when Lisa Pandora got out of prison. Paul Rost drove up to the prison doors in his own car and stopped. It was raining. The street was empty of people. Only one more car stood not far from the prison door. A man got out of the car and looked in Rost's direction. He stood in the rain and looked at Paul Rost's car. Rost looked closely at the man. The man had a beard and long hair. He lit a cigarette and took off his glasses. This was Ashur! Rost got out of the car. They both stood in the rain and looked at each other. At that moment the door opened and Lisa Pandora walked outside. She saw Rost and Ashur. Lisa walked and then stopped right in the middle between them. Then she lit a cigarette and looked carefully first at Rost, then at Ashur. She threw down the cigarette and walked toward Rost. Lisa went up to Rost and stopped.
"Hi," Rost said. He didn't smiled at her and looked at her very seriously.
"You came in vain. You missed the chance I gave you," Lisa said, smiled and walked to Ashur's car. Ashur opened the car door for her, and closed it when she was inside. The car began to move, but Paul pulled out a gun and went out to the middle of the road. He pointed the gun at Ashur. Ashur stopped the car.

145

środku. Samochód zaczął ruszać, ale Paul wyciągnął pistolet i wyszedł na środek ulicy. Wycelował pistolet w Ashura. Ashur zatrzymał samochód.

„O co chodzi? Chcesz mnie aresztować za kradzież mebli z twojego domu?" Ashur założył okulary i kontynuował, „Zgodnie z twoją klasyfikacją sprawiedliwości, powinienem albo iść na krzesło elektryczne, albo spędzić moje życie na przelewaniu wody z Morza Śródziemnego na piaski Sahary. Ale w tym kraju nie popełniłem żadnego przestępstwa. Za cztery meble daliby mi nie więcej niż rok więzienia. A to nie jest to, czego chcesz, prawda?" Ashur uśmiechnął się i spojrzał na Pandorę, „Czy wiesz, jak śmierdzą jego meble? To jest nie do opisania," dodał.

Paul Rost opuścił broń i odszedł ulicą.

„Nie bądź smutny Paul! Nasz przyjaciel może do Ciebie przyjść i wtedy twoje życie już nie będzie smutne," krzyknął Ashur przez okno jadącego samochodu i pomachał mu w nieprzyjazny sposób.

"What the matter? Do you want to arrest me for stealing furniture out of your house?" Ashur put on his glasses and continued, *"According to your classification of fairness, I should either go to the electric chair or spend my life pouring water from the Mediterranean Sea on the sand of the Sahara desert. But in this country, I haven't committed any serious crime. For your furniture, they will give me no more than a year in prison. And this isn't what you want, right?"* Ashur smiled and looked at Pandora, *"Do you know what his furniture smells like? It's indescribable,"* he added.

Paul Rost lowered the gun and walked off the road.

"Don't be sad, Paul! Our friend might come to you and then your life won't be sad anymore," Ashur shouted from the window of the moving car waved to him in an unfriendly way.

C

Przegląd nowego słownictwa

1

- Mógłbyś mi powiedzieć, czy dzisiaj jest jeszcze luty czy już jest marzec?
- Dziś jest dwudziesty ósmy Lutego. Jutro będzie pierwszy Marca.
- Możesz mi powiedzieć, która jest godzina?
- Pozwól, że spojrzę na mój telefon. Jest szósta trzydzieści.
- Dziękuję. Przy okazji, czy na zewnątrz pada śnieg?
- Prawdopodobnie śnieg padał przez całą noc. Teraz nie pada, ale jest bardzo zimno.

2

- Gdy wychodzę z moim psem, on broni mnie przed huliganami.
- Czy twój pies jest duży?
- Jest wielki i groźny. Prawdziwy zabójca!

New vocabulary review

1

- *Could you tell me, is today still February or is it March already?*
- *Today is the twenty-eighth of February. Tomorrow is March first.*
- *Could you tell me, what time is it?*
- *Let me look at my phone. It is six thirty.*
- *Thank you. By the way, is it snowing outside?*
- *It probably snowed all night. It isn't snowing now, but it's very cold.*

2

- *When I walk with my dog, it protects me from hooligans.*
- *Is your dog big?*
- *It's very large and angry. A real killer!*
- *And, at home, does it behave calmly?*

- A w domu zachowuje się spokojnie?
- Jest w porządku. W domu, bronię przed nim lodówkę i kota.

3

- Ma Pan lody na brodzie, Panie Prezydencie.
- To są lody waniliowe, moje ulubione.
- Czy mam wytrzeć Panu brodę?
- Nie! Teraz nikt mnie nie rozpozna.
- Doskonałe, Panie Prezydencie!

4

- Cześć dziewczynko, jak się nazywa twój pies?
- Ma na imię Barona.
- Jaki duży pies.
- Proszę Pana, mój pies chce biec do Pana!
- Trzymaj ją!
- Barona, chodź tutaj!
- Trzymaj ją, dziewczynko!
- Nie mogę jej powstrzymać!
- Pomocy!

5

- Mogę Ci zadać jedno pytanie?
- Tylko jedno? No cóż, pytaj.
- Czy wiesz, jak zaklasyfikować zbrodnie?
- Oczywiście. Zbrodnie, które sam popełniasz - te nie są poważne. Ale zbrodnie popełnione przez innych ludzi - te są poważne i niebezpieczne.
- Jasne. A Ty często popełniasz zbrodnie?
- Cóż, nie. Tylko wtedy, gdy jestem w złym humorze.
- A kiedy jesteś w złym humorze?
- Co?
- Pytałem, kiedy jesteś w złym humorze?
- Jestem w złym humorze, gdy zadają mi głupie pytania!
- Rozumiem, Nie mam więcej pytań.
- Co, skończyły Ci się twoje wspaniałe pytania?
- Tak. Dziękuję. Wychodzę.
- I nie jesteś już więcej ciekawy, jak obchodzę się z tymi, którzy zadają mi tak wspaniałe pytania?
- Nie! Puść mnie! Pomocy!

6

- Proszę Pana, co Pan myśli o złodziejach?
- Kto? Ja?

- It's OK. At home, I defend the refrigerator and the cat from it.

3

- You have ice cream on your beard, Mr. President.
- It's vanilla ice cream, my favorite.
- Should I wipe your beard?
- No! Now no one will recognize me.
- Brilliant, Mr. President!

4

- Hey girl, what is your dog's name?
- Her name is Barona.
- What a big dog.
- Oh, mister, my dog wants to run to you!
- Hold her!
- Barona, come here!
- Hold her, girl!
- I can't stop her!
- Help!

5

- Can I ask you one question?
- Just one? Well, ask.
- Do you know how to classify crimes?
- Of course. The crimes that you commit yourself— those aren't serious. But the crimes committed by other people—these are serious and dangerous.
- Clear. And do you commit crimes often?
- Well, no. Only when I'm in a bad mood.
- And when are you in a bad mood?
- What?
- I said, when are you in a bad mood?
- I'm in a bad mood when I get asked stupid questions!
- I understand. I have no more questions.
- What, your wonderful questions have already run out?
- Yes. Thank you. I'm leaving.
- And are you no longer interested in how I conduct myself with those who ask such wonderful questions?
- No! Let go! Help!

6

- Mister, how do you feel about thefts?
- Who? Me?

- Tak, Pan.
- Nie mam nic przeciwko nim.
- Więc, myśli Pan, że to w porządku, że zabrał Pan moją torebkę?
- To Pani torebkę? Nie wiedziałem. Myślałem, że to torebka tamtej kobiety. Przepraszam. Może Pani wziąć z powrotem swoją torebkę, i tak w niej nic nie ma.

7

- Hej, chłopcze, nie rzucaj w ludzi owoców z balkonu!
- Tu jest banan dla Pana!
- Aua! Nie wstyd Ci?
- Nie, jestem jeszcze mały. Tu jest trochę lodów czekoladowych dla Pana!
- Aua! Powiem wszystko twoim rodzicom. A te lody nie są czekoladowe, tylko waniliowe!
- Proszę mi wybaczyć. Pomyliłem się. Tu jest trochę lodów czekoladowych dla Pana!
- Nie masz wstydu, chłopcze!

8

- Myślę, że nasz Prezydent to szaleniec.
- Zaskakujesz mnie! Dlaczego jest szalony?
- Ponieważ kradnie szalone ilości pieniędzy z budżetu.
- Ale ja kocham naszego prezydenta. Jest sprawiedliwy! On tylko bierze te pieniądze, które osobiście do nikogo nie należą.
- Ale on stracił swoją jedyną szansę wstąpienia do Unii Europejskiej!
- I nie powinniśmy do niej wstępować! Pozwólmy Unii Europejskiej dać nam najpierw trochę pieniędzy, jeśli chcą, żebyśmy do niej wstąpili. Tak, tak!
- Pieniądze na co?
- Oh, na wszystko!

- *Yes, you.*
- *I feel OK about them.*
- *So, you think it's OK that you took my bag?*
- *This is your bag? I didn't know. I thought it was that woman's bag. Sorry. You can take back your bag, there is nothing in it anyway.*

7

- *Hey, boy, don't throw fruit at people from the balcony!*
- *Here's a banana for you!*
- *Ouch! Aren't you ashamed?*
- *No, I'm still a little. Here's some chocolate ice cream for you!*
- *Ouch! I'll tell your parents everything. And this ice cream is not chocolate, but vanilla!*
- *Excuse me, please. I was wrong. Here's some chocolate ice cream for you!*
- *You have no shame, boy!*

8

- *I think that our president is a madman.*
- *You surprise me! Why is he mad?*
- *Because he steals crazy amounts of money from the budget.*
- *But I love our president. He is just! He only takes money that doesn't personally belong to anyone.*
- *But he missed his only chance to join the European Union!*
- *And we shouldn't join it! Let the European Union give us some money first, if they want us to join! Yes, yes!*
- *Money for what?*
- *Oh, for everything!*

24

Patrol na autostradzie
Highway patrol

A

Słówka
Words

1. antena - antenna
2. autostrada - highway
3. bardzo/poważnie uszkodzony - badly damaged
4. ciągle, bez przerwy - constantly
5. ciemny - dark
6. dach - roof
7. decydować, zdecydować - decide
8. deska rozdzielcza - dashboard
9. dwupiętrowy - two-story
10. egzekucja - execution
11. gapić się - stare
12. grał - played
13. hamulec - brake
14. historia - story
15. kierować, jechać - drive
16. klient - customer
17. kląć - swear
18. kupił - bought
19. migające światło (światło syreny policyjnej) - flashing light
20. model - model
21. na celowniku - crosshairs
22. na służbie - on duty
23. nagle - abruptly
24. namalował - painted
25. nerwy - nerve
26. niemożliwy - impossible
27. niepewnie - uncertainly
28. niższy - lower
29. oczywisty - evident
30. operacja - operation
31. pamiętać - remember
32. pisał, doniósł, zdał sprawozdanie - reported
33. płacząca - weeping
34. pogwałcił - violated
35. połączył, łączył - connected
36. półka - shelf

37. przestępca - criminal
38. przykład - example
39. przyszedł - came
40. ptak - bird
41. ruszył, przyspieszył - rushed
42. ryzyko - risk
43. scena - scene
44. ścigać - chase
45. słup latarni - lamppost
46. śnieg - snow
47. śpiewał - sang
48. sprzedawca - sales clerk, salesman
49. sprzedaż - sale
50. światło - light
51. szef - chief

52. szyja - neck
53. tablica rejestracyjna - license plate
54. uciekł - escaped, fled
55. upuścić - drop
56. w porządku - alright
57. wieszać - hang
58. wysadzić, zostawić - drop off
59. wytrwać, trzymać się - hold on
60. zalecany - recommend
61. zasada - principle
62. zbiornik - tank
63. zdjęcie - photo
64. znajomy - acquaintance
65. zwykły, zwyczajny - usual

 # B

Patrol na autostradzie

Minął kolejny miesiąc. Paul Rost wrócił do swoich zwyczajnych spraw. Policja czasem prosiła o jego pomoc, gdy nie mieli wystarczająco dużo ludzi. Pewnego razu był na służbie, na drodze, która łączyła miasto z lotniskiem wojskowym. Był wieczór i zaczęło się już robić ciemno. Gdzieś śpiewały ptaki. Pierwsze gwiazdy zaczęły pojawiać się na niebie. Nagle zaczął padać śnieg. Paul wysiadł z auta i zapalił papierosa. Spojrzał na pierścionek, który dała mu Lisa. Stał tam i palił, a śnieg padał powoli na jego włosy.
Radio w samochodzie zaczęło mówić:
„Uwaga wszystkie stacje! Biały samochód zderzył się ze słupem latarni i uciekł z miejsca wypadku."
Po jakimś czasie przejechał biały samochód. W samochodzie grała głośna muzyka. Paul zdążył zauważyć, że samochód był bardzo uszkodzony i coś na nim leżało. Wsiadł do swojego samochodu, wystawił światło syreny na dach i pojechał za białym samochodem. Dojechał do białego samochodu i go zatrzymał. Z białego samochodu wysiadł

Highway patrol

Another month passed. Paul Rost returned to his usual business. The Police asked for his help sometimes, when they didn't have enough people. Once he was on duty on the road that connected the city with a military airfield. It was evening and already started to get dark. There were almost no cars on the road. Somewhere birds sang. The first stars began to appear in the sky. Suddenly it began to snow. Paul got out of the car and lit a cigarette. He looked at the ring that Lisa gave him. He stood there and smoke and the snow fell slowly on his hair.
The radio in the car began to speak:
"Attention all stations! A white car crashed into a lamppost and fled the scene."
After some time, a white car drove by. Very loud music played in the car. Paul had time to notice that the car was badly damaged, and that something lay on top of it. He got into his car, put a flashing light on the roof and drove after the white car. He caught up with the white car and stopped it. A man came out of the white car. He stood

mężczyzna. Stał niepewnie i Rost uświadomił sobie, że mężczyzna jest pijany. Mężczyzna uśmiechnął się i wręczył Rostowi dokumenty. „Jak się Pan ma, oficerze?" zapytał. Paul spojrzał na samochód i nie potrafił uwierzyć własnym oczom. Na samochodzie leżał słup latarni.

Mężczyzna gapił się na słup przez długi czas, a potem powiedział: „Już tam był, gdy kupowałem ten samochód. Przysięgam," spojrzał na Rosta, „Myślę, że to antena od GPS. Używa Pan GPS, oficerze? Świetna rzecz. Gorąco polecam," trzymał się samochodu, żeby nie upaść. Paul Rost zabrał mężczyznę na posterunek policji.

Na posterunku policji, poproszono Rosta, aby pomógł grupie policjantów, którzy szukali dwóch mężczyzn, którzy uciekli z więzienia. W jednym ze sklepów włączył się alarm i Rost poszedł tam z jednym z policjantów.

Gdy przyjechali do sklepu, było tam kilku klientów i sprzedawca. Sprzedawcą był Bruno, znajomy Paula Rosta.

„Dobry wieczór. Wasz alarm się włączył," powiedział policjant.

„Dobry wieczór. Nasz alarm się włączył? W naszym miejscu?" powiedział sprzedawca.

„Tak, w waszym miejscu," odpowiedział policjant.

„Nie, to jakaś pomyłka," Bruno spojrzał na Rosta, „Tutaj wszystko w porządku.

Paul, chcę Ci dać prezent, który Ci obiecałem. Mój przyjacielu, weź to niebieskie pudełko na półce," poprosił Bruno.

„Co to jest, Bruno?" powiedział Paul zaskoczony.

„Dalej, otwórz je. Myślę, że Ci się spodoba," uśmiechnął się sprzedawca. Paul podszedł do półki i wziął niebieskie pudełko. Na pudełku namalowane były żółte kwiaty. Paul spojrzał na Bruna z zaskoczeniem. Bruno patrzył na niego w milczeniu. Paul otworzył pudełko i wyjął kobiecą sukienkę. Sukienka była niebieska, w żółte kwiaty.

„Co to jest?" Paul był znowu zaskoczony.

uncertainly and Rost realized that the man was drunk. The man smiled and handed Rost his documents.

"How are you, officer?" he asked. Paul looked at the car and could not believe his eyes. On top of the car lay a lamppost.

"Thank you. I'm fine," Paul said, "What is that on top of the car?" Rost pointed to the lamppost.

The man stared at the post for a long time, and then said: "It was there when I bought this car. I swear," he looked at Rost, "I think it's an antenna for GPS. Do you use GPS, officer? Great thing. I highly recommend it," he held on to the car with his hand to keep from falling. Paul Rost took the man to the police station.

At the police station, they asked Rost to help a group of policemen who were looking for two men who had escaped from prison. The alarm went off in one of the stores, and Rost went there with one of the police officers.

When they arrived at the store, there were a few customers there and a sales clerk. The sales clerk was Bruno, Paul Rost's acquaintance.

"Good afternoon. Your alarm went off," the policeman said.

"Good afternoon. An alarm went off? At our place?" the sales clerk asked.

"Yes, at your place," the policeman replied.

"No, this is some kind of mistake," Bruno looked at Rost, "Everything is alright here.

Paul, I want to give you the gift that I promised you. My friend, take that blue box on the shelf," Bruno asked.

"What is it, Bruno?" Paul said in surprise.

"Go ahead, open it. I think you'll like it," the sales clerk smiled. Paul went to the shelf and took the blue box. Yellow flowers were painted on the box. Paul looked at Bruno in surprise. Bruno looked at him in silence. Paul opened the box and took out a woman's dress. The dress was blue with yellow flowers.

"What is that?" Paul was surprised again.

„To jest kobieca sukienka, mój przyjacielu," odpowiedział sprzedawca, „Dla twojej żony," uśmiechnął się Bruno.

„Ale ja nie jestem żonaty," Paul nie zrozumiał.

„Cóż, dzisiaj nie jesteś żonaty, a następnego dnia, możesz być żonaty," Bruno powiedział poważnie, „Życie - to nie jest prosta sprawa. Na przykład, teraz czuję się dobrze, a za pięć minut, może się zdarzyć coś złego," powiedział sprzedawca.

„Dziękuję, wezmę ją później," Paul odstawił pudełko z sukienką z powrotem na półkę i wyszedł ze sklepu. Policjant wyszedł z Paulem. Wsiedli do samochodu i pojechali z powrotem na posterunek. Rost spojrzał dokładnie na zdjęcia zbiegłych przestępców. Jechali drogą, która mija lotnisko.

„Uciekli z więzienia, które położone jest trzysta mil stąd. Dlaczego szukają ich tutaj?" zapytał Rost.

„Jeden z nich ma tutaj żonę i syna. Nazywa się Arthur Stravinsky. Uciekli z więzienia w zeszłym tygodniu, a trzy dni temu zniknęła żona i dziecko," powiedział policjant.

„Za co siedzą?" zapytał Rost.

„Arthur Stravinsky siedzi na napad na bank z bronią w ręku. To była długa sprawa. Nawet gazety o niej pisały," kontynuował policjant. „Jego dziecko potrzebowało kosztownej operacji. Obrabował bank, aby zapłacić za operację. Potem był pościg. I podczas tego pościgu jeden z samochodów dachował. Policjant został zabity." Policjant spojrzał na Rosta, „Oczywiście dostał dożywocie. To cała historia," zakończył.

„W takim razie szukamy całej rodziny," powiedział Paul. Zrobił pauzę i dodał, „Słuchaj, muszę dzisiaj zdążyć do lekarza. Czy mógłbyś mnie podwieźć w jedno miejsce, tutaj niedaleko?" zapytał Rost.

„Daj spokój. Tak to się zaczyna. Chodzenie do lekarza... chorowanie... A ty myślisz, że ja chcę go szukać?" policjant spojrzał na Paula. Paul nie miał czasu odpowiedzieć, ponieważ policjant nagle nacisnął na hamulce.

"This is a woman's dress, my friend," the salesman replied, "For your wife," Bruno smiled.

"But I'm not married," Paul did not understand.

"Well, today you're not married, and the next day, you might get married," Bruno said seriously, "Life - it's not a simple thing. For example, now I'm well, and in five minutes, something bad might happen," the sales clerk said.

"I'll take it later. Thank you," Paul put the box with the dress back on the shelf and left the store. The policeman went out with Paul. They got into the car and drove back to the police station. Rost looked closely at photos of the escaped criminals. They were driving on the road that passes by the airfield.

"They escaped from a prison that's located three hundred kilometers away from here. Why are they looking for them here?" Rost asked.

"One of them has a wife and a son here. His name is Arthur Stravinsky. They escaped from prison last week, and three days ago the wife and child disappeared," the policeman said.

"Why are they doing time?" Rost asked.

"Arthur Stravinsky is doing time for an armed bank robbery. It was a long story. Even the papers reported it," the policeman continued, "His child needed to have an expensive operation. He robbed the bank to pay for the operation. Then there was a chase. And during the chase one of the police cars overturned. The policeman was killed." the policeman looked at Rost, "Of course, they gave him a life sentence. That's the story," he concluded.

"So we're looking for the whole family," Paul said. He paused, then added, "Look, I need to make it to the doctor today. Can you drop me off around here somewhere?" Rost asked.

"Oh come on. That's how it starts. Going to the doctor... Getting sick.. And you think that

„Tu jest niebieski Ford," powiedział policjant, „Jego żona ma ten model niebieskiego Forda. Musimy go sprawdzić. Chodź ze mną!" policjant spojrzał na Rosta.

Wysiedli z auta i podeszli do niebieskiego Forda. Samochód był pusty. Policjant sprawdził numery rejestracyjne przez radio. Numery były fałszywe. Policjant zadzwonił po posiłki.

„Mogą być tam," policjant wskazał na hangar. Poszli do hangaru. Było tam kilka małych samolotów. W jednym z nich byli ludzie. Policjant wskazał Rostowi samolot, wyciągnął pistolet i poszedł na drugą stronę. Rost również wyciągnął pistolet i poszedł z drugiej strony samolotu z ludźmi w środku. Ale wtedy zobaczył chłopięcą twarz w oknie innego samolotu. Rost powoli podszedł do samolotu i otworzył drzwi.

Siedział tam Artur Stravinsky, razem z żoną i dzieckiem. Mężczyzna próbował wystartować samolot, ale podniósł ręce, gdy zobaczył Rosta trzymającego broń. Rost przyjrzał im się dokładnie przez długi czas. Potem spojrzał na tablicę rozdzielczą i załączył silnik samolotu.

„Nie trać czasu," powiedział do mężczyzny. Mężczyzna powoli położył ręce ne desce rozdzielczej. Samolot zaczął poruszać się w stronę drzwi hangaru. Policjant ruszył w stronę samolotu, strzelając w biegu. Paul Rost rzucił się na policjanta i upadł z nim na ziemię.

„Możesz ich wszystkich zabić, jeżeli trafisz w zbiornik gazu!" krzyczał Paul do policjanta. Policjant wycelował pistolet w stronę twarzy Rosta i strzelił... Wszystko się skończyło...

„Podnieś ręce i wyjdź z samolotu!" Rost słyszał głos policjanta,

„Paul, odejdź od samolotu i trzymaj go na celowniku!"

Paul Rost nadal stał przy samolocie, celując pistolet w mężczyznę w samolocie, gdy policjant podszedł do niego od tyłu. Paul nie odszedł od samolotu. Stał i patrzył na syna i na jego ojca. Chłopiec podszedł do swojego ojca i objął jego szyję ramieniem, gapiąc się na

I want to look for him?" the policeman looked at Paul. Paul didn't have time to answer because the policeman abruptly hit the brakes.

"There is a blue Ford over there," the policeman said, "His wife has a blue Ford with this model. We need to check it. Come with me!" the policeman looked at Rost. They got out of the car and walked to a blue Ford. The car was empty. The police officer checked the license plate number on the radio. The number was a fake. The policeman called for reinforcement.

"They may be in there," the policeman pointed to a big hangar. They went into the hangar. There were several small planes there. There were people in one of them. The policeman pointed out the plane to Rost, pulled out a gun and went to the other side. Rost also took out a gun and walked from the other side to the airplane with the people inside. But then he saw a boy's face in the window of another aircraft. Rost slowly walked up to the plane and opened the door. Arthur Stravinsky sat there, along with his wife and child. The man was trying to start the plane, but he raised his hands when he saw that Rost was holding a gun. Rost looked at them carefully for a long time. Then he looked at the dashboard and started the plane's engine.

"Don't waste time," he told the man. The man slowly put his hands on the plane's dashboard. Then the airplane began to move toward the door of the hangar. The policeman rushed to the plane, shooting on the move. Paul Rost threw himself on the policeman and fell with him to the ground.

"You can kill them all, if you hit the gas tank!" Paul cried to the policeman. The policeman pointed his gun to Rost's face and shot.. It's all over...

"Put your hands up and get off the plane!" Rost heard the voice of the policeman, "Paul, get away from the plane and keep it in your

Rosta.

„Tato, czego ten człowiek chce?" zapytał ojca. Arthur Stravinsky spojrzał na Rosta, nie opuszczając rąk. Nie mógł wysiąść z samolotu, ponieważ Rost stał tuż przy drzwiach.

„Rost, natychmiast odejdź od samolotu!" krzyknął policjant.

„Tato, czego ten człowiek chce?" spytał ponownie chłopiec. Mężczyzna spojrzał na Rosta i na policjanta, nie opuszczając swoich rąk. Było oczywistym, że bał się, że policjant zacznie strzelać. Chciał wysiąść, ale Rost stał tuż przy drzwiach i nie odsunął się.

„Rost, natychmiast odsuń się od tego samolotu!" powtórzył funkcjonariusz.

Rost popatrzył na tablicę rozdzielczą i uruchomił silnik samolotu.

„Detektywie Paulu Roście, proszę opuścić pistolet i odsunąć się od samolotu!" krzyknął policjant i strzelił w powietrze.

„Nie trać czasu!" krzyknął Rost i zatrzasnął drzwiczki samolotu.

Upuścił pistolet na ziemię, odwrócił się do policjanta i podniósł ręce do góry.

„Chcesz mnie aresztować? Śmiało," powiedział Rost do policjanta. Samolot jechał w stronę drzwi hangaru. Lecz w tym samym momencie, niedaleko wyjścia, pojawiła się duża grupa funkcjonariuszy policji w samochodach policyjnych. Zablokowali drogę samolotowi. Mężczyzna zatrzymał samolot tak, aby nie ryzykować życia swojego dziecka i żony. Wysiadł z samolotu, ale dziecko nadal wisiało mu na szyi. Jego żona podeszła do niego i zaczęła zdejmować dziecko z jego szyi. Dziecko zaczęło płakać. Paul odwrócił się tak, aby tego wszystkiego nie widzieć i nie słyszeć. Wyszedł z hangaru. Szef policji podszedł do Rosta.

„Cóż, detektywie Rost, czy coś jest nie tak z twoimi nerwami? Czy wiesz, że muszę Cię aresztować za pomaganie przestępcy?" spojrzał na Paula, „Jutro rano przyjedziesz i złożysz sprawozdanie," powiedział i odszedł od Paula. Wyprowadzili Arthura Stravinsky'ego z

crosshairs!"

Paul Rost was still standing by the plane, pointing his gun at the man in the airplane, when the policeman came up behind him. Paul didn't move away from the plane. He stood and looked at the child and his father. The boy went up to his father and put his arm around his neck, staring at Rost.

"Dad, what does this man want?" he asked his father. Arthur Stravinsky looked at Rost without lowering hands. He couldn't get off the plane, because Rost was standing right next to the door.

"Rost, get away from the plane immediately!" the policeman shouted.

"Dad, what does this man want?" the boy asked again. The man looked at Rost and the policeman without dropping his hands. It was evident that he was afraid that the policeman would shoot. He wanted to get out, but Rost was standing right next to the door and didn't move away.

"Rost, get away from the plane immediately!" the officer repeated.

Rost looked at the dashboard and started the airplane's engine.

"Detective Paul Rost, put the gun down and step away from the plane!" the policeman shouted and shot into the air.

"Don't waste time!" Rost shouted and shut the plane door. He dropped his gun on the ground, turned to the policeman and raised his hands.

"You want to arrest me? Go ahead," Rost said to the policeman. The plane drove toward the door of the hangar. But at that point, a large group of police officers in police cars appeared near the exit. They blocked the way of the airplane. The man stopped the airplane, so as not to risk the life of his child and wife. He got off the plane, but the child was hanging onto his neck. His wife went up to him and began to take the child off his neck. The child began to cry. Paul turned away, so as not to see or hear it all. He

hangaru, w celu wsadzenia go do samochodu policyjnego. Zobaczył swoją żonę i syna, którzy stali obok hangaru. Nagle uświadomił sobie, że już nigdy ich nie zobaczy. Spojrzał na nich i nie potrafił oderwać od nich wzroku. Jego oczy były jak oczy szaleńca. Potem zaczął krzyczeć: „Pamiętaj o mnie! Pamiętaj o mnie!" krzyczał do nich, „Synu, pamiętaj o mnie! Pamiętaj o mnie, synu! I ty, Mary, pamiętaj o mnie! Zapamiętaj mnie takim, jakim jestem teraz!" Policjant wsadził go do samochodu, ale on nadal krzyczał jak szaleniec.

Paul Rost bez przerwy patrzył na mężczyznę. Samochód odjechał, zostawiając w tyle płaczącą kobietę i chłopca.

Rost pojechał do domu. Gdy podszedł do swojego domu, w jednym z samochodów zobaczył Petera Ashura.

„Jak się masz, Paul?" powiedział Ashur, gdy Rost podszedł do niego. Rost się zatrzymał i spojrzał na Ashura.

„Pomyślałem, że chciałbyś wiedzieć," kontynuował Ashur, zapalając papierosa, „że Lisa Pandora jest w więzieniu Mezzeh w Syrii. Czeka na egzekucję," Ashur spojrzał Rostowi w oczy.

„Dlaczego ty z nią nie jesteś?" spytał Paul.

„Jak zwykle pogwałciła warunki naszej umowy. A jak wiesz, jestem człowiekiem zasad. Dałem jej swobodę robienia tego, co chce," Ashur spojrzał z powrotem na Rosta, „Wiesz tak samo, jak ja, że jak się na coś zdecyduje, to niemożliwym jest ją powstrzymać."

„Jak dużo czasu jej zostało?" zapytał Rost.

„Może jeden dzień, a może jeden miesiąc. Kto wie," powiedział Ashur i odjechał.

walked out of the hangar. The police chief walked up to Rost.

"So, detective Rost, is there something wrong with your nerves? You know that I have to arrest you for helping a criminal?" he looked at Paul, "Tomorrow morning you will come in and give a report," he said and walked away from Paul.

They took Arthur Stravinsky out of the hangar in order to put him in the police car. He saw his wife and son, who stood near the hangar. Suddenly he realized that he will never see them again. He looked at them and couldn't take his eyes off them. His eyes were like the eyes of a madman. Then he began to shout: "Remember me! Remember me," he shouted to them, "Son, remember me! Remember me, son! And you, Mary, remember me! Remember me, the way I am now! Do not forget me! Never forget me!" The policemen put him in the car, but he continued to scream like a madman. Paul Rost constantly looked at the man. The car drove away, and the weeping woman and boy were left behind. Rost drove home. When he walked up to his house, he saw Peter Ashur in one of the cars.

"How are you, Paul?" Ashur said when Rost came up to him. Rost stopped and looked at Ashur.

"I thought you'd be interested to know," Ashur continued, lighting a cigarette, "that Lisa Pandora is in Mezzeh prison in Syria. She is waiting for her execution," Ashur looked Paul in the eyes.

"Why aren't you with her?" Paul asked.

"As usual, she has violated the terms of our agreement. And, as you know, I am a man of principle. I gave her the freedom to do what she wants," Ashur looked back at Rost, "You know as well as I do that if she decides something, it's impossible to stop her."

"How long does she have?" Rost asked.

"Maybe a day, and maybe a month. Who knows," Ashur said and drove on.

C

Przegląd nowego słownictwa

1

- Mógłbyś mi powiedzieć, czy dzisiaj jest jeszcze marzec czy już jest kwiecień?
- Dzisiaj jest trzydziesty pierwszy marca. Jutro jest pierwszy kwietnia.
- Mógłbyś mi powiedzieć, która jest godzina?
- Pozwól, że spojrzę na mój telefon. Jest dziesiąta trzydzieści.
- Dziękuję. Przy okazji, czy na zewnątrz jest zimno?
- Jest mgliście, ale nie za zimno.

2

- Jako prezent daj mi samochód.
- Nie.
- Kochanie, jesteś dzisiaj dziwny!
- Nie, kochanie, jestem dzisiaj normalny. Ale nie dam Ci pieniędzy na nowy samochód!
- Nowy samochód jest dla mnie bardzo ważny! Daj mi go jako prezent!
- To nie jest dla mnie w ogóle ważne. Nie dam Ci go.
- Wiesz kochanie, twoja antena nie odbiera wszystkich kanałów.
- A tobie brakuje kilku przycisków na panelu sterowania, kochanie!

3

- Zbiornik gazu w moim samochodzie jest pusty.
- Gdzie chcesz jechać, kochanie?
- Do salonu piękności, kochanie.
- Jesteś bardzo piękna taka, jaka jesteś.
- Nie byłam tam od ostatniej niedzieli!
- Ale dziś jest dopiero wtorek!
- Nie powinnam w ogóle chodzić do salonu piękności?
- Dobrze, możesz jechać autobusem.
- Ożeniłeś się ze mną, żebym jeździła autobusem?
- Ożeniłem się z Tobą, ponieważ bardzo mi się podobałaś.
- Więc teraz już Ci się nie podobam?
- Weź pieniądze i jedź tam, gdzie chcesz.

New vocabulary review

1

- *Could you tell me, is today still March or is it April already?*
- *Today is March thirty-first. Tomorrow is April first.*
- *Could you tell me, what time is it?*
- *Let me look at my phone. It is ten thirty.*
- *Thank you. By the way, is it cold outside?*
- *It is foggy out there, but not very cold.*

2

- *Give me a car as a present.*
- *No.*
- *You're strange today, dear!*
- *No, I'm normal today, dear. But I won't give you money for a new car!*
- *A new car is very important for me! Give it to me as a present!*
- *It isn't important for me at all. I won't give it to you.*
- *You know, your antenna doesn't get all the channels, dear.*
- *And you are missing a few buttons on the control panel, my dear!*

3

- *My car's gas tank is empty.*
- *Where do you want to go, dear?*
- *To the beauty parlor, darling.*
- *You are very beautiful as you are.*
- *I haven't been there since last Sunday!*
- *But today is only Tuesday!*
- *Should I never go to the beauty salon?*
- *All right, you can take the bus.*
- *Did you marry me so I'd take the bus?*
- *I married you because I liked you a lot.*
- *So, now you don't like me anymore?*
- *Take the money and go wherever you want.*
- *Thank you, darling.*

4

- *Don't turn on the light! No need to take a risk. They could see from the street that*

- Dziękuję, kochanie.

4

- Nie włączaj światła! Nie ma potrzeby ryzykować. Mogliby zobaczyć z ulicy, że ktoś jest w banku.
- Spójrz, samochód ze światłami syreny zatrzymał się przy banku.
- To patrol policji. Cicho! Odejdź od okna, bo Cię zobaczą.
- Dwóch policjantów wysiada z samochodu.
- Dokąd idą?
- Podeszli do naszego samochodu i przyglądają mu się uważnie.
- Zaparkowałeś go dobrze?
- Oczywiście. Nie złamałem żadnych reguł. Chociaż to prawda: słup latarni spadł na inny samochód. - Dziwne. Ledwo go dotknąłem, przysięgam.
- Ja wyjdę na dach, a ty idź do nich!
- Dlaczego?
- Napisz sprawozdanie z wypadku, idioto!

5

- Kierowca autobusu wysadził pasażerów przed uzupełnieniem zbiornika gazu.
- Dlaczego pasażerowie zostali z tyłu, a autobus wraca na stację autobusową bez nich?
- Kierowca zapomniał wpuścić pasażerów z powrotem, po uzupełnieniu zbiornika gazu.
- Powinien zawrócić! Pasażerowie na niego czekają.

6

- Twój samochód zderzył się z moim!
- To przez to, że za szybko nacisnąłeś na hamulce!
- Nie. To przez to, że nie uważałeś!
- Ale to niemożliwe, aby zahamować od razu! Rozumiesz?
- Napisz o tym w sprawozdaniu z wypadku.

7

- Dlaczego patrol policji blokuje drogę?
- Szukają złodziei, którzy obrabowali bank.
- Ile pieniędzy ukradli ci przestępcy?
- Mówią, że nie ukradli pieniędzy, ale uszkodzili kilka samochodów na parkingu, podczas pościgu.

there is someone at the bank.
- *Look, a car with flashing lights hit the brakes next to the bank.*
- *This is a police patrol. Quiet! Get away from the window, or they'll notice you.*
- *Two police officers got out of the car.*
- *Where are they going?*
- *They came up to our car and are looking at it closely.*
- *Did you park it correctly?*
- *Of course. I didn't break the rules. Although it's true: the lamppost fell on another car. - Strange. I barely hit it, I swear.*
- *I'll climb on the roof, and you go to them!*
- *Why?*
- *Write a report about the incident, you idiot!*

5

- *The bus driver dropped off the passengers before filling up the gas tank.*
- *Why did the passengers stay behind and the bus return to the bus station without them?*
- *The driver forgot to let them back on after filling up the gas tank.*
- *He should go back! The passengers are waiting for him.*

6

- *Your car crashed into mine!*
- *That's because you hit the brakes quickly!*
- *No. It's because you weren't paying attention!*
- *But it's impossible to brake right away! Do you understand?*
- *Write it in a report about the incident.*

7

- *Why did the police lookout post block the road?*
- *They are looking for thieves who robbed a bank.*
- *How much money did the criminals steal?*
- *They say they didn't steal the money, but they damaged several cars in the parking lot during the chase.*

8

- Pamiętaj kochanie, powinnaś jechać, gdy jest zielone światło i hamować, gdy jest czerwone. Rozumiesz?
- Oczywiście, że rozumiem, kochanie. Więc, dobrze jeżdżę?
- Tak. Świetna robota.
- Widzisz, kochanie, masz świetną dziewczynę.
- Hamuj!
- Oh!
- Zderzyłaś się z samochodem!
- Dlaczego czerwone światło nie zmieniło się w zielone? W końcu nie nacisnęłam na hamulec!
- Siadaj na siedzeniu dla pasażera!
- A co z nauką jazdy samochodem, kochanie?
- Zapomnij o tym! Kochanie.

9

- Dzisiaj będę na służbie w więzieniu aż do nocy, kochanie.
- A więc dzisiaj możemy ukraść jedzenie z więzienia?
- Dokładnie. Bądź przy wyjściu z więzienia o dwunastej. Pamiętaj!
- Pamiętam, kochanie. Co ukradniemy?
- Trzy tony chleba i tonę soli!
- Wow! Dużo tego!
- Dzisiaj zobaczysz niebo w diamentach, kochanie! Przysięgam!

10

- Szef powiedział, że natychmiast powinniśmy zanieść tę czerwoną skrzynkę do wyjścia.
- Ale ta skrzynka jest zielona, a nie czerwona. A wyjście jest tutaj, a nie tam.
- W naszej firmie szef ma zawsze rację. Pamiętaj o tym! I lepiej nigdy nie pytać dwa razy.

11

- Panie sprzedawco, proszę dać mi trochę soli.
- Tutaj, proszę ją sobie wziąć.
- Dziękuję.
- Panie kliencie, dał mi Pan fałszywe banknoty!
- To niemożliwe!
- Proszę spojrzeć, farba zostaje na moich rękach.
- Prawdopodobnie fotokopiarka w naszym biurze nie działa prawidłowo.
- Ten policjant tutaj wyśle Pana na pięcioletni

8

- *Remember, dear, you should drive when the light is green and brake when it's red. Understand?*
- *Of course, I understand, my dear. Well, am I driving well?*
- *Yes. Great job.*
- *You see, dear, you have a great girl.*
- *Break!*
- *Oh!*
- *You crashed into a car!*
- *Why didn't the red light turn green? After all, I didn't hit the brakes!*
- *Sit in the passenger seat!*
- *What about learning to drive the car, my dear?*
- *Forget it! Dear.*

9

- *Today I will be on duty in the prison until nighttime, my dear.*
- *So today we could steal prison food?*
- *Exactly. Be at the prison exit at twelve o'clock. Remember!*
- *I remember, dear. What will we steal?*
- *Three tons of bread and a ton of salt!*
- *Wow! That's a lot!*
- *Today you will see the sky in diamonds, dear! I swear!*

10

- *The boss said that we should carry this red box back to the exit immediately.*
- *But this box is green and not red. And the exit is here, and not there.*
- *In our company the boss is always right. Remember that! And it is better to never ask twice.*

11

- *Sales clerk, please give me some salt.*
- *Here, take it.*
- *Thank you.*
- *Customer, you gave me fake bills!*
- *That can't be!*
- *Look, the paint is coming off on my hands.*
- *The Xerox machine in our office is probably not working well.*

kurs, jak obsługiwać się fotokopiarką. Po tym będzie Pan wiedział jak i, co ważniejsze, co można kopiować za pomocą fotokopiarki.

12

- Wiesz, jak używać komputera?
- Oczywiście.
- Naucz mnie, proszę.
- Musisz zawsze używać tych czterech strzałek i tego dużego przycisku.
- A jeśli coś jest nie w porządku?
- Wtedy użyj tego przycisku w rogu.
- Dziękuję.

13

- Czy warunki naszej współpracy są dla ciebie odpowiednie?
- Tak, wszystkie są odpowiednie, poza jednym warunkiem.
- Którym warunkiem dokładnie?
- Nie odpowiada mi, że muszę robić wszystko dokładnie i na czas.
- A jak chcesz to robić?
- Mogłabym robić błędy. I potrzebuję więcej czasu.
- Ile czasu potrzebujesz?
- Im więcej, tym lepiej!

- The police officer over here will send you to a five-year course on how to work with a Xerox machine. After that, you will know how and, more importantly, what you can print on a Xerox machine.

12

- Do you know how to use a computer?
- Of course.
- Teach me, please.
- You always have to use these four arrow keys, or this big button.
- And if something is incorrect?
- Then use this button in the corner.
- Thank you.

13

- Are the terms of our cooperation suitable for you?
- Yes, all except one of the terms is suitable.
- Except which of the terms exactly?
- It doesn't suit me that I have to do everything carefully and on time.
- And how do you want to do it?
- I could make mistakes. And I need more time.
- How much time do you want?
- The more, the better!

25

Areszt
The arrest

A

Słówka
Words

1. bohater - hero
2. cel - purpose
3. celował, wycelował - aimed
4. kartka - leaf
5. kochał - loved
6. lada - counter
7. legitymacja, certyfikat - certificate
8. nienawiść - hatred
9. odznaka - badge
10. pasować - fit
11. pewnie - confidently
12. popełnić - commit
13. poprzedni dzień - previous day
14. rola - role
15. skręcić, przewrócic - turn
16. słabo, ciemno - dimly
17. ślepy - blind
18. spodnie - pant
19. sporządzić - draw
20. stały - permanent
21. sytuacja - situation
22. tolerować - tolerate
23. tykał - ticked
24. tymczasowo - temporarily
25. tymczasowy - temporary
26. usunął, zdjął - removed
27. wczoraj - yesterday
28. wojsko - the army
29. wskazówka - hint
30. wybrać - choose
31. wybrany; wybrał - chosen
32. wydarzenie - event
33. wyjaśnił - explained
34. zakaz - ban
35. zakazać - forbid
36. zbieg - fugitive
37. zegar - clock
38. żołądek - stomach
39. żył - lived

B

Areszt

Kiedy Paul wrócił do domu, robiło się już ciemno. W domu czekała na Rosta jego mama. Usiedli w słabo oświetlonym pokoju. Paul zdjął pierścionek z palca.

„Czy to pierścionek od Lisy?" zapytała jego matka.

„Tak," odpowiedział Paul.

„Gdy twój ojciec nas opuścił, ja też na początku zdjęłam pierścionek, który mi dał, a nawet chciałam go wyrzucić. Ale wtedy pomyślałam, że ten pierścionek nie jest już jego. To był teraz mój pierścionek. Stał się częścią mojego życia. Nie chciałam wyrzucać części mojego życia. Nie potrafiłam o tym zapomnieć. I nie mogłam po prostu zacząć nowego rozdziału," spojrzała na Paula, „Ale ja mieszkałam z nim dziesięć lat, synu, a ty jak długo znasz Lisę?"

„Ja nie znam samego siebie... Nie wiem co ja... w niej widziałem. Bycie z nią było bardzo ciekawe," Paul zrobił pauzę na chwilę, „Jestem pewny, że ona mnie kocha... Kochała... I jestem pewny, że również o mnie myśli," powiedział cicho syn.

„Może Cię kochała. Może to było silne uczucie," powiedziała jego matka, „Ale teraz sytuacja się zmieniła. Musisz to zrozumieć. Silne uczucia nie odchodzą tak szybko. Ale mogą się zmienić w coś innego," spojrzała na swojego syna, „Jej uczucia mogą nadal być silne, ale prawdopodobnie to nie miłość... czuje nienawiść."

Matka i syn siedzieli w milczeniu.

Było bardzo cicho. Tylko zegar tykał na stole.

„Ale teraz to nie ma znaczenia," powiedział w końcu, „Mamo, myślisz, że każdy człowiek ma cel?" zapytał.

„Cel? Co masz na myśli?" zapytała jego matka.

„Myślę, że każdy może zrobić coś ważnego. To jego cel, jego rola w grze," powiedział Paul pewnie.

The arrest

When Paul came home it was already getting dark. At home, Rost's mother was waiting for him. They sat down in a dimly lit room. Paul took the ring off his finger.

"Is that Lisa's ring?" his mother asked.

"Yes," Paul replied.

"When your father left us, I also removed the ring that he gave me at first, and even wanted to throw it away. But then I thought that it was no longer his ring. It was my ring now. It had become part of my life. I didn't want to throw away a part of my life. I couldn't forget it. And I couldn't just turn over a new leaf," she looked at Paul, "But I lived with him for ten years, son, and for how long have you known Lisa?"

"I don't know myself... I do not know what I... I saw in her. It was just interesting to be with her," Paul paused for a moment, "I'm certain that she loves me... Loved... I'm certain that she also thinks about me," the son said quietly.

"Maybe she did love you. Maybe it was a strong feeling," his mother said, "But now things have changed. You have to understand that. Strong feelings don't go away quickly. But they can change into something else," she looked at her son, "Her feeling could still be strong, but it is probably not love... she feels hatred."

Mother and son sat in silence. It was very quiet. Only the clock ticked on the table.

"But now it doesn't matter," he said finally, "Mom, do you think that every person has a purpose?" he asked.

"A purpose? What do you mean? " his mother asked.

"I think that everyone can do something very important. That's his purpose, his role in the game," Paul said confidently.

„Mówią o celu, gdy ma wybuchnąć wojna," odpowiedziała, „Jaką rolę Ci znowu wybrali? I w jakiego rodzaju grze, Paul? W końcu nie byłeś w wojsku aż tak długo."

„Nikt za mnie nie wybrał. Ja sam wybieram mój cel. Muszę wyjechać, mamo," odpowiedział.

„Gdzie teraz jedziesz? Czy ta wycieczka na Saharę Ci nie wystarczyła, Paul?" zapytała.

„Nie na długo mamo," odpowiedział, „Wrócę za parę miesięcy. Chcę dotrzeć do mojego celu," zakończył.

Następnego ranka detektyw Rost przyszedł na posterunek policji, aby złożyć sprawozdanie szefowi policji.

„Paulu Roście, komenda główna policji zdecydowała tymczasowe pozbawienie Cię prawa wykonywania zawodu detektywa. Połóż legitymację i odznakę na stole," powiedział szef policji, „Teraz idź do detektywa Schmidta i złóż sprawozdanie z wczorajszych wydarzeń," zakończył. Gdy Paul Rost opuszczał biuro, szef dodał: „Rost, mam nadzieję, że ten tymczasowy zakaz zamieni się permanentny. Nie będę tolerował kogoś takiego jak ty na moim posterunku! Zrozumiano?"

Rost posłał szefowi długie spojrzenie. Nic nie powiedział, uśmiechnął się lekko i wyszedł. Przyszedł do detektywa Schmidta i zaczął sprawozdanie z wydarzeń z poprzedniego dnia. W tym momencie na posterunek policji przyszedł Bruno. Zobaczył Rosta i zaczął nerwowo gestykulować.

„Dałem twojej żonie sukienkę!" powiedział, odwracając się do Rosta, „Żonie, której nie masz!" zaśmiał się nieprzyjaźnie, „Czy to nie oczywiste? Czy to nie jest wskazówka?" Bruno był urażony, „Teraz czuję się dobrze, a za pięć minut coś złego może się wydarzyć. I czy to nie jest wskazówka? Czy to nie jest jasne? Paul Rost, czy ty byłeś ślepy?" spojrzał na policjantów, którzy stali w pobliżu, „Co on sobie myślał?" Bruno był urażony.

„Drugi zbieg siedział pod jego ladą," Schmidt wyjaśnił Rostowi całą sytuację, „Kasa Bruna była prawie pusta, więc postanowił poczekać,

"They speak of a purpose when they are about to start a war," she replied, "What role have they chosen for you again? And in what kind of game, Paul? After all, you haven't been in the army for a long time."

"No one has chosen for me. I choose my own purpose. I have to leave, Mom," he replied.

"Where are you going this time? Wasn't that trip to the Sahara enough, Paul?" she asked.

"It won't be for long, Mom," he replied, "I'll be back in a couple of months. I want to fulfill my purpose," he concluded.

The next morning, Detective Rost came to the police station to make a report to the chief of police.

"Paul Rost, the police headquarters decided to temporarily forbid you to work as a detective. Put the certificate and the badge on the table," the police chief said, "Now go through to Detective Schmidt and make a report on yesterday's events," he concluded. As Paul Rost was leaving the office, the chief added: "And, Rost, I hope this temporary ban becomes permanent. I will not tolerate someone like you in my police station! Got it?"

Rost gave the chief a long look. He said nothing, just smiled a little and left. He came to detective Schmidt and began to report on the events of the previous day. At this point Bruno entered the police station. He saw Rost and began to gesticulate nervously.

"I gave your wife a dress!" he said, turning to Rost, "A wife that you don't have!" he laughed in an unfriendly way, "Isn't it obvious? Isn't that a hint?" Bruno resented, "Now I'm well, and in five minutes, something bad might happen. And isn't that a hint? Is it not clear? Paul Rost, were you blind?" he looked at the police officers who were standing nearby, "What was he thinking?" Bruno resented.

"The second fugitive was sitting under his counter," Schmidt explained the whole

162

aż przyjdzie kilku klientów i zapłaci. Wycelował paczkę papierosów do brzucha Bruna, jak pistolet i powiedział mu, żeby podawał mu pieniądze klientów pod ladą. Bruno zmoczył się w spodnie i kiedy przyjechałeś z powodu alarmu, zaczął dawać Ci wskazówki," zakończył detektyw Schmidt.

„A kto włączył alarm?" wypytywał się Rost.

„Ja włączyłem, a kto inny?" Bruno krzyczał obraźliwie, „Co, sukienka nie pasowała?"

„Będzie Ci pasować w sam raz," powiedział Rost.

„Rost, zamknij się i rób sprawozdanie," powiedział szef policji, który właśnie wszedł do pokoju, „Pewnie myślisz, że jesteś bohaterem? Może na Saharze byłeś bohaterem, ale tutaj prawo jest prawem. Wytoczono sprawę przeciwko Tobie za pomoc w popełnieniu przestępstwa," kontynuował szef, „Johnie Schmidt, napisz sprawozdanie z aresztowania i wsadź go do celi," zakończył szef policji.

situation to Rost, "Bruno's cash register was almost empty, so he decided to wait for a few customers to come in and pay. He aimed a pack of cigarettes at Bruno's stomach like a gun and told him to pass the customer's money to him under the counter. And Bruno wet his pants and began to give you hints when you came because of the alarm," Detective Schmidt finished.

"And who turned on the alarm?" Rost inquired.

"I did, who else?" Bruno cried indignantly, "What, the dress didn't fit?"

"It will fit you just fine," Rost said.

"Rost, shut up and make the report," the police chief, who had just entered the room, said, "You probably think that you're a hero? Maybe in the Sahara you were a hero, but here the law is the law. They opened a case against you for helping to commit a crime," the chief continued, "John Schmidt, draw up a report of the arrest and put him in a cell," the police chief concluded.

C

Przegląd nowego słownictwa

1

- Mógłbyś mi powiedzieć, czy dzisiaj jest jeszcze kwiecień, czy już jest maj?
- Dziś jest trzydziesty kwietnia. Jutro będzie pierwszy maja.
- Mógłbyś mi powiedzieć, gdzie jest stacja?
- Idź tą drogą. Zajmuje to około pięciu minut na piechotę.
- Dziękuję. Przy okazji, czy mógłbym się tam dostać za pomocą środków transportu publicznego?
- Wsiądź do autobusu numer siedem. Musisz wysiąść na drugim przystanku.
- Dziękuję.
- Nie ma za co.

2

- Czy służba wojskowa jest obowiązkowa dla

New vocabulary review

1

- Could you tell me, is today still April or is it already May?
- Today is April thirtieth. Tomorrow is May first.
- Could you tell me, where is the station?
- Walk this way. It takes about five minutes on foot.
- Thank you. By the way, could I get there by public transportation?
- Take the number seven bus. You need to get off at the second stop.
- Thank you.
- You're welcome.

2

- Is military service mandatory for everyone in your country?

wszystkich w waszym kraju?

- W naszym kraju, służba wojskowa jest obowiązkowa dla wszystich mężczyzn w wieku od osiemnastu do dwudziestu siedmiu lat. A czy w waszym kraju mężczyźni też muszą służyć w wojsku?

- To nie jest obowiązkowe. Nasze wojsko jest oparte na kontrakcie. Ci, którzy służą w wojsku, dostają wypłatę.

- Dużo zarabiają?

- Wystarczająco.

3

- Szukam tymczasowej pracy. Mógłbyś mi powiedzieć, gdzie ją znaleźć?

- Spróbuj w wojsku. W zeszłym miesiącu potrzebowali tymczasowych pracowników.

- Wojsko nie płaci wystarczająco tymczasowym pracownikom.

- W takim razie powinieneś pomyśleć o stałej pracy.

4

- Sytuacja w tym kraju jest bardzo trudna. Ale to tymczasowe.

- Od kiedy mają taką trudną sytuację?

- Od poprzedniego wieku. Dokładniej od tysiąc dziewięćset dziewięćdziesiątego trzeciego roku.

- To już od ponad dwudziestu lat!

- Dokładnie. Ale nadal mówią, że to tymczasowe.

5

- Możemy jechać do Paryża albo do Rzymu. Co wybierasz, kochanie?

- Wybieram Tokyo i pierścionek z niebieskim diamentem!

- Ale to jest zbyt drogie! Nie mam wystarczająco dużo pieniędzy!

- Nie martw się, kochanie. To jest sytuacja tymczasowa. Potem możemy pojechać do Paryża albo do Rzymu.

6

- Mój przyjaciel mówi, że mam za duży żołądek. Co o tym myślisz?

- Oczywiście, że twój żołądek nie jest za duży, kochanie.

- Nie rozumiesz mojej wskazówki, kochanie.

- Dobrze, powiem tak: moja miłość do Ciebie jest

- In our country, military service is mandatory for all men between the ages of eighteen and twenty-seven. And in your country, do men have to serve in the army, too?

- It isn't mandatory. Our army is based on contract. Those who serve in the army get a salary.

- Are they paid a lot?

- Enough.

3

- I'm looking for temporary work. Could you tell me where to find it?

- Try the army. They needed temporary workers last month.

- The army doesn't pay temporary workers enough.

- Then you should consider a permanent position.

4

- The situation in this country is difficult. But that is temporary.

- Since when did they have this difficult situation?

- Since the last century. More precisely since nineteen ninety-three.

- That's more than twenty years now!

- Exactly. But they still say it's temporary!

5

- We can go to Paris or Rome. What do you choose, my dear?

- I choose Tokyo and a ring with a blue diamond!

- But it's too expensive! I don't have enough money!

- Do not worry, dear. This is a temporary situation. Then we can go to Paris or Rome.

6

- My friend says that I have a big stomach. What do you think?

- Of course, your stomach is not big, dear.

- You can't get the hint, dear.

- Okay, I'll say this: my love for you is much bigger than your stomach.

o wiele większa niż twój żołądek.

- Nadal nie rozumiesz mojej prostej wskazówki.
- W takim razie poczekaj chwilę, pozwól mi pomyśleć... potrzebujesz pieniędzy na wizytę w salonie piękności?
- Jesteś blisko, kochanie. Pomyśl jeszcze raz.
- Zaczekaj... Chcesz, żebym Ci zabronił jeść trzy steki dziennie?
- To nie jest zbyt mądre, ale również blisko. Pomyśl jeszcze trochę.
- Czyżby to była dieta?
- Brawo! Dobrze! Będę jeść jeden owoc co godzinę.
- Kupię Ci banany i kiwi, kochanie.
- Potrzebuję też szwajcarski zegarek. Muszę jeść o czasie.

7

- Nie mogę znieść tych wielbłądów.
- Dlaczego, kochanie?
- Przez cały czas coś żują.
- Czy wiesz, że mogą żyć bez wody przez dwa tygodnie?
- Nie wiedziałam o tym, kochanie.
- I mogą żyć bez jedzenia przez cały miesiąc!
- O co Ci chodzi?
- Co?
- O co Ci chodzi? Chcesz powiedzieć, że jem więcej niż wielbłąd?
- Wcale nie!
- Chcesz powiedzieć, że jestem gruba! W takim razie idź mieszkać z wielbłądem!

8

- Mógłbyś mi wyjaśnić, jak poprawnie napisać sprawozdanie z wypadku?
- Musisz iść na policję. Tam zazwyczaj idą ludzie z takimi pytaniami.

9

- Przepraszam, proszę Pani, czy mogę zadać Pani jedno pytanie?
- Oczywiście, będę szczęśliwa mogąc Panu pomóc.
- Proszę mi powiedzieć, jak dotrzeć na policję.
- Proszę wsiąść do tramwaju numer dziesięć i wysiąść po pięciu przystankach.
- Dziękuję.

- *You still don't understand my simple hint.*
- *Then wait a minute, let me think... you need money for the beauty parlor?*
- *You're getting closer, darling. Think again.*
- *Wait... You want me to forbid you from eating three steaks each day?*
- *This isn't smart enough, but also close. Think some more.*
- *Could it be a diet?*
- *Well done! Right! I'll eat just one piece of fruit every hour.*
- *I'll buy you bananas and kiwi, dear.*
- *I also need a new Swiss watch. I have to eat on time.*

7

- *I can't stand these camels.*
- *Why, my dear?*
- *They are chewing something all the time.*
- *Do you know that they can live without water for two weeks?*
- *I didn't know that, dear.*
- *And they can live without food for a whole month!*
- *What are you hinting at?*
- *What?*
- *What are you hinting at? You mean to say that I eat more than a camel?*
- *Not at all!*
- *You are hinting that I'm fat! Then go and live with a camel!*

8

- *Can you explain to me how to draw an incident report correctly?*
- *You need to go to the police. That's where people usually go with such questions.*

9

- *Excuse me miss, can I address one question to you?*
- *Of course, I'd be happy to help you, sir.*
- *Please tell me how to get to the police.*
- *Take tram number ten and get off after five stops.*
- *Thank you.*

- Nie ma za co. Przy okazji, mam na imię Anna.   - *You're welcome. By the way, my name is Anna.*

26

Nie patrz w tył
Don't look back

A

Słówka
Words

1. atak - attack
2. azjatycki - Asian
3. benzyna - gasoline
4. bez ruchu - motionless
5. bliższy - closer
6. błysk, błyskawica – flash, lightning
7. burza - thunder
8. cicho - silently
9. czołgać się - crawl
10. dać, dawać - give
11. dalej - farther
12. dług - debt
13. dystans, odległość - distance
14. guma - rubber
15. huk - din
16. kamizelka - vest; kamizelka kuloodporna - bulletproof vest
17. krata - bar
18. kuloodporny - bulletproof
19. las - forest
20. leżeć - lie
21. maniera - manner
22. miał nadzieję - hoped
23. nosić - wear
24. oczekiwał - expected
25. odblokował, odpiął - unlocked
26. odzyskać przytomność - regain consciousness
27. osiem - eight
28. oszust - crook
29. pałka - baton
30. piekielny - infernal
31. pies - dog
32. planować, zaplanować - plan
33. pociąg kolejowy - freight train
34. pogoda - weather
35. poza tym - besides
36. przestrzegać, być posłusznym - obey
37. sarkastycznie - sarcastically
38. sarkazm - sarcasm
39. silniejszy - stronger
40. skrzyżowanie, przejazd - crossing

41. śmieszny - ridiculous
42. stać, zostać, pozostać - stay
43. stopniowo - gradually
44. świadomość, przytomność - consciousness
45. syrena - siren
46. szczekanie - barking
47. tory kolejowe - railway track
48. transport, przewożenic - transport
49. uczyć, nauczyć - teach
50. uderzenie - struck
51. ulewa - downpour
52. usta - lips
53. widzieć - see

54. więzienie główne - central prison
55. włąściwie - actually
56. wstać - stand up
57. wyciągnął - extended
58. wycie - wailing
59. wyciekł - flowed
60. wyraz twarzy - expression
61. zabronione, nie można - not allowed
62. zachować się, zachowywać się - behave
63. zapamiętał - remembered
64. zatrzymany - detainee
65. zawieszony - hung
66. ześlizgnąć się z drogi - slipped off the road

B

Nie patrz w tył

Paul Rost został aresztowany i wsadzony do celi na posterunku policji. Rost wszedł do celi i nie mógł uwierzyć własnym oczom. Siedział tam John Vega. John Vega otworzył usta w zaskoczeniu.

„Detektyw Rost?" powiedział, „Nigdy bym się tu Pana nie spodziewał. Jak się Pan ma?"

„Pan John Vega?" powiedział Rost, „Jak się Pan ma? Na kiedy planuje Pan kolejny rabunek swojego własnego banku, Panie menadżerze?" zapytał Rost sarkastycznie.

„Pański sarkazm brzmi śmiesznie, Paul. W końcu ty też tu jesteś. Ty też jesteś przestępcą, Paulu Roście," odpowiedział Vega.

„A propos, zastrzelono Cię, a ty żyjesz," zauważył Rost.

„Ashur i Pandora żywią do mnie tak gorące uczucia, że zawsze noszę kamizelkę kuloodporną, jak idę na spotkanie z nimi," uśmiechnął się były menadżer banku.

„Myślę, że te uczucia są odwzajemnione, John, czyż nie?" powiedział Rost.

„O tak, masz rację. A propos, czy wiesz gdzie oni są?" wypytywał się Vega.

„Nie możesz spędzić jednego dnia bez twoich

Don't look back

Paul Rost was arrested and put into a cell at the police station. Rost entered the cell and could not believe his eyes. Sitting there was John Vega. John Vega opened his mouth in surprise.

"Detective Rost?" he said, "I never expected to see you here. How are you?"

"Mr. John Vega?" Rost said, "How are you? When do you plan a new robbery at your own bank, Mr. Manager?" Rost asked sarcastically.

"Your sarcasm looks ridiculous, Paul. After all, you are also here. You're also a criminal, Paul Rost," Vega replied.

"By the way, you were shot, but you are alive," Rost noted.

"Ashur or Pandora have such passionate feelings for me that I always wear a bulletproof vest when I go to meet them," the former bank manager smiled.

"I think that these feelings are mutual, John, isn't it so?" Rost said.

"Oh yes, you are right. By the way, do you know where they are?" Vega inquired.

"You can't spend a day without seeing your

168

starych przyjaciół," odpowiedział Rost.

„Tak, naprawdę chcę ich zobaczyć," John Vega uśmiechnął się nieprzyjemnie.

„Nie sądzę, żebyś miał szansę ich zobaczyć przez najbliższe pięć lat," powiedział Rost.

„Pięć lat jest o wiele lepsze niż dożywocie w azjatyckim więzieniu!" zaśmiał się Vega, „Poza tym, ja żałuję tego co zrobiłem! Tak więc mam nadzieję, że dostanę nie więcej niż trzy lata," Vega był prawie ucieszony.

Rost zauważył, że Vega zmienił się z szanowanego menadżera banku, w zupełnie inną osobę. Jego wygląd i zachowanie przypominały oszusta. Właściwie to on był oszustem, oczywiście.

Rost spojrzał na kraty w oknie i przypomniał sobie jego pierwsze spotkanie z nim, w banku. Wtedy też spotkał po raz pierwszy Lisę. W tym momencie strażnik otworzył drzwi i zajrzał do celi.

„John Vega i Paul Rost, zostajecie przeniesieni do głównego więzienia. Wychodzić z celi!" rozkazał. Strażnik poprowadził Vegę i Rosta w stronę wyjścia z posterunku policji.

Zostali umieszczeni w furgonetce do transportu więźniów. W środku znajdował się już jeden więzień.

To był Arthur Stravinsky. Zobaczył Rosta, ale jego wyraz twarzy się nie zmienił. Wydawało się, że nie był nawet zdumiony.

„Dziękuję za próbę dania mi szansy," spojrzał na Rosta, „Nie zostanę twoim dłużnikiem."

„Zamknij się, Stravinsky!" krzyknął na niego strażnik.

Furgonetka z trójką więźniów pojechała ulicą. Nad miastem wisiały czarne chmury. Na horyzoncie pojawiły się błyskawice. Opuścili miasto i jechali w kierunku więzienia głównego, które mieściło się w odległości około trzydziestu kilometrów od miasta. Błyskawice zbliżały się coraz bardziej. Zaczęło padać i grzmieć. Deszcz stopniowo zamienił się w ulewę. Woda uderzała głośno o szyby i dach. Błyskawice uderzały coraz bliżej.

„Lepiej, jeśli się zatrzymamy i przeczekamy

old friends," Rost replied.

"Yes, I really want to see them," John Vega smiled unkindly.

"I don't think that you'll have a chance to see them in the next five years," Rost said.

"Five years is much better than a life sentence in an Asian prison!" Vega laughed, "Besides, I'm sorry for what I did! So I hope that I will get no more than three years," Vega was almost happy. Rost noticed that Vega changed from a respectable bank manager into a completely different person. His appearance and manners were like those of a crook. Actually, he was a crook, of course. Rost looked at the bars on the window and remembered his first meeting with him at the bank. He met Lisa for the first time then too. At this point the guard opened the door and looked into the cell.

"John Vega and Paul Rost, you are being moved to the central prison. Get out of the cell!" he ordered. The guard led Vega and Rost toward the exit of the police station. They were put into a van for transporting prisoners. One prisoner was already inside. It was Arthur Stravinsky. He saw Rost, but his expression didn't change. It seemed that he wasn't even surprised.

"Thank you for giving me a chance," he looked at Rost, "I won't stay in your debt."

"Shut your mouth, Stravinsky!" the guard shouted at him.

The van with the three prisoners drove down the street. Black clouds hung above the town. Flashes of lightning appeared on the horizon. They left the city and drove toward the central prison, which was located about thirty kilometers from the city. The lightning flashes were getting closer and closer. It started to rain and thunder. The rain gradually turned into a heavy downpour. The water beat loudly on the windows and on the roof. The lightning struck closer and closer.

"We'd better stop and wait out the bad weather!" the guard suggested to the driver.

brzydką pogodę!" strażnik zasugerował kierowcy.

„Nie ma czasu!" odpowiedział, „Muszę dojechać w dwa miejsca przed piątą!"

Jechali obok lotniska, gdy błyskawica uderzyła w wielkie drzewo przy drodze. Właśnie wtedy furgonetka przejeżdżała obok drzewa i błyskawice uderzyła również w furgonetkę. Piekielny huk i szok elektryczny oszołomił wszystkich w firgonetce. Furgonetka zajęła się ogniem, ześlizgnęła się z drogi i przewróciła się do góry nogami. Arthur Stravinsky jako pierwszy odzyskał przytomność i rozejrzał się. Ogień w furgonetce był coraz silniejszy. Inni leżeli bez ruchu.

Wyciągnął rękę przez kraty i zabrał strażnikowi klucz z kieszeni. Potem otworzył kajdanki i kraty i wydostał się na zewnątrz. Zabrał pistolet jednemu strażnikowi i włożył go do swojej kieszeni. Nadal padało i błyskało się. Wokóło nie było żadnych innych samochodów. Stravinsky odpiegł od furgonetki, ale potem się zatrzymał i spojrzał w tył. Benzyna wypływała z furgonetki, a ogień palił się jeszcze mocniej.

Szybko wrócił do samochodu i zaczął wyciągać Rosta. Vega i drugi strażnik odzyskali przytomność i zaczęli wydostawać się z samochodu. Vega wydostał się i natychmiast uciekł do lasu niedaleko drogi.

„Wyciągnij go z furgonetki," rozkazał strażnik Stravinsky'emu i wskazał na drugiego strażnika, który nadal leżał w palącej się furgonetce. Stravinsky wysiągnął strażnika i położył go na ziemi. Strażnik się nie ruszał. Potem Stravinsky wyciągnął Rosta i również położył go na ziemi. Strażnik podniósł radio, żeby zadzwonić po pomoc, ale Stravinsky wycelował w niego pistolet.

„Połóż radio na ziemi!" krzyknął. Rost otworzył oczy i spojrzał na Stravinsky'ego.

„Stravinsky, nie strzelaj," powiedział cicho. Był ranny i nie mógł wstać.

„Nie strzeli," powiedział strażnik cicho, „To dobry człowiek. Prawda, Stravinsky?" strażnik

"There's no time!" he replied, "I have to make it to two places before five o'clock!"

They were driving past the airfield when lightning struck a large tree near the road. The van just then passed by the tree and the lightning hit the van also. The infernal din and electric shock stunned everyone in the van. The van caught fire, slipped off the road and overturned. Arthur Stravinsky regained consciousness first and looked around. The fire in the van burned stronger and stronger. The other people lay motionless. He extended his hand through the bars and took the key from the guard's pocket. Then he unlocked the handcuffs and the bars and climbed out. He took a gun from one of the guards and put it in his pocket. The rain and lightning continued. There were no other cars around. Stravinsky ran away from the van, but then stopped and looked back. Gasoline flowed out of the van, and the fire in the van burned even stronger. He quickly returned to the car and began to pull Rost out. Vega and another guard regained consciousness and began to get out of the car. Vega got out and immediately fled into the forest near the road.

"Pull him out of the van," the guard ordered to Stravinsky and pointed to another guard who was still lying in the burning van. Stravinsky pulled the guard out and put him on the ground. The guard did not move. Then Stravinsky pulled Rost out and put him on the ground. The guard picked up the radio to call for help, but Stravinsky pointed the gun at him.

"Put the radio on the ground!" he shouted. Rost opened his eyes and looked at Stravinsky.

"Stravinsky, don't shoot," he said quietly. He was injured and could not get up.

"He won't shoot," the guard said quietly, "He's a good boy. Right, Stravinsky?" the guard came up to Stravinsky, took the gun from his hand and hit Stravinsky in the face with the gun. The prisoner fell to the ground.

podszedł do Stravinsky'ego, wziął pistolet z jego ręki i uderzył Stravinsky'ego pistoletem w twarz. Więzień upadł na ziemię. Strażnik powoli podniósł radio do twarzy i zadzwonił po pomoc, patrząc na Stravinsky'ego. Potem wyciągnął gumową pałkę i zaczął bić Stravinsky'ego.

„Nigdy tego nie rób!" krzyczał i nadal go bił, „Nigdy tego nie rób! Gdy wrócisz do więzienia, nauczę cię jak się zachowywać!"

„Przestań! Zabijesz go!" krzyczał Rost. Strażnik przestał i popatrzył na Rosta. Wtedy podszedł i wytarł sobie twarz dłonią.

„Rost, kim ty jesteś, żeby mi rozkazywać?" zapytał, „Jesteś aresztowany i musisz być posłuszny moim rozkazom! Zatrzymany Rost, wstań!" rozkazał. Rost cicho spojrzał na strażnika. Nie mógł wstać, ponieważ był ranny. Strażnik się uśmiechnął i zaczął bić Rosta pałką. Rost przykrył głowę rękami i zaczął się wczołgiwać pod przewrócony samochód, aby uchronić się przed atakiem.

W tym momencie słychać było strzał. Strażnik zatrzymał się i spojrzał na Stravinsky'ego. Stravinsky trzymał pistolet, który zabrał drugiemu strażnikowi.

„Odejdź od niego!" krzyknął na strażnika.

„Stravinsky, teraz już nigdy nie zobaczysz swojego więzienia," powiedział strażnik i szybko wyjął pistolet, ale Stravinsky zastrzelił go i strażnik upadł. Stravinsky podniósł Rosta: „Paul, ja muszę iść. Przepraszam," powiedział.

„Pomóż mi. Muszę dokończyć jedną sprawę. Weź radio i chodźmy," powiedział.

W oddali słychać było syreny policyjne. Paul Rost nie mógł szybko chodzić ze zranioną nogą, więc Stravinsky poprowadził Rosta do lasu. Gdy odeszli na krótki dystans od drogi i spojrzeli dookoła, aby wybrać kierunek, słychać było strzał i Stravinsky upadł. Strażnik, który strzelał zza drzewa, zranił go w ramię. Rost pomógł mu się podnieść i poszli dalej. Stravinsky i Rost poszli trochę dalej i zobaczyli tory kolejowe. Na torach stał pociąg. Wdrapali się do jednego z wagonów. Mieli

The guard slowly raised the radio to his face and called for help, looking at Stravinsky. Then he pulled out a rubber baton and began to beat Stravinsky.

"Don't ever do that!" he shouted, and continued to beat him, "Don't ever do that! When you go back to prison, I'll teach you how to behave!"

"Stop! You'll kill him!" Rost cried. The guard stopped and looked at Rost. Then he went over and wiped his face with his hand.

"Rost, who are you to give orders?" he asked, "You're under arrest and must obey my orders! Detainee Rost, stand up!" he ordered. Rost silently looked at the guard. He couldn't get up because he was injured. The guard smiled and began to beat Rost with the baton. Rost covered his head with his hands and started to crawl under the overturned car to protect himself from the attacks. At that moment a shot rang out. The guard stopped and looked at Stravinsky. Stravinsky was holding a gun that he had taken from the other guard.

"Get away from him!" he shouted at the guard.

"Stravinsky, now you'll never see your prison," the guard said and quickly pulled out a gun, but Stravinsky shot him and the guard fell. Stravinsky picked up Rost: "Paul, I have to go. I'm sorry," he said.

"Help me. I have to finish one business. Take the radio and let's go," he said. Police sirens were heard in the distance. Paul Rost couldn't walk fast with a wounded leg, so Stravinsky led Rost into the forest. When they walked a short distance away from the road and looked around to choose the direction, a shot was heard and Stravinsky fell. The guard, who shot from behind a tree, wounded him in the shoulder. Rost helped him get up and they went on. Stravinsky and Rost walked a little farther and saw railway tracks. A train was on the tracks. They climbed onto one of the cars. They hoped that the train

nadzieję, że pociąg wkrótce ruszy. Ale czas mijał, a pociąg się nie ruszał. W oddali usłyszeli wycie syren i szczekanie psów. W końcu pociąg zaczął się poruszać.

Około pięciu kilometrów od miejsca, w którym Stravinsky i Rost wspięli się do pociągu, było przejazd kolejowy. Na przejeździe stało kilka samochodów. Przejazd było zamknięty, a samochody czekały, aż pociąg przejedzie. Pociąg zatrzymał się na przejeździe. W jednym z samochodów była rodzina - matka, ojciec i mały syn. Syn miał siedem lub osiem lat. Matka i ojciec rozmawiali o czymś, a chłopiec patrzył na pociąg.

„Czy tym pociągiem jadą ludzie?" zapytał syn. „Nie, synku, ludzie jeżdżą pociągami pasażerskimi. To jest pociąg towarowy. Ludzie nie mogą jeździć pociągiem towarowym," odpowiedział ojciec. Chłopiec znów spojrzał na pociąg. Między wagonami siedziało dwóch mężczyzn i patrzyli na niego. Chłopiec podniósł rękę i pomachał do nich trochę. Mężczyźni w pociągu nadal się na niego patrzyli. Wtedy jeden z mężczyzn przycisnął palec do ust. Chłopiec zrozumiał, że byli to źli ludzie, bo zrobili coś, czego nie powinni byli zrobić. Pociąg zaczął jechać i chłopiec pomachał złym ludziom.

would go soon. But time passed and the train did not move. Far away they heard the wailing of sirens and the barking of search dogs. At last the train began to move forward. About five kilometers away from the place where Stravinsky and Rost had climbed on the train there was a railway crossing. Several cars were at the crossing. The crossing was closed and the cars waited for the train to pass. The train stopped at the crossing. In one of the cars there was a family—a mother, a father and a small son. The son was seven or eight. The mother and father were talking about something and the boy looked at the train.
"Do people ride this train?" the son asked.
"No, son, people have to ride the passenger train. This is a freight train. People are not allowed to ride a freight train," the father replied. The boy looked at the train again. Two people sat between the cars and looked at him. The boy raised his hand and waved to them a little. The people on the train kept looking at him. Then one of the men pressed a finger to his lips. The boy understood that these were bad people because they did something they weren't allowed to do. The train began to move and the boy waved to the bad people.

 # C

Przegląd nowego słownictwa
1
- Mógłbyś mi powiedzieć, czy dzisiaj jest jeszcze maj, czy już jest czerwiec?
- Dzisiaj jest trzydziesty pierwszy maja. Jutro będzie pierwszy czerwca.
- Czy mógłbyś mi powiedzieć, gdzie jest najbliższy szpital?
- Idź tą drogą. Idź przez około dziesięć minut i dotrzesz na miejsce.
- Dziękuję. Przy okazji, czy mogę się tam dostać środkami transportu publicznego?

New vocabulary review
1
- Could you tell me, is today still May or is it June already?
- Today is May thirty-first. Tomorrow is June first.
- Could you tell me, where is the closest hospital?
- Walk that way. Walk for about ten minutes and you'll be there.
- Thank you. By the way, could I get there by public transportation?

- Wsiądź do tramwaju numer piętnaście. Musisz wysiąść na czwartym przystanku.
- Dziękuję.
- Nie ma za co.

2

- Ten mężczyzna wyglądający na azjatę, został aresztowany za kradzież.
- Co ukradł?
- Ukradł benzynę z wagonów kolejowych. Ludzie z pobliskich domów widzieli to i zadzwonili na policję.

3

- Chcesz gorącej kawy?
- Z przyjemnością.
- Przykro mi, nie ma więcej kawy. Chcesz gorącej herbaty?
- Tak, poproszę.
- Przykro mi, herbaty też już nie ma. Chcesz gorące kanapki?
- Tak.
- Niestety, nie ma chleba. Chcesz posłuchać radia?
- Nie, dziękuję.

4

- Proszę, naucz naszego syna dobrych manier.
- Czy on ma złe maniery?
- Tak. On pali.
- Często?
- Wtedy, kiedy pije.
- A często pije?
- Wtedy, gdy traci dużo pieniędzy w kasynie.

5

- Słyszałeś o wypadku na przejeździe kolejowym?
- Nie. Co się tam stało?
- Furgonetka dostawcza zepsuła się i zatrzymała się dokładnie na przejeździe. W tym momencie przejechał pociąg pasażerski. Zderzył się z furgonetką. Jeden wagon pasażerski przewrócił się do góry nogami. Ludzie zostali ranni.
- A kierowca furgonetki jeszcze żyje?
- W porę wyskoczył z furgonetki i uciekł. Policja go szuka.

6

- Halo. Jak się masz?

- Take tram number fifteen. You need to get off at the fourth stop.
- Thank you.
- You're welcome.

2

- That man with an Asian appearance was arrested for theft.
- What did he steal?
- He stole gasoline from railway cars. People from nearby houses saw it and called the police.

3

- Do you want some hot coffee?
- With pleasure.
- Sorry, there is no more coffee. Do you want some hot tea?
- Yes, please.
- Sorry, there is also no more tea. Do you want some hot sandwiches?
- Yes.
- Unfortunately, there is no bread. Do you want to listen to the radio?
- No, thank you.

4

- Please teach our son some good manners.
- Does he have bad manners?
- Yes. He smokes.
- Often?
- When he drinks.
- And does he drink often?
- When he loses a lot of money at the casino.

5

- Have you heard about the incident at the railway crossing?
- No. What happened there?
- A cargo van broke down and stopped right at the crossing. At that time a passenger train was passing. It hit the van. One passenger car overturned. People were injured.
- And is the van's driver still alive?
- He jumped out of the van just in time and ran away. The police are looking for him.

6

- Hello. How are you?

- Nieźle, dziękuję. A ty jak się masz?
- Też nieźle, dziękuję. Słyszałeś, co się stało z Prezydentem?
- Co się z nim stało?
- Został aresztowany w sąsiednim państwie i przewieźli go z powrotem. Teraz jest w więzieniu i żałuje tego.
- Czego żałuje?
- Żałuje, że nakazał strażnikom więzienia bić więźniów gumowymi pałkami.

7

- Czemu jesteś taki smutny?
- Żałuję wielu rzeczy, które zrobiłem.
- To absurdalne! Każdy zaczyna czegoś żałować, prędzej czy później. Ale po co być tak smutnym?
- To nie jest absurdalne. Życie przemija tak szybko, jak piasek przez palce. A ja nadal jestem w punkcie, w którym zacząłem moją podróż dawno temu.
- To znaczy, że wszystko jest jeszcze przed tobą. Ciesz się z tego!

- Not bad, thank you. And how about you?
- Not bad either, thank you. Have you heard what happened to the president?
- What happened to him?
- He was arrested in a neighboring country and they brought him back. Now he is in prison and regrets it.
- What does he regret?
- He regrets that he ordered the prison guards to beat prisoners with rubber batons.

7

- Why are you so sad?
- I regret many things that I have done.
- That's ridiculous! Everyone begins to regret something sooner or later. But why be so sad?
- It's not ridiculous. Life goes by fast, like sand through one's fingers. And I'm still at the point where I began my journey long ago.
- It means that everything is still ahead of you. Be happy that it is so!

27

Czarne i białe (część 1)
Black and white (part 1)

A

Słówka
Words

1. aleja - alley
2. apteka - pharmacy
3. ból głowy - headache
4. brązowy - brown
5. być wartym - be worth
6. był posłuszny - obeyed
7. chodnik - pavement
8. chodzić, iść - walk
9. ćwiczyć - practice
10. dać radę - manage
11. dalszy - further
12. drobny, nikły - slight
13. dwa razy, podwójnie - twice
14. dziecinnie proste - be child's play
15. gra, zabawa - play
16. grupa - company
17. jeść - eat
18. kamera - camera
19. koc - blanket
20. kolano - knee
21. kosztować - cost
22. ledwo - barely
23. lekarstwo przeciwbólowe - painkiller
24. liczyć - count
25. lustro - mirror
26. mikrofon - microphone
27. monitor, ekran - monitor
28. mózg - brain
29. nasikał - urinated
30. nóż - knife
31. obiad - lunch
32. obrabować, okraść - rob
33. opór - resistance
34. oprzytomniał - recovered
35. orgazm - orgasm
36. pięciominutowy - five-minute
37. plama - spot
38. plamy krwi - blood spot

39. plastikowy - plastic
40. podobało mu się - enjoyed
41. położył - laid
42. porcja - dose
43. powód - reason
44. pozwolić - allow
45. procent - percent, percentage
46. prosty, łatwy - simply
47. prowadzić - roll
48. prowadził - rolled
49. przechodzień - passersby
50. przekupić - bribe
51. przepraszam, wybacz mi - excuse me
52. rana - wound
53. sikać - urinate
54. spać - be asleep
55. sprzedał - sold
56. taśma - tape

57. taśma klejąca - scotch tape
58. trzydzieści pięć - thirty-five
59. twarz - facial
60. uderzenie, kopnięcie - kick
61. ukrył - hid
62. w pełni - fully
63. wartość - worth
64. wózek inwalidzki - wheelchair
65. wybór - choice
66. wypadek, przypadek - accident
67. wyprostowany - straightened
68. wyraz twarzy - facial expression
69. zbadał - examined
70. zgiął - bent
71. zgromadził - gathered
72. złamać - break
73. złodziej - robber
74. zwykły, czysty - sheer

B

Czarne i białe (część 1)

W małej alejce, grupa nastolatków wdała się w pijacką walkę z przechodniem. Przechodzień nie chciał im oddać swojej torby z jedzeniem. Nastolatki otoczyły przechodnia. Śmiali się i krzyczeli. Jeden z nastolatków wyciągnął nóż. Przechodzień natychmiast dał im torbę. Pijane nastolatki zaczęły jeść jedzenie z torby. Nie zauważyli, że od tyłu podszedł do nich policjant. Przechodzień uciekł. Policjant wyjął pistolet.

„Smacznego," powiedział policjant, „Teraz zapłaćcie za obiad," dodał i wycelował pistolet w nastolatków. Nastolatki popatrzyły przerażone na policjanta.

„Macie dziesięć sekund, aby zapłacić za obiad," powiedział do nastolatka z nożem.

„Nie mam pieniędzy," powiedział nastolatek i schował nóż.

„Nie macie również mózgów, nawet jeśli macie nóż," powiedział policjant i się uśmiechnął, „Uklęknij," powiedział do

Black and white (part 1)

In a small alley, a group of teenagers got into a drunken fight with a passerby. The passerby didn't want to give them his bag of food. The teenagers surrounded the passerby. They were laughing and shouting. One of the teenagers took out a knife. The passerby immediately gave them the bag. The drunk teenagers began eating the food from the bag. They didn't notice that a policeman came up behind them. The passerby fled. The policeman took out his gun.

"Bon Appetit," the policeman said, "Now pay for the lunch," he added, and pointed the gun at the teenagers. The teenagers looked fearfully at the policeman.

"You have ten seconds to pay for the lunch," he told the teenager with the knife.

"I have no money," the teenager replied and hid the knife.

"You also don't have any brains, even though you have a knife," the policeman said and

nastolatka. Policjantowi podobała się ta sytuacja. Wiedział, jak złamać ludzki opór swoim głosem i wyrazem twarzy. „Policzę do trzech i strzelę ci między oczy! Trzy!" nastolatek upadł na kolana, „Sikaj na niego," powiedział cicho policjant do drugiego nastolatka. Nastolatek nasikał na tego, który był na kolanach. Policjant uważnie patrzył na twarze nastolatków, w taki sposób, w jaki właściciel patrzy na swoje walczące psy. Złamał ich opór i teraz są mu całkiem posłuszni. Podobały mu się ich emocje, ich strach. Był pewny, że teraz byli gotowi na pełne posłuszeństwo i wykonanie każdego rozkazu. „Spadajcie", powiedział tak cicho, że ledwo go można było usłyszeć i schował pistolet. Nastolatki szybko zniknęły. Wszyscy oprócz jednego. Nastolatek podszedł do policjanta i dał mu jakieś pieniądzc.

„Ile?" zapytał policjant.

„Sprzedałem dwanaście porcji," odpowiedział nastolatek.

„Dlaczego tak mało, Kent?" zaprotestował policjant, licząc pieniądze, „Naucz się pracować szybciej. Cześć," powiedział do nastolatka, a on uciekł szybko. Policjant wyszedł z alejki i wsiadł do swojego samochodu. Przejechał jedną przecznicę i zatrzymał się na skrzyżowaniu.

Po drugiej stronie ulicy, Stravinsky pchał po chodniku wózek inwalidzki. Na wózku siedział Rost. Zatrzymali się na światłach i czekali na zielone światło. Stravinsky spojrzał w jedną stronę i zobaczył samochód policyjny stojący na skrzyżowaniu. Policjant spojrzał na nich. Stravinsky pochylił się nad Rostem i poprawił koc na jego nogach. Światło zmieniło się na zielone, a samochód policyjny ruszył powoli przez skrzyżowanie i odjechał. Stravinsky popchnął wózek przez skrzyżowanie i dalej chodnikiem. Przechodnie nie zwracali na nich żadnej uwagi. Ale jeśli któryś z przechodniów przyjarzałby się bliżej chodnikowi, zobaczyłby krople krwi, które zostawiają za sobą. Jeden kierowca był bardziej uważny. Wysiadł z

smiled, "Get down on your knees," he said to the teenager. The policeman liked this situation. He knew how to break people's resistance with his voice and facial expressions. "I'll count to three and shoot you between the eyes! Three!" the teenager fell to his knees, "Urinate on him," the police officer told another teenager quietly. The teenager urinated on the one who was on his knees. The policeman looked attentively at the teenagers' faces, the way a master looks at his fighting dogs. He broke their resistance, and they obeyed him completely. He enjoyed their emotions, their fear. He was sure that they were now ready to fully obey him and follow any of his orders. "Get lost," he said so quietly one could barely hear, and hid the gun. The teenagers quickly disappeared. All except one. That teenager went up to the policeman, and handed him some money. "How much?" the policeman asked. "I sold twelve doses," the teenager replied. "Why so little, Kent?" the policeman protested, counting the money, "Learn to work faster. Bye," he told the teenager and the teenager quickly left. The policeman walked out of the alley and got into his car. He drove one block and stopped at the intersection.

On the other side, Stravinsky was rolling a wheelchair down the sidewalk. Rost sat in the chair. They stopped at a traffic light and waited for the green light. Stravinsky looked to one side and saw the police car stopped at the intersection. The policeman looked at them. Stravinsky bent down to Rost and adjusted the blanket over his legs. The light turned green, and the police car moved slowly through the intersection and drove away. Stravinsky rolled the wheelchair through the intersection and further down the sidewalk. The passersby didn't pay any attention to them. But if one of the passersby had looked closely at the pavement, he would have seen the blood spots that they had left

samochodu i wszedł na chodnik. Dotknął kropli krwi swoim brązowym butem i spojrzał za tymi dwoma mężczyznami. Potem wsiadł do samochodu i pojechał.

Zapadła noc. W jednej z aptek, sprzedawca leżał na podłodze. Ale nie spał; patrzył na mężczyznę, siedzącego na krześle. Ręce sprzedawcy były związane za jego plecami za pomocą taśmy klejącej. Stravinsky siedział na krześle i oglądał swoją ranę na ramieniu w lustrze. Rana była drobna. Rost zawiązał wokół niej bandaż.

„Muszę znaleźć jakieś pieniądze," powiedział Stravinsky, „Mój syn potrzebuje drogiej operacji. Co z twoją sprawą? Jaka sprawa jest warta kary za ucieczkę, Paul? Chcę Ci pomóc w twojej sprawie, jeśli mogę," Stravinsky zaoferował Rostowi.

„Moja przyjaciółka jest w więzieniu. Chcę ją uwolnić," odpowiedział Paul.

„To jest kobieta?" dopytywał się Stravinsky.

„Tak. Jest w więzieniu Mezzeh. To jest bardzo daleko, w Syrii," powiedział Rost.

„Chciałbym Ci pomóc, Paul. Ale... Jak zamierzasz to zrobić?" Stravinsky nie potrafił zrozumieć.

„Z pomocą pieniędzy. Mógłbym przekupić strażników..." odpowiedział Rost.

„Masz pieniądze?" zapytał Stravinsky.

„Nie. Ale myślę, że mógłbym zdobyć kilka milionów z jednego banku," wyjaśnił Rost.

„Planujesz obrabować bank?" dopytywał się Stravinsky.

„Znam jedną osobę, która z chęcią by to zrobiła," powiedział Rost, „Spójrz tutaj," dodał.

Stravinsky wstał i podszedł do Rosta. Spojrzał na monitory z kamer, które pokazywały obydwa wejścia do apteki. Na jednej z kamer widać było mężczyznę. Naciągnął kurtkę na głowę i podniósł rękę. Potem opuścił kurtkę i naciągnął ją z powrotem na głowę i znowu podniósł rękę.

„Co on robi?" zapytał Stravinsky, „Ja go już nawet gdzieś widziałem. Kto to?"

behind. One driver was more attentive. He got out of the car and walked to the sidewalk. He touched the blood drops with his brown shoe and looked after these two people. Then he got into his car and drove on.

Night fell. In one pharmacy, the sales clerk lay on the floor. But he wasn't asleep; he was looking at a man who was sitting in a chair. The sales clerk's hands were tied behind his back with scotch tape. Stravinsky sat on a chair and examined the wound on his shoulder in a mirror. The wound was slight. Rost put a bandage over it.

"I need to find some money," Stravinsky said, "My son needs an expensive operation. What about your business? What kind of business is worth the punishment for an escape, Paul? I want to help you with your business, if I can," Stravinsky offered to Rost.

"My friend is in jail. I want to free her," Paul replied.

"Is it a woman?" Stravinsky inquired.

"Yes. She is in the Mezzeh prison. It's very far away, in Syria," Rost said.

"I want to help you, Paul. But... How are you going to do this?" Stravinsky could not understand.

"With the help of some money. I could bribe the guards..." Rost replied.

"Do you have money?" Stravinsky asked.

"No. But I think I could get a few million from one bank," Rost explained.

"Are you planning to rob a bank?" Stravinsky inquired.

"I know one person who would be happy to do it," Rost said, "Look over here," he added.

Stravinsky got up and walked up to Rost. He looked at the camera monitors that showed both entrances to the pharmacy. A man was visible on one of the cameras. He pulled his jacket over his head and raised his hand. Then he dropped his jacket down and pulled it back over his head and raised his hand again.

"What is he doing?" Stravinsky asked, "I've

„To jest John Vega. Ćwiczy. Chce obrabować tę aptekę," wyjaśnił Paul, „Tu jest mikrofon," powiedział i nacisnął przycisk mikrofonu. Mężczyzna znowu naciągnął kurtkę na głowę i podniósł rękę: „To jest napad! Włóż pieniądze do torby!" krzyknął.

„Wchodzi do środka. Zostań za ladą," powiedział Rost do Stravinsky'ego. Drzwi apteki otworzyły się i mężczyzna wszedł do środka. Widział, że w aptece nie ma żadnych klientów. Potem naciągnął kurtkę na głowę i podniósł rękę z pistoletem do góry.

„To jest napad! Włóż pieniądze do torby!" krzyknął, podszedł do lady i rzucił plastikową torbę. Stravinsky podniósł głowę i spojrzał na złodzieja. Złodziej rozpoznał Stravinsky'ego i zdziwiony zrobił kilka kroków w tył.

„Przepraszam, Panie menadżerze," usłyszał złodziej i odwrócił głowę. Paul Rost stanął, celując pistoletem w jego głowę, „Mógłby mi Pan powiedzieć, jakie emocje czuje człowiek, który rabuje bank, którym sam zarządza?" zapytał Rost i odsunął rękę od głowy złodzieja. John Vega spojrzał na Paula ze zdziwieniem. Rost dodał:

„Jestem pewny, że powodem rabowania banku, który się samemu zarządza, jest pięciominutowy orgazm. Czyż nie, John?"

„Rost? Czemu ty mnie ciągle śledzisz? Czego ty ode mnie chcesz?" Vega usiadł na podłodze, „Proszę, zabandażuj moją rękę. I strasznie mnie boli tutaj," dodał, wskazując na żołądek. Dopiero wtedy Rost zauważył, że Vega również był ranny. Vega położył się na podłodze i zdali sobie sprawę, że został ciężko ranny podczas wypadku. Stravinsky zabandażował rękę Vegi i dał mu leki przeciwbólowe. Rost usiadł obok niego na podłodze.

„Jak się ma twój syn?" Rost zapytał Stravinsky'ego.

„Miał małą operację, ale to nie pomogło," odpowiedział Stravinsky, „Duża operacja kosztuje setki tysięcy," wyprostował swoje ubranie, „Lekarze dali mu trzy miesiące. Mam

even seen him somewhere. Who is it?"

"This is John Vega. He is practicing. He wants to rob this pharmacy," Paul explained, "There is a microphone here," he said and pressed the microphone button. The man pulled his jacket over his head again and raised his hand: "This is a robbery! Put the money in the bag!" he shouted.

"He's coming in. Stand behind the counter," Rost said to Stravinsky.

The pharmacy door opened and a man came in. He saw that there were no customers in the pharmacy. Then he pulled his jacket over his head and raised a hand with a gun.

"This is a robbery! Put the money in the bag!" he shouted, walked up to the counter and threw down a plastic bag. Stravinsky raised his head and looked at the robber. The robber recognized Stravinsky and took a few steps back in surprise.

"Excuse me, Mr. Manager," the robber heard and turned his head. Paul Rost stood pointing a gun at his head, "Could you tell me, what emotions does a person feel when he robs a bank that he himself manages?" Rost asked and lowered his hand from the robber's head. John Vega looked at Rost in surprise. Rost added: "I'm sure that the five-minute orgasm is one of the reasons for robbing a bank that you manage. Isn't it so, John?"

"Rost? Why are you always following me? What do you want from me?" Vega sat down on the floor, "Please bandage my hand, and it hurts very badly here," he added, pointing to his stomach. Only then Rost noticed that Vega was also wounded. Vega lay down on the floor, and they realized that he had been badly injured during the accident. Stravinsky bandaged Vega's hand and gave him painkillers. Rost sat down next to him on the floor.

"How is your son?" Rost asked Stravinsky.

"He had a small operation, but it didn't help," Stravinsky replied, "A big operation costs hundreds of thousands," he straightened his

trzy miesiące na znalezienie pieniędzy," powiedział Stravinsky i zamilkł. Vega oprzytomniał powoli. Otworzył oczy i spojrzał dookoła:

„Rost? Dlaczego mnie śledzisz?" powiedział Vega, „Czego ode mnie chcesz?"

„Chcemy, abyś obrabował ponownie twój bank. Już dwa razy go obrabowałeś. Trzeci raz będzie dla ciebie dziecinnic prosty. Dostaniesz trzydzieści procent," zasugerował Rost.

„Dostanę pięćdziesiąt procent! Bo to mój bank!" zaprotestował Vega.

„Był twój," Rost spojrzał na Stravinsky'ego szukając wsparcia., „Dobrze, trzydzieści pięć procent. Zgódź się na to, albo wydam cię policji za napaść na aptekę z bronią w ręku!" zażądał.

„Taki procent to zwykła kradzież! A ja nie pozwolę ci obrabować banku, którym ja zarządzam!"

Vega spojrzał na nich, „Nie zostawiacie mi żadnego wyboru!" położył głowę na podłodze, „Zgadzam się."

W tym momencie otworzyły się drzwi apteki i wszedł policjant, który widział Rosta i Stravinsky'ego dziś rano, na skrzyżowniu. Stravinsky stał za ladą. Vega i Rost po cichu schowali się w pokoju służbowym. Policjant powoli podszedł do lady. Rozejrzał się dookoła uważnie.

„Dobry wieczór. Czego Pan sobie życzy?" zapytał Stravinsky. Policjant nie odpowiedział. Uważnie wszystko oglądał. Potem przycisnął palec do ust, wyciągnął pistolet i wycelował w Stravinsky'ego.

„Daj mi jakieś tabletki na ból głowy," odpowiedział policjant, cicho podchodząc do drzwi pokoju służbowego. Kopiąc otworzył drzwi i Rost, który stał za drzwiami, upadł na ziemię wypuszczając pistolet.

„Na kolana!" krzyknął policjant. Rost i Vega padli na kolana. Policjant wycelował pistolet w Stravinsky'ego, „Zostań tam! Na kolana!" On również padł na kolana. Policjant podniósł pistolet Rosta.

clothes, "The doctors gave him three months. I have three months to find the money," Stravinsky said and fell silent. Vega recovered slowly. He opened his eyes and looked around:

"Rost? Why are you following me?" Vega said, "What do you want from me?"

"We need you to rob your bank again. You robbed it twice already. The third time will be simply child's play for you. You'll get thirty percent," Rost suggested.

"I'll get fifty percent! Because it's my bank!" Vega protested.

"It was yours," Rost looked at Stravinsky for support, "Okay, thirty-five percent. Agree to it or I'll turn you in to the police for an armed robbery of a pharmacy!" he demanded.

"This percentage is sheer robbery! And I won't allow you to rob a bank that I manage!" Vega looked at them, "You leave me no choice!" he laid his head on the floor, "I agree."

At that moment the door of the pharmacy opened and the policeman who saw Rost and Stravinsky that morning at the intersection came in. Stravinsky stood at the counter. Vega and Rost quietly hid in the service room. The policeman slowly walked toward the counter. He looked around attentively.

"Good evening. Would you like something?" Stravinsky asked.

The policeman did not answer. He examined everything attentively. Then he pressed a finger to his lips, took out a gun and pointed it at Stravinsky.

"Give me some headache pills," the policeman replied, quietly walking to the door of the service room. He kicked open the door and Rost, who was standing near the door, fell to the ground and dropped his gun.

"On your knees!" the policeman shouted. Rost and Vega got on their knees. The policeman pointed the gun at Stravinsky, "Stand over there! On your knees!" He also got on his knees. The policeman picked up

180

„Całe towarzystwo zebrało się razem,"
policjant spojrzał każdemu z nich w oczy,
„Ty!" wskazał na Vegę, „Zawiąż im obu ręce,"
zażądał. Vega zrobił to, czego zażądał
policjant. Potem policjant związał ręce Vegi.

Rost's gun.
"The whole company is gathered together,"
the policeman looked each of them in the eye,
"You!" he pointed to Vega, "Tie both of their
hands," he demanded.
Vega did what the policeman had demanded.
Then the policeman tied Vega's hands.

C

Przegląd nowego słownictwa
1
- Mógłbyś mi powiedzieć, czy dzisiaj jest
jeszcze czerwiec, czy jest już Lipiec?
- Dzisiaj jest trzydziesty czerwca. Jutro jest
pierwszy lipca.
- Mógłbyś mi powiedzieć, gdzie jest najbliższy
przystanek autobusowy?
- Idź tą drogą. Idź przez około dwie minuty i
dotrzesz na miejsce.
- Dziękuję.
- Nie ma za co.

2
- W zeszłym tygodniu, obok apteki zdarzył się
wypadek. Samochód zderzył się z furgonetką z
apteki tuż obok wejścia do apteki.
- Czy ktoś został ranny?
- Nie było rannych, ale kilka paczek zniknęło z
furgonetki. Mówią, że w tych paczkach były
narkotyki.

3
- Wczoraj dwóch złodziei obrabowało bank na
głównej ulicy.
- Zostali aresztowani?
- Rabunek został nagrany na kamerze. Policja
rozpoznała jednego ze złodziei, był to
pracownik banku.
- Nie nosili masek?
- Nosili maski. Ale ten jeden chciał nasikać na
menadżera banku. I kiedy to zrobił, maska
spadła mu z twarzy.
- Został aresztowany?
- Jeszcze nie. Mówią, że on i inni złodzieje
zniknęli.

New vocabulary review
1
- *Could you tell me, is today still June or is it*
July already?
- *Today is June thirtieth. Tomorrow is July*
first.
- *Could you tell me, where is the closest bus*
stop?
- *Walk that way. Walk for about two minutes*
and you'll be there.
- *Thank you.*
- *You're welcome.*

2
- *Last week, there was an accident near the*
pharmacy. A car crashed into a pharmacy
van right next to the pharmacy entrance.
- *Was anyone injured?*
- *There were no injured, but some packages*
disappeared from the pharmacy van. They
say that there were drugs in the packages.

3
- *Yesterday, two robbers robbed a bank on*
the main street.
- *Were they arrested?*
- *The robbery was recorded by a video*
camera. The police recognized one of the
bank robbers as a bank employee.
- *They weren't wearing masks?*
- *They wore masks. But that one wanted to*
urinate on the bank manager. And when he
did that, the mask fell off his head.
- *Was he arrested?*
- *Not yet. They say that he and the other*
robber disappeared.

181

- Zabrali dużo pieniędzy?
- Strażnicy przyszli szybko i zaczęli strzelać. Nic nie zabrali, ale dwóch z nich zostało rannych.

4
- Ten mężczyzna ma przerażony wyraz twarzy.
- Oczywiście. Jego żona urodziła trojaczki.
- W takim razie powinien być szczęśliwy.
- W takiej sytuacji każdy mężczyzna byłby wystraszony na początku. Będzie szczęśliwy później.

5
- Mówią, że jeśli dotkniesz lustra o północy, możesz zobaczyć w lustrze wampira.
- To nieprawda! Ja go dotknęłam i zobaczyłam tylko jakąś dziwną małpę.
- Musisz go dotknąć i spojrzeć na niego od tyłu. Z której strony patrzyłaś - z tyłu czy z przodu?
- Patrzyłam z przodu. Zastanawiam się, co to znaczy, że zobaczyłam małpę w lustrze?
- Dla kobiety oznacza to, że za niedługo pójdzie do salonu piękności. A dla mężczyzny to nic nie znaczy. Dla nich to normalne.

6
- Kochanie, zamknęłaś drzwi wejściowe, kiedy wyszliśmy z domu?
- Nie pamiętam. Nie zawracaj mi głowy i pozwól mi cieszyć się filmem, kochanie.
- Ty się cieszysz, a ja się martwię. Myślę, że nie wyłączyłem żelazka.
- Jesteś pewny?
- Tak, i zostawiłem otwarte okno.
- Musimy iść do domu.
- Chodź szybko kochanie. Abyśmy nie mieli żadnych problemów.

7
- Czyja jest ta plastikowa torba?
- Nie moja. Może jest twoja?
- Nie, nie jest moja. Może w środku jest bomba?
- Zobaczę. Nie ma bomby w środku. Jest w niej mikrofon i ukryta kamera.

8
- Spójrz kochanie, okna są zamknięte i nie

- *Did they take a lot of money?*
- *The guards arrived quickly and started shooting. They didn't take anything, but both of them were injured.*

4
- *That man has a frightened expression.*
- *Of course. His wife gave birth to triplets.*
- *In that case, he should be happy.*
- *In that situation, any man would be frightened at first. He will be happy later.*

5
- *They say that if you touch a mirror at midnight, you can see a vampire in the mirror.*
- *Not true! I touched it and saw only some kind of a strange monkey.*
- *You have to touch and look in the mirror from the back. Which side did you look from—the back or the front?*
- *I looked from the front. I wonder, what does it mean if I saw a monkey in the mirror?*
- *For a woman it means that she will go to a beauty parlor soon. And for a man, it means nothing. For them it's normal.*

6
- *Darling, did you lock the front door when we left the house?*
- *I don't remember. Don't bother me and let me enjoy the movie, dear.*
- *You're enjoying it, and I worry. I think that I didn't shut off the iron.*
- *Are you sure?*
- *Yes, and I left the window open.*
- *We have to go home.*
- *Come quickly, dear. So we won't have any problems.*

7
- *Whose plastic bag is this?*
- *Not mine. Could it be yours?*
- *No, it isn't mine. Maybe there is a bomb inside?*
- *I'll take a look. There is no bomb here. There is a microphone and a hidden video camera.*

wychodzi żaden dym. To znaczy, że wyłączyłem żelazko i zamknąłem okno.
- Drzwi wejściwe też są zamknięte. Przyszliśmy na próżno. Mogliśmy cieszyć się filmem.
- A co to za hałas w kuchni?
- Chodźmy zobaczyć.
- Spójrz. Jesteśmy po kolanach w wodzie. Zapomniałem zakręcić wodę!

9

- Spójrz! Zdarzył się tu wypadek!
- Mężczyzna w samochodzie silnie krwawi. Musimy go stamtąd wydostać i zabandażować jego rany.
- Musimy dać mu środki przeciwbólowe. Mamy je w apteczce w samochodzie.
- Ja mu je dam. Szybko, zadzwoń na pogotowie i na policję.

8

- *Look, dear, the windows are closed, and there is no smoke coming out. It means that I turned off the iron and closed the window.*
- *And the front door is locked. We came for no nothing. We could have enjoyed the film.*
- *And what about the noise in the kitchen?*
- *Come on, let's see.*
- *Look. There is water up to our knees. I forgot to turn off the water!*

9

- *Look! There was an accident here!*
- *The man in the car is bleeding heavily. We must get him out of there and put a bandage on his wounds.*
- *We have to give him painkillers. We have them in the first aid kit in the car.*
- *I'll give them to him. Quickly, call an ambulance and the police.*

28

Czarne i białe (część 2)
Black and white (part 2)

A

Słówka
Words

1. bezpieczeństwo - safety
2. chciwy - greedy
3. dosięgnął - reached
4. gdziekolwiek - anywhere
5. jękać, jęknąć, stękać stęknąć - groan
6. jęknął, stęknął - groaned
7. narkotyki, lekarstwa - drugs
8. nastolatek - teenager
9. nieprzyjemny - unpleasant
10. nigdzie - nowhere; nigdzie nie idę - I am not going anywhere
11. odciąć - cut off
12. odpiął (odpiął guziki) - unbuttoned
13. odwiązał - untied
14. odzyskiwać przytomność - recover
15. opierał się - resisted
16. paczka - package
17. powtarzać, powtórzyć - repeat
18. problem, kłopot - problem
19. przeszkodzić, przeszkadzać - interrupt
20. rozdzielił - distributed
21. rozmowa - conversation
22. specjalny - special
23. spokojnie - calmly
24. tory kolejowe - railroad
25. tykać - tick
26. uczestniczyć - participate
27. ulubiony - favorite
28. uspokoić się - calm down
29. w końcu - eventually
30. wcześniej - earlier
31. wybrać - chose
32. zatrudnił - hired

B

Czarne i białe (część 2)

Black and white (part 2)

Policjant usiadł i zapalił papierosa. Siedział, patrzył na nich i palił. Potem uśmiechnął się

Then the policeman sat down and lit a cigarette. He was sitting, looking at them, and

nieprzyjemnie. Myślał o czymś.

„Gdzie jest sprzedawca?" zapytał policjant po chwili. Pod ladą słychać było dźwięki. Policjant spojrzał pod ladę i uśmiechnął się ponownie. Zerwał taśmę klejącą z ust sprzedawcy.

„Gdzie są narkotyki?" zapytał sprzedawcę.

„W tej aptece nie ma narkotyków," powiedział sprzedawca, „Narkotyki są tylko w specjalnych aptekach."

„Kto postrzelił sprzedawcę?" zapytał policjant.

„Nikt go nie postrzelił," powiedział Stravinsky. Policjant wziął jakąś torbę, przycisnął ją do sprzedawcy i strzelił przez nią z pistoletu, który Stravinsky wziął od policjanta z przewróconego samochodu. Sprzedawca zaczął jęczeć.

„Skrzynka numer dziesięć w brązowej szafce," jęknął sprzedawca, „Nie zabijaj mnie."

„To oni cię wybrali. Nie ja," policjant wyciągnął swój telefon, „Kent, jestem w aptece przy parkingu. Chodź tu, szybko! Daję ci dwie minuty." Potem podszedł do brązowej szafki, znalazł skrzynkę numer dziesięć i zaczął wyciągać paczki.

„Tabletki na ból głowy są nie w tej skrzynce," powiedział mężczyzna w brązowych butach, który cicho podszedł do niego od tyłu, „W moim pistolecie jest siedem tabletek przeciwbólowych. Pomogą od razu."

Policjant zatrzymał się i powoli odwrócił głowę. Mężczyzna w brązowych butach wycelował w niego pistolet: „Chcesz ich spróbować?" zaproponował.

„Ashur?" Rost był zaskoczony, „Jak nas znalazłeś?"

„Twoja krew jest na całym chodniku, od torów kolejowych, aż do apteki. Dziwne, że nie było tu jeszcze policji," wyjaśnił Ashur.

„A co z tym policjantem?" powiedział Vega.

„On ma tu swój własny biznes," odpowiedział Ashur, „Zgadza się? Jesteś złym policjantem, prawda?" Ashur spytał policjanta.

smoking. Then he smiled an unpleasant smile. He was thinking about something.

"Where is the sales clerk?" the policeman inquired after a pause. There was a sound under the counter. The policeman looked under the counter and smiled again. He took the Scotch tape off the pharmacy sales clerk's mouth.

"Where are the drugs?" he asked the sales clerk.

"There are no drugs in this pharmacy," the sales clerk said, "There are drugs only in special pharmacies."

"Who shot the sales clerk?" the policeman asked.

"No one shot him," Stravinsky said. The policeman took some kind of bag, pressed it to the sales clerk and shot through it with the gun that Stravinsky took from policeman in the overturned car. The sales clerk began to groan.

"Box number ten in the brown closet," the sales clerk groaned, "Don't kill me."

"They were the ones who chose you. Not me," the policeman took out his phone, "Kent, I'm at the pharmacy near the parking lot. Come here, quickly! I give you two minutes." Then he went to the brown closet, found box number ten and began to take out packages.

"The headache pills are not in this box," said a man in brown shoes who walked up quietly behind him, "In my gun, there are seven headache pills. They will help right away."

A policeman stopped and turned his head slowly. The man in the brown shoes pointed the gun at him: "Want to try them?" he offered.

"Ashur?" Rost was surprised, "How did you find us?"

"Your blood is all over the sidewalk from the railroad to the pharmacy. It's strange that the police aren't here yet," Ashur explained.

"What about this policeman?" Vega said.

"This one has his own interests here," Ashur replied, "Right? You're a bad policeman,

185

„Za pięć minut policja z całego miasta przyjedzie tutaj," powiedział policjant, „Odłóż pistolet i podaj go mnie," dodał i wyciągnął dłoń, „Wtedy nie będziesz mieć żadnych problemów."

„Podnieś ręce i padnij na kolana!" krzyknął Ashur, „Albo dostaniesz od razu kilka tabletek!"

„Jesteś bardzo zdenencrwowany," powiedział cicho policjant, „Musisz się uspokoić. Znam cię. My się już spotkaliśmy, prawda? Twój opór ci nie pomoże. Ja tu jestem prawem. Teraz ja mam władzę," spojrzał na każdą osobę w aptece, jedna za drugą, „Dobry czy zły, to ja zapewniam wszystkim bezpieczeństwo. Odłóż pistolet i zrób trzy kroki w tył. Wtedy będziesz mieć tylko mały problem." Policjant mówił cicho, bez przerwy i podchodził coraz bliżej do Ashura, „Jeśli tego nie zrobisz, będziesz mieć duże problemy. Każdy kto mi się opierał, miał duże problemy."

„Podnieś ręce i padnij na kolana!" Ashur powtórzył cicho.

„Nie opieraj mi się. Oddaj mi tylko pistolet, a wszystko zakończy się dobrze dla każdego," policjant nadal powtarzał.

Ashur cofał się, aż dotknął plecami ściany. Policjant podchodził coraz bliżej i mówił spokojnie i powoli. Ashur powoli opuścił pistolet. Właśnie wtedy drzwi apteki otworzyły się i do środka wszedł Kent. Ashur spojrzał na nastolatka. Policjant szybko chwycił jego pistolet jedną ręką, a drugą zgasił światło. Policjant i Ashur zaczęli do siebie strzelać. W ciemności tylko hałas i odbłaski strzałów wskazywały ich położenie i kierunek, w którym strzelali. Po około czterech czy pięciu sekundach wszystko ucichło. Vega zapalił światło. Policjant i Ashur leżeli obaj na podłodze i nie ruszali się. Pod każdym z nich była krew na podłodze. Kenta nie było w aptece. Vega podszedł do policjanta na podłodze i popatrzył na niego uważnie. Potem rozwiązał dłonie Rosta i

aren't you?" Ashur asked the policeman.

"In five minutes, the city's entire police force will be here," the policeman said, "Put the gun down and give it to me," he added and reached out his hand, "Then you won't have any problems."

"Raise your hands and get down on your knees!" Ashur shouted, "Or you'll get a couple of pills right now!"

"You are very nervous," the policeman said quietly, "You have to calm down. I know you. We have already met, right? Your resistance won't help you. I am the law here. Now I am the power," he looked at each person in the pharmacy one after another, "Good or bad, I guarantee safety to all of you. Put down the gun and move three steps back. Then you will have only a small problem." The policeman spoke quietly, without stopping, and came closer and closer to Ashur, "If you don't do that, you will have big problems. Everyone who had resisted me had big problems."

"Raise your hands and get down to your knees!" Ashur repeated quietly.

"Don't resist. Just give me the gun, and all will end well for everyone," the policeman kept repeating.

Ashur kept moving back until his back came up against the wall. A policeman came closer and closer and spoke calmly and slowly. Ashur slightly lowered the gun. Just then the door of the pharmacy opened and Kent entered the pharmacy. Ashur looked at the teenager. The policeman quickly grabbed his gun with one hand and turned off the lights with the other. The policeman and Ashur started shooting at each other. In the dark, only the din and the flashes of the shots pointed to their location and the direction in which they were fired. After four or five seconds everything grew quiet. Vega turned on the light. The policeman and Ashur both lay on the floor and didn't move. There was blood on the floor under each of them. Kent wasn't in the pharmacy. Vega went up to the policeman

Stravinsky'ego. Rost podszedł do Ashura i odpiął mu koszulę. Pod nią znajdowała się kamizelka kuloodporna. Ashur zaczął odzyskiwać przytomność. Był ranny w ramię. Przetoczył się na bok i usiadł na podłodze. Stravinsky obandażował mu ranę.

„Wiesz, Paul", Ashur spojrzał na Rosta, „Mój ojciec kazał mi Ci pomóc, ale ty stwarzasz coraz więcej problemów sobie i wszystkim dookoła Ciebie. Gdybym wiedział wcześniej, że nie masz kontroli nad sytuacją, nie powiedziałbym Ci o Pandorze," powiedział Ashur i włożył pistolet do kieszeni, „Myślę, że mamy nie więcej niż pięć minut, aby się stąd wydostać, zanim przyjedzie policja. Mój samochód jest na zewnątrz."

Nie tracili czasu i szybko wyszli. Siedząc w samochodzie, John Vega patrzył na Ashura przez długi czas. W końcu zaczął mówić.

„Peterze Ashurze, mogę zadać Ci krótkie pytanie?" powiedział wreszcie.

„John, czy chcesz zadać mi krótkie pytanie na temat dużych pieniędzy?" Ashur odpowiedział pytaniem.

„Dokładnie! Gdzie są moje cztery miliony dolarów, które wziąłem z mojego własnego banku?" krzyknął Vega, „Cztery miliony dolarów, przez które prawie odcięto mi rękę w Azji! Przez które strzelali do mnie w Libii żołnierze Pandory, których zatrudniła za moje pieniądze! Pieniądze, za które zostałem wsadzony do więzienia! I przez które straciłem moją ulubioną pracę, Ashur!"

Ashur zatrzymał samochód obok banku Cesarskiego. Wysłał Vedze długie spojrzenie.

„Przykro mi, John, że straciłeś swoją pracę. Rozdzieliliśmy pieniądze pomiędzy biednymi w Libii, którym chcieliśmy dać wolność," wyjaśnił Ashur.

„Nazywasz wynajętych żołnierzy biednymi Libijczykami?" zaprotestował Vega, „Ale ja też chciałem w tym uczestniczyć! Ja też chciałem dać wolność biednym Libijczykom! Ja, szanowany menadżer banku, zgodziłem się zaryzykować wszystko dla biednych

on the floor and carefully looked at him. Then he untied Rost's and Stravinsky's hands. Rost came up to Ashur and unbuttoned his clothes. A bulletproof vest was under his clothes. Ashur began to recover. His arm was wounded. He rolled to his side and sat up on the floor. Stravinsky put a bandage over his wound.

"You know, Paul," Ashur looked at Rost, "My father made me help you, but you are creating more and more problems for yourself and everyone around you. If I had known earlier that you are not in control of the situation, I wouldn't have told you about Pandora," Ashur said and put his gun in his pocket, "I think that we have no more than five minutes to get out of here before the police arrive. My car is outside."

They lost no time and left quickly. Sitting in the car, John Vega looked at Ashur for a long time. Eventually he began to speak.

"Peter Ashur, can I ask you one small question?" he finally said.

"John, do you want to ask me a small question about big money?" Ashur replied with a question.

"Exactly! Where are my four million dollars, that I took from my own bank?" Vega shouted, "Four million dollars, because of which my hand was nearly cut off in Asia! Because of which I was shot at in the Libya by Pandora's soldiers, whom she hired with my money! The money because of which I was put in jail! And because of which I lost my favorite job, Ashur!"

Ashur stopped the car near the Imperial Bank. He gave Vega a long look.

"I'm sorry, John, that you lost your job. We have distributed the money among the poor of Libya, to whom we wanted to give freedom," Ashur explained.

"You call hired soldiers the poor of Libya?" Vega protested, "But I also wanted to participate in it! I also wanted to give freedom to the poor of Libya! I, a respectable bank

Libijczyków! Ale ty i Pandora oszukaliście mnie! Chcieliście wziąć wszystko dla siebie! Ty i Pandora, jesteście oboje chciwymi i obrzydliwymi łajdakami, Peterze Ashurze!"

„Przepraszam, że przerywam waszą rozmowę, Panie menadżerze," powiedział Rost, „Ale jesteśmy już obok pana banku. Czas tam wejść."

„Nigdzie nie idę!" krzyknął Vega, „Ashur powinien oddać mi pieniądze!"

„Słuchaj, Vega," Ashur znów odwrócił się do niego, „Wyciągnąłem cię z apteki. Ten policjant zabiłby was wszystkich za narkotyki! Czy twoje życie jest warte cztery miliony dolarów?" spojrzał na Vegę, „Odpracowałem te pieniądze, czyż nie?"

Vega nie odpowiedział. Siedział i patrzył się przez szybę samochodu.

„John, zegar tyka. Za pół godziny zabiorą większość pieniędzy z banku do głównej kwatery," powiedział Rost. Ale Vega nie odpowiedział.

manager, agreed to risk everything for the poor of Libya! But you and Pandora cheated me! You wanted to take everything for yourself! You and Pandora are both greedy and disgusting scoundrels, Peter Ashur!"

"I'm sorry to interrupt your conversation, Mr. Manager," Rost said, "But we are already near your bank. Time to go into the bank."

"I'm not going anywhere!" Vega shouted, "Ashur should give me back my money!"

"Listen, Vega," Ashur turned to him again, "I got you out of the pharmacy. That policeman would have killed you all for the drugs! Is your life worth four million dollars?" he looked at Vega, "I worked off that money, didn't I?"

Vega didn't reply. He sat and looked out the car window.

"John, the clock is ticking. In half an hour, they will take away most of the money from the bank to the central office," Rost said. But Vega did not reply.

 # C

Przegląd nowego słownictwa
1

- Panie Premierze, czy mógłby mi Pan powiedzieć, czy teraz jest czerwiec czy lipiec?

- Dziś jest już pierwszy sierpnia, Panie Prezydencie. Jesteśmy w więzieniu już od tygodnia.

- Czas leci. Za niedługo skończy się lato i zacznie jesień. Przy okazji, czy mógłbyś mi powiedzieć, co będziemy jeść dziś na śniadanie?

- W więzieniu dają śniadanie tylko w niedziele. Zapomniał Pan?

- Nie, nie zapomniałem. Jaki idiota mógł wymyślić taką zasadę?

- To Pański pomysł, Panie Prezydencie.

2

-Dlaczego ludzie są tacy chciwi? Zwłaszcza ci biedni.

- Nie wiem, Panie Prezydencie. Dlaczego Pan

New vocabulary review
1

- Prime Minister, could you tell me, is it June or July?

- Today is already August first, Mr. President. We've been in prison for a week already.

- Time flies. Soon summer will be over and fall will start. By the way, could you tell me, what will we have for breakfast today?

- In prison, they give you breakfast only on Sundays. Have you forgotten?

- No, I haven't forgotten. What kind of an idiot would come up with such a rule?

- It's your idea, Mr. President.

2

- Why are people so greedy? Especially the poor.

- I don't know, Mr. President. Why do you

pyta?
- Biedni zawsze się czegoś domagają. Domagają się szkół, szpitali, dużej pensji.
- Tak, biedni są bardzo chciwi, Panie Prezydencie.
- Ja, na przykład, nigdy niczego się nie domagam. Przy okazji, Panie Premierze, leży Pan na tym materacu już pół godziny. Mamy tylko jeden materac w naszej celi. Niech mi się Pan pozwoli na nim też położyć!

3
- Przepraszam, Panie Prezydncie, ale jest kolejka do kolacji. Pan też musi stanąć w kolejce.
- Słuchaj, więźniu, to jest Premier. On będzie za mnie stał w kolejce. Ja przejdę bez kolejki, ponieważ dzisiaj wydają moje ulubione jedzenie - rybę!
- Ja nie jestem więźniem. Jestem strażnikiem. I mam moją gumową pałkę! To jest specjalny przedmiot do uspokajania więźniów, którzy są zbyt sprytni.
- Przcpraszam, Panic strażniku. Ja tylko żartowałem. Kto jest ostatni w kolejce po rybę?

4
- Jaki typ wojska jest bardziej efektywny: wojsko obowiązkowe czy na zatrudnienie? Panie Premierze, co Pan myśli?
- Jeśli chodzi o walkę przeciwko innemu państwu, wtedy każdy rodzaj, Panie Prezydencie. Ale jeśli chodzi o walkę z własnymi ludźmi, zatrudnieni żołnierze są o wiele bardziej efektywni. Szczególnie żołnierze zatrudnieni z innego kraju.

5
- Nasz strażnik to bardzo nieprzyjemna osoba. Nie sądzi Pan, Panie Ministrze?
- Nasz strażnik? On zazwyczaj dokonuje egzekucji na więźniach. Dlaczego Pan pyta, Panie Prezydencie?
- Posłał mi dzisiaj bardzo dziwne spojrzenie.
- Mówią, że jego ojciec i dziadek również pracowali w tym więzieniu. Oni też dokonywali egzekucji.
- Naprawdę? Czy dokonywanie egzekucji, to też był mój pomysł?
- Nie. W naszym kraju zawsze dokonywało się

ask?
- *The poor always demand something. They demand schools, hospitals, a big salary.*
- *Yes, the poor are very greedy, Mr. President.*
- *I, for example, never demand anything. By the way, Prime Minister, you have been lying on the mattress for half an hour. We have only one mattress in our cell. Let me lie on it too!*

3
- *Excuse me, Mr. President, there is a line here for dinner. You also have to stand in line.*
- *Listen, prisoner, this is the Prime Minister. He will stand in line for me. I'll go without waiting in line because today they are giving out my favorite food   fish!*
- *I'm not a prisoner. I'm a guard. And I have my rubber baton! It's a special object for calming down prisoners who are too smart .*
- *Excuse me, Mr. guard. I was just joking. Who is the last in line for the fish?*

4
- *What kind of army is more effective: a mandatory or a hired one? Prime Minister, what do you think?*
- *If it is fighting against another country, then any kind, Mr. President. And if it is fighting its own people, hired soldiers are much more effective. Especially hired soldiers from other countries.*

5
- *Our guard is a very unpleasant person. Don't you think so, Prime Minister?*
- *Our guard? Usually he executes prisoners. Why do you ask, Mr. President?*
- *He gave me a very strange look today.*
- *They say that his father and grandfather also worked in this prison. And they also executed prisoners.*
- *Really? To execute prisoners—was that also my idea?*

189

egzekucji na więźniach. Ale on potrafi ściąć głowę trzem więźniom za jednym uderzeniem. Także powinien się Pan uspokoić Panie Prezydencie. On jest świetnym profesjonalistą.

- Ale ścinanie głów nie jest nowoczesne.
- Dokładnie dlatego zamówił Pan pół roku temu nowe krzesło elektryczne, Panie Prezydencie. Pamięta Pan?
- To też mój pomysł?
- Nie, tym razem był to mój pomysł. Wie Pan, że kocham wszystko to, co amerykańskie: książki, samochody, krzesła elektryczne. Pamięta Pan, tydzień temu, gdy podano nam nasz obiad?
- Oczywiście, że pamiętam. Pieczone nogi wielbłąda. Przy okazji, dlaczego upiekli wielbłąda? To nie jest nasza tradycyjna kuchnia.
- Została na nim wykonana egzekucja! Ten wielbłąd nielegalnie nasikał na ziemię koło Pańskiego pałacu, Panie Prezydencie. Nasz strażnik ćwiczył egzekucje na krześle elektrycznym i użył do tego wielbłąda.
- Myślę, że powinniśmy zaryzykować i uciec z tego więzienia jak najwcześniej.

- No. Prisoners have always been executed in our country. But he can behead three prisoners with one stroke. So you should calm down, Mr. President. He's a great professional.
- But to behead is not modern.
- That's exactly why you ordered a new electric chair from America half a year ago, Mr. President. Remember?
- Also my idea?
- No, that time it was my idea. You know that I love everything American: movies, cars, electric chairs. Remember, a week ago, when we were given our lunch?
- Of course, I remember. Roasted camel legs. By the way, why did they roast a camel? That isn't our national cuisine.
- He was executed! This camel illegally urinated on your palace grounds, Mr. President. Our guard practiced executing with the electric chair and used the camel for this.
- I think we should take a risk and run away from this prison as soon as possible.

29

Ty decydujesz, człowieku
You decide, man

 A

Słówka
Words

1. akrobacja - stunt
2. bezużyteczność - uselessness
3. bezwstydny - shameless
4. bombowiec - bomber
5. być poddanym egzekucji - be executed
6. być skończonym - be finished
7. być zajętym - be busy
8. cukier - sugar
9. dopalacz - afterburner
10. dotrzeć - catch up
11. filiżanka - cup
12. film - film
13. kawa - coffee
14. kontynent - continent
15. ktokolwiek - anyone
16. moralny - moral
17. nagranie - video
18. napięcie - tension
19. napięty - tense
20. nerwowy - nervous
21. nie każdy - not anyone
22. poprawnie, dobrze - correctly
23. pozwolenie - permission
24. prowadzić, rządzić - lead
25. przedstawił - introduced
26. przeprowadzić - conduct
27. pytające - questioning
28. rozkaz - command
29. rozmawiać - talk
30. śledztwo - investigation
31. towarzyszyć - accompany
32. towarzyszył - accompanied
33. ucho - ear
34. uświadomić sobie - realize
35. w zamyśleniu - thoughtfully
36. wielki, ogromny - enormous
37. wypadek - incident
38. z szeroko otwartymi oczami - wide-eyed
39. zajęty - busy
40. zamieszał - stirred
41. zamroził, zamarł - froze
42. zwierzę - animal

B

Ty decydujesz, człowieku

Ochroniarz banku, George Titan, nie był wcale zaskoczony, gdy zobaczył byłego menadżera banku, Johna Vegę, w towarzystwie detektywa Paula Rosta.

„Dzień dobry, George," powiedział do niego Rost, „Prowadzę śledztwo w sprawie rabunku w waszym banku. Prowadzę teraz Johna Vegę na eksperyment śledczy."

„Rozumiem. Proszę wejść," powiedział Titan, „Dzień dobry, Panie menadżerze. Jak się Pan czuje?" ochroniarz zapytał menadżera tak, jakby byli dobrymi przyjaciółmi.

„Dziękuję, George," powiedział były menadżer banku, John Vega, „Dobrze czy źle, ale jakoś leci."

Rost i Vega weszli do banku i zobaczyli, że sejf jest zamknięty. Potem poprosili ochroniarza, aby zaprowadził ich do nowego menadżera banku. Poszli do pokoju menadżera. Titan przedstawił menadżerowi Rosta i Vegę. Nowym menadżerem banku była czterdziestopięcioletnia kobieta. Nazywała się Anna Furtada. Panna Furtada była zaskoczony, gdy Rost poprosił ją o otwarcie sejfu do przeprowadzenia eksperymentu śledczego. Ale poszła z nimi do sejfu i otworzyła go.

„Dlaczego prywatny detektyw prowadzi eksperyment śledczy, a nie policja?" spytała panna Furtada.

„Policja poprosiła mnie, abym przeprowadził tę część śledztwa," wyjaśnił Rost, Ponieważ to ja prowadziłem śledztwo w pierwszej sprawie, gdy John Vega ukradł dziesięć tysięcy dolarów ze swojego własnego banku."

„Czy to był ten przypadek, kiedy zamienił prawdziwe banknoty na fałszywe?" spytała Panna Furtada.

„Tak. Na fałszywych banknotach było napisane 'Kochamy Kapustę' zamiast 'Ufamy Bogu',"

You decide, man

The bank guard George Titan was not surprised at all when he saw the former bank manager John Vega, accompanied by Detective Paul Rost.

"Good morning, George," Rost said to him, "I'm conducting an investigation about the robbery in your bank. I am now accompanying John Vega for an investigative experiment."

"I understand. Come in, please," Titan said, "Good day, Mr. Manager. How is it going?" the guard asked the manager as if he were a good friend.

"Thank you, George," former bank manager John Vega said, "Well or badly, but it is going."

Rost and Vega went into the bank and saw that the safe was closed. Then they asked the guard to lead them to the new bank manager. They walked into the manager's room. Titan introduced Rost and Vega to the new manager. The new bank manager was a forty-five year old woman. Her name was Anna Furtada. Ms. Furtada was surprised when Rost asked her to open the safe for the investigative experiment. But she went with them to the safe and opened it.

"Why is a private detective and not the police conducting the investigative experiment?" Ms. Furtada asked.

"The police asked me to do this part of the investigation," Rost explained, "Because I'd conducted the investigation on the first case, when John Vega robbed ten thousand dollars from his own bank."

"Was this the incident where he exchanged the money for fake bills?" Ms. Furtada asked.

"Yes. The fake money said 'We Love Cabbage' instead of 'In God We Trust'," Rost explained, "What? You like cabbage?" Rost

wyjaśnił Rost, „Co? Smakuje ci kapusta?" Rost odwrócił się do Vegi, „Jest ci teraz wstyd? Chodź, pokaż mi, jak zabrałeś pieniądze. Wchodź do sejfu!" krzyczał Rost. Vega wszedł do sejfu i spojrzał na Rosta.

„Wyciągnij torbę, otwórz ją i włóż do niej wszystkie pieniądze! I mów mi o wszystkim, co robisz!" rozkazał Rost. Włączył kamerę i zaczął nagrywać wszystko to, co robił Vega.

„Otworzyłem torbę," powiedział Vega i otworzył torbę, „Potem położyłem ją tutaj i zacząłem wkładać do niej pieniądze," kontynuował Vega i zaczął wkładać pieniądze do torby.

„Kontynuuj," rozkazał Rost.

„Wkładałem pieniądze... wkładałem pieniądze do torby..." kontynuował Vega, „Gdy torba była pełna, położyłem ją tam," Vega wskazał na drzwi.

„Połóż tam torbę," rozkazał Rost. Vega szybko położył pełną torbę przy drzwiach. Panna Furtada uważnie obserwowała wszystko to, co się działo.

„Potem wyjąłem drugą torbę i zacząłem wkładać do niej pieniądze," kontynuował Vega i włożył pieniądze do torby. Rost zauważył, że Vedze zaczęła się podobać ta czynność. Panna Furtada spojrzała na Vegę, jakby był szaleńcem.

„Wkładałem pieniądze! Wkładałem pieniądze! Wkładałem pieniądze!" Vega mówił szybko.

„Gdy torba była pełna, również położyłem ją tam," i szybko postawił drugą torbę obok tej pierwszej.

„Zatrzymaj się!" krzyknął Rost, a Vega zamarł. Potem Rost spojrzał na Pannę Furtadę, „Proszę nie mówić nikomu tego, co za chwilę powiem," poprosił ją Rost i odwrócił się do Vegi, „Słuchaj, jesteś bezwstydnym łajdakiem. Kiedy powiedzieli mi, że obrabowałeś dwa razy swój własny bank, nie uwierzyłem. Teraz, kiedy na ciebie patrzę, mogę zrozumieć, dlaczego ludzie mówią, że jesteś chciwym zwierzęciem," Rost powiedział cicho. Vega spuścił wzrok i odwrócił się. Rost spojrzał na

turned to Vega, "Are you ashamed now? Come show me how you took that money. Come into the safe!" Rost shouted. Vega went into the safe and looked at Rost.

"Take out the bag, open it, and put the money in it! And tell me everything that you're doing!" Rost ordered. He turned on the video camera and began to film everything that Vega was doing.

"I opened the bag," Vega said, and opened the bag, "Then I put it here, and began to put the money in it," Vega continued and began to put the money into the bag.

"Go on," Rost ordered.

"I was putting the money... putting the money in the bag..." Vega continued, "When the bag was full, I put it there," Vega pointed to the door.

"Put the bag there," Rost ordered. Vega quickly put the full bag by the door. Ms. Furtada carefully watched everything that was happening.

"Then I took out a second bag and began putting the money in it," Vega continued and began to put the money in the bag. Rost noticed that Vega was beginning to like this process. Ms. Furtada looked at Vega as if he were a madman.

"I was putting in the money! Putting in the money! Putting in the money!" Vega was saying quickly. "When the bag was full, I also put it over there," and he quickly put the second bag next to the first one.

"Stop!" Rost cried and Vega froze. Then Rost looked at Ms. Furtada, "Please don't tell anyone about what I am about to tell him," Rost asked her and turned to Vega, "Listen, you are a shameless scoundrel. When I was told that you robbed your own bank twice, I didn't believe it. Now, when I look at you, I can understand why people say that you are a greedy animal," Rost said quietly. Vega lowered his eyes and turned away. Rost looked at Ms. Furtada, "Excuse me, Ms. Furtada. Continue the investigative

pannę Furtadę, „Proszę mi wybaczyć, Panno Furtado. Kontynuujemy eksperyment śledczy," rozkazał Rost. Vega wyciągnął trzecią torbę i zaczął szybko wkładać pieniądze do środka.

„Dobry wieczór, panno Furtado," usłyszał Rost i spojrzał na osobę, która wypowiedziała te słowa. Obok panny Furtady stał Andrew i patrzył na Rosta. Ich oczy spotkały się. Patrzyli się na siebie. Vega przestał wkładać pieniądze do torby i zamarł. Paul i Andrew nadal się na siebie patrzyli. Andrew wie oczywiście, że Paul uciekł z więzienia. Paul pomyślał, że Andrew nie pozwoli mu odejść. Jako policjant musi to zrobić. Ma również pełny obowiązek moralny, aby go aresztować. Ma czworo dzieci. Jeśli straci swoją pracę, albo pójdzie do więzienia przez Paula, co stanie się z jego dziećmi? Panna Furtada zauważyła tę długą pauzę i posłała Andrew pytające spojrzenie.

„Cześć Andrew," powiedział Paul i spuścił wzrok.

„Panno Furtado, czy mogę z Panią chwilę porozmawiać?" zapytał Andrew. Panna Furtada odeszła z policjantem na bok.

Vega posłał Paulowi Rostowi pytające spojrzenie.

„Ile jest w tych dwóch torbach?"spytał Rost.

„Około miliona i pół," odpowiedział Vega.

„Chodźmy," rozkazał Rost. Szybko pomógł Vedze podnieść obie torby i poszli w stronę wyjścia z banku.

„Paulu Rośtie!" Rost usłyszał za sobą głos. Zatrzymali się i odwrócili powoli. Andrew, panna Furtada i George Titan szli szybko w ich stronę.

„Kończycie już eksperyment śledczy? Tak szybko?" Andrew zapytał Paula.

„Tak," odpowiedział Paul, uświadamiając sobie bezużyteczność swojego planu, „Musi jeszcze tylko włożyć pieniądze do furgonetki. I to wszystko," popatrzył na Andrew. Znowu na siebie popatrzyli i znowu nastała długa pauza.

„Kto dał ci pozwolenie na przeprowadzenie eksperymentu śledczego?" zapytał Andrew.

„Szef policji," powiedział Paul i dodał: „Jeśli

experiment," Rost ordered. Vega took out a third bag and began quickly putting in the money.

"Good afternoon, Ms. Furtada," Rost heard and looked at the person who said these words. Andrew stood next to Ms. Furtada and looked at Rost. Their eyes met. They looked at each other. Vega stopped putting the money in a bag and froze. Paul and Andrew kept looking at each other. Andrew, of course, knows that Paul escaped from prison. Paul thought that Andrew wouldn't let him leave. As a police officer, he must do it. He also has the full moral right to arrest him. He has four children. If he loses his job or goes to jail because of Paul, what would happen to his children? Ms. Furtada noticed this long pause and gave Andrew a questioning look.

"Hi, Andrew," Paul said, and lowered his eyes.

"Ms. Furtada, may I speak to you for a moment?" Andrew asked. Ms. Furtada walked to the side with the police officer.

Vega gave Paul Rost a questioning look.

"How much is in those two bags?" Rost asked.

"About a million and a half," Vega replied.

"Let's go," Rost ordered. He quickly helped Vega lift both bags, and they walked to the bank exit.

"Paul Rost!" Rost heard a voice behind him. He stopped and turned around slowly. Andrew, Ms. Furtada, and George Titan were quickly walking toward them.

"Are you finishing the investigative experiment already? So quickly?" Andrew asked Paul.

"Yes," Rost replied, realizing the uselessness of his plan, "He just needs to put the money into the van. That's it." He looked up at Andrew. They looked at each other again, and once again there was a long pause.

"Who gave you permission to conduct an investigative experiment?" Andrew asked.

musisz zrobić swoją robotę, to proszę..." Rost był przygotowany, że Andrew go aresztuje.

„Tak, zrobię to, co muszę zrobić. Zazwyczaj dwóch policjantów przeprowadza eksperyment śledczy," wyjaśnił Andrew, „Ponieważ jesteś sam, w takim razie muszę wypełnić rolę drugiego policjanta. Kontynuuj," powiedział Andrew. Rost pomachał do Vegi i przeniósł torby dalej w stronę drzwi. Andrew szedł za Rostem i Vegą.

„Rozmawiałem z twoją matką," powiedział Andrew, kiedy opuścili bank i szli w stronę samochodu, „Jeśli dobrze rozumiem, planujesz jechać do Damaszku?"

„Tak, muszę pomóc jednej osobie," odpowiedział Paul.

„Jeśli mówisz o Lisie Pandorze, to zostanie ona zabita za zbrodnie przeciwko państwu," wyjaśnił Andrew, patrząc w tył na wejście do banku, „W Libii, ona i Ashur mogli uniknąć procesu. Ale w Syrii, Ashur postanowił nie ryzykować. Ale Pandora się nie zatrzymała. Nie ufałbym jej, gdybym był tobą," zasugerował Andrew.

„Nie zaufam jej," Paul spojrzał na Andrew, „Ja tylko nie chcę, żeby ją zabili."

„Mam nadzieję, że wiesz, co robisz," powiedział Andrew i wrócił do banku. Vega i Rost weszli do furgonetki. Ashur ruszył.

„Szybciej. Nie mamy więcej, niż dziesięć minut," rozkazał Rost. Furgonetka jechała bardzo szybko obok lotniska wojskowego. Ashur zatrzymał furgonetkę, kiedy dotarli do lasu. Rost, Vega i Stravinsky wysiedli z furgonetki.

„Pozdrów twojego ojca," powiedział Rost do Ashura.

„Paul, nie ufaj Pandorze," poradził Ashur, posłał Rostowi długie spojrzenie i odjechał. Rost, Vega i Stravinsky wspięli się przez mur i pobiegli do hangaru na lotnisku.

„Ten poleci całą drogę do Syrii i wysadzi w powietrze połowę Damaszku," powiedział Rost, wskazując na duży bombowiec. Vega podbiegł do bombowca i zaczął się na niego

"The chief of police," Paul said, and added: "If you have to do your job, then come on..." Rost was prepared to be arrested by Andrew.

"Yes, I will do what I must do. Usually, two police officers conduct investigative experiments," Andrew explained, "Because you are alone, then I have to fulfill the role of the second officer. Continue," Andrew said. Rost waved to Vega and he carried the bags of money further toward the door. Andrew followed Rost and Vega.

"I talked to your mother," Andrew said when they'd left the bank and were walking toward the car, "If I understand correctly, you are planning to go to Damascus?"

"Yes, I need to help one person," Paul replied.

"If you're talking about Lisa Pandora, then she is going to be executed for crimes against the state," Andrew explained, looking back at the bank entrance, "In Libya, she and Ashur were able to avoid the trial. But in Syria Ashur decided not to risk it. But Pandora didn't stop. I wouldn't trust her if I were you," Andrew suggested.

"I'm not going to trust her," Paul looked at Andrew, "I just don't want them to kill her."

"I hope that you know what you're doing," Andrew said, and went back to the bank. Vega and Rost got into the van. Ashur began to drive.

"Faster. We have no more than ten minutes," Rost ordered. The van was driving very fast past the military airfield. When they reached the forest, Ashur stopped the van. Rost, Vega and Stravinsky got out of the van.

"Say hello to your father," Rost said to Ashur.

"Paul, don't trust Pandora," Ashur advised, gave Rost a long look, and drove away. Rost, Vega and Stravinsky climbed over the wall and ran to the airplane hangar.

"This one will fly all the way to Syria and blow up half of Damascus," Rost said, pointing to the huge bomber. Vega ran to the

wspinać.

„Proszę poczekać, Panie menadżerze. Bardzo łatwo jest doścignąć i powalić ten bombowiec," dodał Rost i Vega natychmiast zawrócił, „Ale tylko pocisk doścignie ten samolot," powiedział Paul o małym samolocie, „Ale my mamy dobre środki przeciw pociskom," powiedział wsiadając do samolotu.

„Jakie środki?" powiedział Vega z zaciekawieniem i również wsiadł do samolotu.

„Ciebie, John. Ciebie i twoje pieniądze w torbach. W odpowiedniej chwili, na mój rozkaz, wyrzucisz pieniądze z samolotu. Stworzą one chmurę i pocisk zobaczy tylko tę chmurę."

„Nie wyrzucę pieniędzy!" krzyknął Vega, „Wyrzućmy..." Vega rozejrzał się dookoła, „Stravinsky'ego!" powiedział.

Ale Rost był zajęty odpalaniem samolotu i nie odpowiedział Vedze. Stravinsky zajął miejsce drugiego pilota, a Vega usiadł pomiędzy jego nogami.

„Stravinsky, czy wiesz, jak uruchomić twoją katapultę?" zapytał Vega, ale Stravinsky położył torby z pieniędzmi na głowie Vegi i zamknął drzwi kabiny. Samolot powoli wyjechał z hangaru. Kilka osób widziało, że samolot ruszał bez pozwolenia i wybiegli za nim z hangaru.

Ale Rost włączył dopalacz i myśliwiec odleciał z ogromną szybkością. Rost leciał blisko ziemi, w ten sposób radary go nie widziały.

Stravinsky zaczał krzyczeć z powodu napięcia nerwowego.

„Syria! Lecimy do Syrii! Syrii!" Stravinsky krzyczał bez przerwy. Vega spojrzał na niego z szeroko otwartymi oczami, potem zakrył uszy rękami i spuścił głowę.

W tym czasie Andrew był w Komendzie Głównej Policji. Mieszał cukier w kubku kawy w zamyśleniu. Zadzwonił telefon, a on go odebrał. To był funkcjonariusz z Ministerstwa Obrony.

„Andrew, czy twój przyjaciel znów popisuje się swoimi akrobacjami?" zapytał z

bomber and started to climb into it.

"Wait, Mr. Manager. It is easy to catch up to and knock down this bomber," Rost added, and Vega immediately returned, "But only a missile could catch up to this plane," Paul said about a small plane, "But we have a very good means against missiles," he said, getting in plane.

"What means?" Vega said with interest, and also climbed into the airplane.

"It is you, John. You and the money in the bags. At the right time, on my command, you will throw the money out of the plane. It will create a cloud, and the missile will only see a cloud."

"I won't throw out the money!" Vega shouted, "Let's throw out..." Vega looked around, "Stravinsky!" he said.

But Rost was busy launching the plane and didn't answer Vega. Stravinsky took the co-pilot's seat, and Vega sat between his legs.

"Stravinsky, do you know where to turn on your catapult?" Vega inquired, but Stravinsky put the money bags on top of Vega and closed the cabin door. The plane slowly drove out of the hangar. Several people saw that a plane was leaving without permission and ran after it out of the hangar. But Rost turned on the afterburner and the fighter plane took off at an enormous speed. Rost flew the plane close to the ground, so that the radars couldn't see it. Stravinsky began to shout out of nervous tension:

"Syria! We are flying to Syria! Syria!" Stravinsky shouted without stopping. Vega looked at him wide-eyed, then covered his ears with his hands and put his head down.

At that time Andrew was in the police headquarters. He thoughtfully stirred the sugar in a cup of coffee. The phone rang and he answered it. It was an officer from the Ministry of Defense.

"Andrew, is your friend showing off his stunts again?" the officer from the ministry asked indignantly.

oburzeniem funkcjonariusz z ministerstwa.
„Myślę, że to on," powiedział Andrew, „Ma sprawę w Syrii."
„W takim razie powinien kupić bilet na normalny samochód, zamiast popisywać się akrobacjami!" krzyczał funkcjonariusz, „Jeśli nie wyląduje w ciągu trzech minut, wystrzelimy w niego rakietę!"
„Ostatnim razem, przydzieliliście mu medal za jego akrobacje," powiedział Andrew, „Przynajmniej go nie zabijaj. Nie zabijaj go, jeśli nadal potrzebujesz bohaterów!" poprosił Andrew i odłożył słuchawkę. Wstał, opuścił budynek i poszedł ulicą. Wiedział, że nie byłby w stanie pomóc tym, którzy krzyczeli.
Samolot leciał nad morzem. Kontynent został daleko w tyle i nie był już widoczny. Tylko dym z rakiet lecących w stronę samolotu, wskazywał miejsce, gdzie zdajdował się ląd.

(Ciąg dalszy nastąpi)

"I think it's him," Andrew said, "He has some business in Syria."
"So he should buy a ticket for a regular plane instead of showing off his stunts!" the officer cried, "If he doesn't land the plane in three minutes, we will launch a missile at it!"
"Last time you awarded him a medal for his stunts," Andrew said, "At least don't kill him this time. Don't kill him, if you still need heroes!" Andrew asked and hung up. He got up, left the building and walked down the street. He knew that he would not be able to help those who shouted.
The plane flew over the sea. The continent was left behind and was no longer visible. Only the smoke from the missiles, flying toward the airplane, pointed to the place where the land was.

(To be continued)

 ## C

Przegląd nowego słownictwa

New vocabulary review

- Proszę usiąść, Panie Prezydencie.
- Dziękuję, Panie Sędzio. A propos, nie pamiętam Pana. Od jak dawna pracuje Pan w sądzie?
- Od trzech dni. Ale nie będziemy rozmawiać o mnie. Czy to Pan rozkazał bombowcom zbombardowanie naszego kraju?
- Proszę mi powiedzieć, czy ten proces odbywa się za zamkniętymi drzwiami?
- Nie. Na sali znajdują się reporterzy z gazet i stacji telewizyjnych.
- W taki razie, to nie byłem ja. To były rozkazy Premiera! To on zlecił bombardowanie!
- To nieprawda, Panie Sędzio! To wszystko były rozkazy prezydenta! Jest bezwstydnym zwierzęciem! Ja nie dałem takiego rozkazu! To on jest winny!

- Sit down, Mr. President.
- Thank you, Mr. Judge. By the way, I don't remember you. How long have you worked in court?
- Three days. But we are not going to talk about me. Did you order bombers to bomb cities in our country?
- Then tell me, please, is this trial taking place behind closed doors?
- No. There are reporters from newspapers and television stations in the courtroom.
- In that case, it wasn't me. These were the orders of the Prime Minister! He ordered the bombing!
- Not true, Mr. Judge! The President ordered everything! He is a shameless animal! I didn't order it! He is guilty!
- Silence, everybody! You can speak only with

197

- Cisza, wszyscy! Można mówić tylko za moim pozwoleniem!
- Oczywiście, Panie Sędzio.
- Panie Prezydencie, w momencie aresztowania, znaleziono w Pańskim posiadaniu paszport panamski na Pana nazwisko. Jak Pan to może wyjaśnić?
- Mogę to wyjaśnić. Gdy Premier leciał do Kolumbii na sympozjum botaniczne, zakupił nie tylko różne, zadziwiające rośliny i ich produkty. Zakupił także kilka paszportów z różnych krajów na moje i jego nazwisko. Podróżowanie dookoła świata z tymi paszportami jest bardzo wygodne. Czy słyszał Pan, Panie Sędzio, o byłym Premierze Ukrainy, Ministrze Lazarenko?
- Nie, nie słyszałem. Proszę kontynuować.
- Spędził cudowny czas podróżując dookoła świata jednocześnie na ukraińskim i panamskim paszporcie. Jest to bardzo wygodne, jeśli niesie się dużo pieniędzy w swojej walizce. Polecił to mnie i Premierowi.
- Czy rozkazał Pan, aby strzelano do ludzi podczas demonstracji?
- Czy mam prawo zachować milczenie?
- Proszę odpowiedzieć na pytanie!
- W takim razie poproszę filiżankę kawy i pistolet z jednym nabojem. Kawa jest dla mnie, a pistolet dla Premiera.

my permission!
- *Of course, Mr. Judge.*
- *Mr. President, at the time of the arrest, they found in your possession a Panama state passport in your name. How can you explain this?*
- *I can explain it. When the Prime Minister flew to Colombia for a botanists' symposium, he bought not only various amazing plants and products made from them. He also bought several passports from different countries in my own name and in his name. It is very convenient to travel around the world with these passports. Have you heard of the former Ukrainian Prime Minister Lazarenko, Mr. Judge?*
- *No, I have not. Go on.*
- *He had a wonderful time traveling around the world with a Ukrainian and a Panamanian passport at the same time. It's very convenient if you're carrying a lot of cash in your suitcases. He advised it to me and my Prime Minister.*
- *Did you order to shoot at people during a demonstration?*
- *Do I have the right to remain silent?*
- *Answer the question!*
- *Then I demand a cup of coffee and a gun with one bullet! The coffee is for me, and the pistol for the Prime Minister.*

Słownik polsko-angielski

absolutnie - absolutely
adres - address
akcja, ruch - action
akrobacja - stunt
alarm - alarm
albo, lub - or
albo...albo - either … or
ale, lecz - but
aleja - avenue, alley
alkohol - alcohol
antena - antenna
antylopa - antelope
apteka - pharmacy
Arab - Arab
aresztować - arrest
aresztował (*he*), aresztowany (*adj*) - arrested
as - ace, ace pilot
asystent, pomocnik - assistant
atak - attack
atakując - attacking
autobus - bus
autorytet, władza - authority
autostrada - highway
aż, aż do - until
azjatycki - Asian
bać się - be scared, be afraid
badać - examine
badać, zbadać - inspect
bagaż - luggage
bagażowy - porter
bandażować, zabandażować - bandage
bandyta - gunman
bank - bank
banknot - bill
bar - bar
bardzo - very
bardzo, wielce - greatly
bardzo/poważnie uszkodzony - badly damaged
baterie słoneczne, panele słoneczne - solar panel
beczka - barrel

benzyna - gasoline
bez - without
bez przerwy - without stopping
bez ruchu - motionless
bezpieczeństwo - safety
bezrobotny - unemployed
bezużyteczność - uselessness
bezwstydny - shameless
biały - white
biedny - poor
biegać, biec - run
biegł, pobiegł - ran
bilet - ticket
bitwa - battle
biurko - desk
biuro - office
biznes, sprawa - business
błąd, pomyłka - mistake
blady (m) - pale
błagać - plead
błagał - pleaded
blisko - near
bliżej - closer
bliższy - closer
błysk, błyskawica – flash, lightning
błyskotliwy - brilliant
Bóg - God
bohater - hero
bojler - boiler
bojowy - combat
ból - pain
ból głowy - headache
boleć - hurt
bomba - bomb
bombowiec - bomber
brać, wziąć - take
brakować - miss
brama - gate
brat - brother
brązowy - brown
broda - beard
broń - weapon
brudny (m) - dirty

199

bryza - breeze
brzeg, skraj - edge, shore
budynek - building
burza - thunder
butelka - bottle
buty - shoes
być – be; byłeś (*you, sing. m*), byłaś (*you, sing. f*), byliśmy (*we, m*), byłyśmy (*we, f*), byliście (*you, plur. m*), byłyście (*you, plur. f*), byli (*they, m*), były (*they, f*)
być nagrodzonym, być odznaczonym - be awarded
być poddanym egzekucji - be executed
być skończonym - be finished
być szczęśliwym - be glad
być w szoku, być zszokowanym - be shocked
być wartym - be worth
być zajętym - be busy
być zdolnym do, móc - be able to
był posłuszny - obeyed
byłem (m), byłam (f) był (m), była (f) - was
były, poprzedni (m) - former
całkowicie - completely
całkowicy, cały (m) - entire
całować, pocałować - kiss
cały (m), cała (f) - whole
cel - goal, purpose
cela - cell
cela więzienna - jail cell
celował, wycelował - aimed
centrum - centre
ceremonialnie - ceremoniously
Cesarski - Imperial
Chan - khan
chcieć - want
chciwy - greedy
chleb - bread
chłodno - coldly
chłodny (m), chłodna (f) - cool, cold
chłopiec - boy
chmura - cloud
chodnik - pavement, sidewalk
chodzić - walk
chodzić, iść - walk, go

chory (m), chora (f) - sick
chować się, schować się - hide
chwycił - grabbed
chybił - missed
ci (m), te (f) - these
ciągle, bez przerwy - constantly
ciągnąć - drag
ciągnąć, pociągnąć - pull
ciało - body
ciasno, mocno - tightly
cicho - silently
cicho, po cichu - quietly
cichy (m) - silent, quiet
ciemny - dark
cienki - thin
ciepło - heat
ciepły (m), ciepła (f) - warm
cierpienie - suffering
ciężarówka - truck
ciężki (m), ciężka (f) - heavy
ciężko - heavily
cisza - silence
co - what
cokolwiek - anything
coś - something
cukier - sugar
ćwiczyć - practice
czarny (m), czarna (f) - black
czas, pora - time
czasem, czasami - sometimes
czekać, zaczekać, poczekać - wait
czekolada - chocolate
czerwony (m) - red
cześć - bye, hi
część - part
często - often
członek - member
czołgać się - crawl
czterdzieści - forty
czterdzieści pięć - forty-five
cztery - four
czuć, poczuć - feel
czwartek - Thursday
czwarty - fourth
czyj (m), czyja (f) - whose

czysto - cleanly
czysty (m), czysta (f) - clean
czyszczący dom (m) - house-cleaning
dać - give
dać mandat – fine *(v)*
dać radę - manage
dać, dawać - give
dach - roof
dał sygnał - signaled
dalej - farther
daleko - far away
dałem (*I gave*, m), dałam (*I gave*, f), dał (*he gave*), dała (*she gave*) - gave
dalmatyńczyk - Dalmatian
dalszy - further
dany (n) - given
decydować, zdecydować - decide
decydujący - decisive
decyzja - decision
delikatnie - gently
demokratyczny - democratic
deska rozdzielcza - dashboard
deszcz (n), padać (v) - rain
detektyw - detective
detektywa - detective's
diabeł - devil
diament - diamond
dla - for
dlaczego - why
dłoń, ręka - hand
dług - debt
długi (m) - long
dłuższy (m) - longer
dno, dół - bottom
do, na - to, into
dobry (m), dobra (f) - good
dobrze, w porządku - Okay, well, fine
dobrze/schludnie uczesany - well-groomed
doceniać, docenić - appreciate
dodać - add
dodał - added
dodatek - bonus
dodatkowy pokój - spare room
dokładnie - exactly
dokładny - exact

doktor, lekarz - doctor
dokument - document
dolar - dollar
dom - house
domyślać się, domyślić się, zgadywać, zgadnąć - guess
donosić, donieść - report
dopalacz - afterburner
doradca - consultant
doradził (*he*) - advised
dosięgnąć - reach
dosięgnął - reached
doskonale - excellently
dostać (się), zostać - get
dostał (m), dostałą (f), został (m), została (f) - got
dostarczył (*he*) - provided
dostawca - provider
doświadczenie - experience
doświadczony - experienced
dotknął - touched
dotrzeć - catch up
drewniany - wooden
drobny, nikły - slight
droga - road
droga, sposób - way
drogi (m) - dear, expensive
drugi pilot - co-pilot
drużyna, ekipa - team
drzewo - tree
drzwi - door
duch - ghost
dużo, wiele - much, a lot
duży (m), duża (f) - big
dwa razy, podwójnie - twice
dwa, dwoje, dwie - two
dwadzieścia - twenty
dwadzieścia siedem - twenty seven
dwanaście - twelve
dwupiętrowy - two-story
dyktafon - dictaphone
dyktatura - dictatorship
dym - smoke
dystans, odległość - distance
dzieci - children

dziecinnie proste - be child's play
dziecko - kid, child
dzięki - thanks
dziękować, podziękować - thank
dzielić, podzielić - divide
dzień - day
dziesięć - ten
dziewczyna - girl
dziewięć - nine
dziko - wildly
dżin - genie
dżinsowa koszula - denim shirt
dżinsy - jeans
dzisiaj w nocy - tonight
dzisiaj, dziś - today
dziwnie - awkwardly
dziwny (m), dziwna (f) - strange
dźwięk - sound
dzwonić - ring
dzwonić, zadzwonić - call
edukacja, wykształcenie - education
egzekucja - execution
egzotyczny (m) - exotic
ekipa posiłkowa - reinforcement team
ekonomia - economy, economics
ekran - screen
ekscytujący (m) - exciting
eksperyment - experiment
eksperyment śledczy - investigative
experiment
eksplozja - explosion
elektryczny - electric
elektryk - electrician
emocje - emotion
energia - energy
euforyczny (m), w euforii - euphoric
Europa - Europe
Europejczyk, europejski - European
fabryka, wytwórnia - factory
facet - guy
fachowiec, mechanik - repairman
fala - wave
fałszywy (m) - fake
farma, gospodarstwo, hodowla - farm
filiżanka - cup

film - film
flaga - flag
fotel - armchair
frajerzy - losers
funkcjonariusz - officer
furgonetka - van
gabinet - study
ganek - porch
gapić się, patrzeć - stare
gapił się - stared
garaż - garage
gaz - gas
gazeta - newspaper
gdzie - where
gdziekolwiek - anywhere
gdzieś - somewhere
gestykulować - gesticulate
gestykulował - gestured
głaskać, pogłaskać - pet
głodny (m) - hungry
głos - voice
głośno - loudly
głośny (m) - loud
głowa - head
głównie - mainly
głuchy (m) - deaf
głupi - stupid
gniewnie - angrily
go, jego, mu, jemu - him
godzina - hour
godzina siódma - seven o'clock
gorący (m), gorąca (f) - hot
gorszy - worse
gotować, ugotować - cook
gotowy (m) - ready
gra - game
gra, zabawa - play
grał - played
granica - border
gratulacje - congratulation
gruby (m), gruba (f) - fat
grupa - group, company
guma - rubber
guzik, przycisk - button
gwarantować - guarantee

gwiazda - star
hałas - noise
hamulec - brake
hangar - hanger
hej - hey
helikopter - helicopter
historia - story
hitoria - history
horror - horror
horyzont - horizon
huk - din
i tak, mimo wszystko - anyway
i, oraz - and
ich - their
idiota (m), idiotka (f) - idiot
imię - name
inaczej, w przeciwnym razie - otherwise
informacja - information, info
inny (m, *sing*), inna (f, *sing*), inni (m, *plur*),
inne (f, *plur*) - other, different, another
inny, więcej - else
interes - interest
interesujący (m), interesująca (f) -
interesting
iść, pójść - go
Islam - Islam
ja - I
ja jestem - I am
jak - how
jakikolwiek - any
jasny (m), jasna (f) - fair, clear
jechał - rode
jeden - one
jedzenie - food
jego - his
jej - her
jękać, jęknąć, stękać stęknąć - groan
jęknął, stęknął - groaned
jeść - eat
jeśli, jeżeli - if
jest, znajduje się - is
jesteśmy, jesteście, są - are
jeszcze - yet
jeździć, jechać - ride

język - language; język ojczysty - native
language
jutro - tomorrow
już - already
kabina - cabin
kabina pasażerska - passenger compartment
kajdanki - handcuffs
kamera - camera
kamień - stone
kamizelka - vest; kamizelka kuloodporna -
bulletproof vest
kanapa - couch
kapitalizm - capitalism
kapusta - cabbage
kara - punishment, penalty
karać, ukarać - punish
kariera - career
karmić, dać jeść - feed
karta - card
karta SIM - SIM card
kartka - leaf
kasa - cash
kasjer (m), kasjerka (f) - teller, cashier
katapulta - catapult
kawa - coffee
kawałek - piece
kawaler (m), panna (f), stanu wolnego
(*general*) - single
kawiarnia - cafe
każdy (m), każda (f) - each, every, everyone
kelner - waiter
kiedy - when
kiedykolwiek, nigdy - ever
kierować, jechać - drive, steer
kierowca - driver
kierunek - direction
kieszeń - pocket
kij - stick
kilka - several
kilometr - kilometer
kłamać, leżeć - lie
kłamca - liar
klapa - hatch
kłaść się, położyć się - lay
kłaść, położyć - put

klasyfikacja - classification
klatka - cage
klatka piersiowa - chest
klient (m), klientka (f) - client, customer
klnąć - swear
kłopot - trouble
klucz - key
kobiecy - female
kobieta - woman
kobiety - woman's
koc - blanket
kochać (v), miłość (n) - love
kochał - loved
kochany (m), kochana (f) - darling
kogo - whom
kolacja - dinner
kolano - knee
kolega - colleague
koło - wheel
kolor - color
kolorowy (m) - colorful
kolumna, słup - column
komenda główna - headquarter
komisja - commission
kończyć, dokończyć, zakończyć - finish, conclude
konfiskata - confiscation
koniec (n), kończyć (v), skończyć (v) - end, be over
konsultować się, skonsultować się - consult
kontrola - control
kontrola celna - customs
kontrola, inspekcja – inspection, control
kontuzja - injury
kontynent - continent
kontynuować - continue
kontynuował (he) - continued
koordynować - coordinate
koperta - envelope
korek - traffic jam, traffic
korytarz, hol - hall, hallway, corridor
koszmar - nightmare
kosztować - cost
koszulka - t-shirt
kradzież - robbery

kraj, państwo - country
kraść, ukraść - steal
krata - bar
kręcić się - spin
krem - lotion; krem do opalania - tanning lotion
krew - blood
krewny - relative
król - king
królik - rabbit
krótki (m), krótka (f) - short
krzesło - chair
krzyczeć, krzyknąć - shout, scream, cry
krzyk - scream
krzyknął, krzyczał - shouted, screamed, cried
krzyżował się, przecinał się - intersected
krzyżówka - crossword
księżyc - moon
kto - who
ktokolwiek - anyone, anybody
który (m), która (f) - which
ktoś - someone
kucharz - cook
kuchnia - kitchen
kucnął, przykucnął - crouched
kuloodporny - bulletproof
kupić - buy
kupił - bought
kurtka - jacket
kurz, pył - dust
kwiat - flower
lada - counter
ładnie, przyjemnie - nice
ładny (m) - pretty
lądować, wylądować - land
ładować, załadować - load
lądownik - loader
łajdak - scoundrel
lampa - lamp
las - forest
latać - fly
łatwy (m) - easy
łazienka - bathroom
lecieć, latać, pilotować - fly

ledwo - barely
legitymacja, certyfikat - certificate
lekarstwa - medicine
lekarstwo przeciwbólowe - painkiller
lekki/a - light
lekko - slightly
lepszy (m), lepiej (adv) - better
lewo - left
leżeć - lie
licencjat, stopień licencjata - bachelor's degree
liczyć - count
likier - liqueur
lina - rope
linia - line
liścik, notataka - note
lizać, polizać - lick
lody - ice cream
lokalny (m), tutejszy (m) - local
los - fate
loteria - lottery
lotnisko - airport, airfield
łóżko - bed
łóżko wodne - waterbed
lśniący (m) - glittering
lśniący, błyszczący - shining
lśnić - glitter
lubić (v), jak (prep) - like
lubić, podobać się - enjoy
ludzie - people
lustro - mirror
łza - tear
ma, posiada - has
mądrze - wisely
magazyn - magazine
malować - paint
malutki - tiny
mały (m), mała (f) - small
mama - mom
maniak - maniac
maniera - manner
martwić się - worry
marzył - dreamed
masa, tłum - mass

maszyna – machine; karabin maszynowy - machine gun
matka, mama - mother
meble - furniture
mechanicznie - mechanically
medal - medal
medyczny - medical
menadżer - manager
menadżera - manager's
menu - menu
męski - male
metr - meter
mężczyzna, człowiek - man
mgliście - foggy
mi, mnie - me
miał nadzieję - hoped
miasto - city, town
mieć - have
mięć nadzieję - hope
między, poniędzy - between
międzynarodowy - international
miejsce - placc
miękko - softly
miesiąc - month
mieszkać, żyć - live
migające światło (światło syreny policyjnej) - flashing light
mikrofon - microphone
mila - mile
milion - million
milioner - millionaire
minął - passed
mineralny (m), mineralna (f) - mineral
minister - minister
ministerstwo - ministry
minuta - minute
młody (m), młoda (f) - young
mniej - less, fewer
móc - may
model - model
modny - fashionable
mógłbyś (*could you...*, m), mogłabyś (*could you...*, f) - could
mój (sing. m), moja (sing. f), moi (plur. m), moje (plur. f) - my, mine

moment, chwila - moment
monitor, ekran - monitor
moralny - moral
morze - sea
mówić, powiedzieć - say, speak
może - maybe
mózg - brain
możliwy (m) - possible
mrugnął (*he*) - winked
mundur - uniform
mur, ściana - wall
musieć - must
muzyka - music
my - we
myśleć - think
myśleć, pomyśleć - think
myśliwiec - fighter plane
na - onto, on; na godzinę - per hour
na celowniku - crosshairs
na dół - down
na emeryturze - retired
na próżno - in vain
na przykład - for instance
na służbie - on duty
na zawsze - forever
na zewnątrz - out, outside
na, na górze - on top of
naciskać, nacisnąć - press
nacisnął, przycisnął (*he*) - pressed
nadal, ciągle - still
nadepnął (*he*) - stepped
nadzorować - supervise, oversee
nagle - suddenly, abruptly
nagły (m) - sudden
nagranie - video
naiwny (m) - naive
najbardziej śmierdzący (m) - stinkiest
najlepszy (m) - best
nalać, nasypać - pour
nalegać - insist
nalegał (*he*) - insisted
nalewać - pour
namalował - painted
namiętnie - passionately
namiętny - passionate

namiot - tent
napięcie - tension
napięty - tense
napiwek - tip
naprawdę - really
naprawiać, naprawić - repair
naprawić - fix
naprzeciwko - across
naprzód, do przodu - forward
narkotyki, lekarstwa - drugs
naród - nation
narodowy - national
narzędzie - tool
nas, nam - us
nasikał - urinated
następny (m) - next
nastolatek - teenager
nasz (m), nasza (f) - our
natychmiast - immediately
nauczyciel - teacher
nawigator - navigator
nerwowo - nervously
nerwowy - nervous
nerwy - nerve
nic - nothing
nie - no, not
nie do opisania - indescribable
nie każdy - not anyone
nie ma za co - you are welcome
nie przejmować się - not care
niebezpieczeństwo, zagrożenie - danger
niebezpieczny (m) - dangerous
niebieski (m) - blue
niebo - sky
niedawny (m) - recent
niedziela - Sunday
niemożliwy - impossible
nienawiść - hatred
niepewnie - uncertainly
nieprawidłowo - incorrectly
nieprawidłowy (m), niepowołany (m) -
wrong
nieprzyjaźnie - unfriendly
nieprzyjemny - unpleasant
nieszczęście - misfortune

nieuprzejmie - unkindly
niewiarygodny (m) - unbelievable, incredible
niewiele, kilka - few
nigdy - never
nigdzie - nowhere; nigdzie nie idę - I am not going anywhere
nikt - nobody
niski - low
niż - than
niżej (adv), niższy (adj) - lower
niższy - lower
noc - night
noga - leg
nonsens - nonsense
normalny, zwykły - ordinary
nos - nose
nosić - wear
nosić, nieść - carry
nosił spadochron - wore parachute
nowoczesny (m), nowoczesna (f) - modern
nowy (m), nowa (f) - new
nóż - knife
nudny - boring
numer - number
o, około - about
obalić - topple
obcy, nieznajomy - stranger
obiad - lunch
obiecał (he) - promised
obiednica - promise
obniżył (he) - lowered
oboje - both
obok siebie - side by side
obóz - camp
obrabować, ukraść, okraść - rob
obracać się, obrócić się - rotate
obraźliwie - indignantly
obrona - defense
obrońca - defense counsel
obrońca, adwokat - defender
obronił - defended
obrzydliwy (m) - disgusting
obserwować, patrzeć - watch
obudził się – woke up

obywatel - citizen
Ocean Indyjski - Indian Ocean
ochoczo - eagerly
ochrona – security; strażnik - security guard
ochroniarz - guard, bodyguard
ochroniarza - guard's
oczekiwać - expect
oczekiwał - expected
oczywiście - of course
oczywisty - obvious, evident
od - from
od, odkąd, skoro, jeśli - since
odbierać, odebrać - pick up
odbiornik - receiver
odblokował, odpiął - unlocked
odciąć - cut off
oddzielnie - apart
odejść - step away
odejść, opuścić - leave
odlatując, opuszczając - leaving
odlatywać - depart
odmawiać, odmówić - refuse
odmówił - refused
odpiął (odpiął guziki) - unbuttoned
odpowiadać, odpowiedź, odpowiedzieć - reply, respond
odpowiedź (n), odpowiadać (v), odpowiedzieć (v) - answer
odpowiedział (m), odpowiedziała (f) - answered, replied
odpowiedzialność, obowiązek - responsibility
odpowiedzialny (m), odpowiedzialna (f) - responsible
odwiązał - untied
odwrócił (się) (he) - turned
odznaka - badge
odzyskać przytomność - regain consciousness
odzyskiwać przytomność - recover
oferta (n), oferować (v), zaoferować - offer
ogień - fire
ogłosił, wygłosić (he) - declared
ogłoszenie - ad
ogłoszony - appointed

ognisko - bonfire
ogolony - shaved
ogon - tail
ogród - garden
oh - oh
ojciec - father
ojczysty - native
okno - window
oko - eye
około, wokół - around
okrążył - circled
okropny (m) - terrible
on - he
on miał - he had
ona - she
oni - they
opadł, obniżył się - descended
opera - opera
operacja - operation
opieka zdrowotna - healthcare
opierać się - resist
opierał się - resisted
opłata - fare
opór - resistance
oprócz, poza, za wyjątkiem - except
oprzytomniał - recovered
opuścić - abandon
opuszczony, opustoszały - deserted
organizacja - organization
orgazm - orgasm
osiem - eight
oskarżony (m), oskarżona (f) - charged,
defendant
osłonił - shielded
osoba - person
ostatni (m), ostatnia (f) - last
ostrożnie - carefully
oszukał (*he cheated*), oszukała (*she
cheated*), oszukali (*they cheated*, m),
oszukały (*they cheated*, f) - cheated
oszukiwać, oszukać - cheat
oszust - crook
otoczył - surrounded
otrzymać - receive
otwarcie, otwieranie - opening

otwarty (m) - opened
otwierać, otworzyć - open
owijać, owinąć - wrap
owoce - fruit
pacjent (m), pacjentka (f) - patient
paczka - package
pajęczyna - cobweb
pakować - pack
palec - finger
pałka - baton
pamiętać - remember
Pan - Mister (Mr)
pan, władca - master
papier - paper
papieros - cigarette
para - pair, a couple of
park - park
parking - parking lot
pas startowy - runway
pas, talia - waist
pasażer - passenger
pasażer na gapę - stowaway
pasiasty (m), w paski - striped
pasować - fit
paszport - passport
patrol (n), patrolować (v) - patrol
patrzeć, spojrzeć - look
patrzył, obserwował - watched
pchać - push
pęćdziesiąt - fifty
pełny (m) - full
personel - staff
pewnie - confidently
pewny (m), pewna (f), pewnie (*adv.*) - sure,
certain
piasek - sand
piątek - Friday
pić - drink
pić, napić się - drink
pięć - five
pięć lat temu - five years ago
pięciominutowy - five-minute
piekielny - infernal
pięknie, cudownie - lovely
piękny (m), piękna (f) - beautiful

pielęgniarka (f), pielęgniarz (m) - nurse
pieniądze - money
pierwszy (m), pierwsza (f) - first
pies - dog
piętnaście - fifteen
pijany (m) - drunken
pilnie - urgently
pilot - pilot
pionowo - vertically
pisał, doniósł, zdał sprawozdanie - reported
pistolet - gun
piwnica - basement
pizza - pizza
plac - square
płacić, zapłacić - pay
płacząca - weeping
plama - spot
plamy krwi - blood spot
plan - plan
planować, zaplanować - plan
plastikowy - plastic
płaszcz, fartuch - coat
platforma - platform
płonący - burning
po - after
pocałował - kissed
pochmurny (m), pochmurna (f), pochmurno
(adv.) - cloudy
pociąg kolejowy - freight train
pociągnął (he) - pulled, dragged
początek (n), zaczynać (v), zacząć (v) - start
poczekał, zaczekał - waited
poczuł - felt
pod - under
podążać za - follow
podążył (he) - followed
podczas - while, during
poddenerwowany, przejęty - agitated
podejście (n), podchodzić (v), podejść (v) -
approach
podekscytowany - excited
podłoga, piętro - floor
podniósł (he) - picked up, lifted, rose
podniósł, uniósł się (he) - raised
podnosić, podnieść - rise, raise

podobało mu się - enjoyed
podpisać - sign
podrapał (się) (he) - scratched
podróżować (v), podróż (n) - travel
podróżował - traveled
podrzucić, podwieźć (autem) - give a lift
podstawowy - basic
podszedł, zbliżył się (he) - approached
podwójny (m) - double
podwórze, dziedziniec - yard
podwozie - landing gear
pogłaskał (he) - stroked
pogoda - weather
pogwałcił - violated
poinformował - informed
pojawiać się - appear
pojazdy - vehicles
pojechał, prowadził - drove
pokazał (he) - showed
pokazał się, ukazał się - appeared
pokazywać (v), pokazać (v), pokaz (n) -
show
poklepał, klepnął - patted
pokój - room
pokrywka - lid
pół, połowa - half
połączył, łączył - connected
pole - field
poleciał - flew
policja - police
policjant - policeman
polizał (he) - licked
półka - shelf
północna Afryka - North Africa
położenie, lokalizacja - location
położony (m), położona (f) - located
położyć, włożyć, kłaść - put
położył - laid
południe - south, noon
pomachał - waved
pomagać, pomóc - help
pomoc (n), pomagać (v), pomóc (v) - help
pomysł - idea
pomyślał (he) - thought
poniedziałek - Monday

209

ponieważ, bo - because
poniżej, pod - below
popełnić - commit
popołudnie - afternoon
poprawnie, dobrze - correctly
poprowadził *(he)* - led
poprzedni dzień - previous day
poraził *(he)* - stunned
porcja - dose
pornografia - porn
port - port
portfel - wallet
posąg - monument
posiłki - reinforcement
poszedł *(he)* - walked, went
poszukiwany - wanted
pot - sweat
potem, później - then
potępienie - condemnation
potrzebować - need
potrzebował *(he)* - needed
powąchał *(he)* - sniffed, smelled
powaga, znaczenie - importance
poważnie - seriously
poważny (m), poważna (f) - serious
powiedział - told, said
powiedział, przemówił - spoke
powiedzieć - tell
powierzchnia - surface
powietrze - air
powinien (m), powinna (f) - should
powitał, przywitał - greeted
powód - reason
powtarzać, powtórzyć - repeat
powtórzył - repeated
powyżej, ponad - above
poza - beside
poza tym - besides
później - later
pozwolenie - permission
pozwolenie na wejście/na wjazd - entrance
permit
pozwolenie, zezwolenie - permit
pozwolić - let, allow
praca - job, work

pracować (v), praca (n) - work
pracował - worked
pracownik (m), pracownica (f)- employee,
worker
prawda - true
prawdopodobnie - probably
prawdopodobnie, możliwie - possibly
prawdziwie, naprawdę - truly
prawdziwy (m) - real
prawie - almost
prawnik - lawyer
prawo - law
prawy (m), prawa (f) - right
premier - Prime minister
prezent, podarunek - gift
prezydent - president
problem - problem
problem, kłopot - problem
próbować, spróbować - try
próbował, spróbował - attempted
procent - percent, percentage
proces - trial
prokurator - prosecutor
prosto przed siebie - straight ahead
prosty (m) - simple
prosty, łatwy - simply
proszę - please
protest (m), ptotestować (v) - protest
protestował *(he)* - protested
prowadzić, rządzić - lead
prowadził - rolled
prowincja - province
prysznic - shower
prywatny (m), osobisty (m) - personal,
private
przebaczony; przebaczył *(he forgiven)* -
forgiven
przechodzień - passersby
przeciw, przeciwko - against
przecznica - block
przed - before
przedmieście - suburb
przedstawił - introduced
przejęcie, poruszenie - agitation
przejść na emeryturę - retire

przejść, przejechać - pass
przekazał - handed
przekupić - bribe
przekupiłem (*I bribed,* m), przekupiłam (*I bribed,* f), przekupił (he *bribed)*, przekupiła (she *bribed*) - bribed
przeniesiony - transferred
przepraszam, wybacz mi - excuse me
przeprowadzić - conduct
przerażający - frightening
przerażony - frightened
przerwa - pause
przerwał - interrupted
przestępca - criminal
przestępstwo - crime
przestrzegać, być posłusznym - obey
przeszkodzić, przeszkadzać - interrupt
przeszłość (n), przeszły (adj. m), przeszła (adj. f) - past
przewiózł (*he*) - transported
przewoziciel - mover
przez - through
przez, poprzez - through, by
przód - front
przychodzić, przyjść - come
przygotował - prepared
przyjaciel (m), przyjaciółka (f) - friend
przyjazd, przylot - arrival
przyjechać - arrive
przyjechał, dojechał, przyszedł (*he*) - arrived
przyjrzeć się - look closely
przykład - example
przykro mi, przepraszam - I am sorry
przykryty - covered
przynajmniej - at least
przyniósł - brought
przynosić, przynieść - bring
przypominać - resemble
przyspieszył (*he*) - sped
przyszedł - came
przyszłość - future
przytulił - hugged
przywódca - leader
ptak - bird

pukać, zapukać - knock
punkt - dot
pusty (m) - empty
pustynia - desert
pytać - ask
pytać, wypytywać się, dopytywać się - inquire
pytające - questioning
pytanie - question
raca, rakieta - flare
radar - radar
radio - radio
rakieta - rocket, missile
ramię - shoulder, arm
rana - wound
ranny, zraniony (m) - injured
rano, poranek - morning
raz - once
razem - together
regularny (m), normalny (m) - regular
rejestr, kasa - register
ręka, dłoń - hand
religia - religion
reszta - rest
rewanż, zemsta - revenge
rewolucja - revolution
reżim - regime
robić, zrobić - make, do
rodzaj - kind
rodzina - family
rok - year
rola - role
ropa, olej - oil
ropucha - toad
rosnąć, hodować - grow
rotacja, obroty - rotation
również, też - too, also
równo - equally
rozciągać - stretch
rozciągał (się) - stretched
rozdzielił - distributed
rozerwał - tore up
rozglądać się, rozejrzeć się - look around
rozkaz - command
rozkazał - commanded

rozłączyć - disconnect
rozlał (się) (he) - spilled
rozmawiać - talk
rozmowa - conversation
różowy (m) - pink
rozpoznać - recognize
rozpoznał - recognized
rozsądnie - reasonably
rozumieć, zrozumieć - understand
rozwiedziony (m), rozwiedziona (f) -
divorced
ruszać się, ruszyć się - move
ruszać, przenosić - move
ruszył się (he) - moved
ruszył, przyspieszył - rushed
ryba - fish
rycząc - roaring
ryknął (he) - roared
ryzyko - risk
rząd - cabinet, government
rzadko - rarely
rządzący - ruler
rządzić - rule
rządził - ruled
rzecz (f) - thing
rzeczywistość - reality
rzucać, rzucić, wyrzucać, wyrzucić - throw
rzucić się - swoop
sala rozpraw - courtroom
sam (m) - alone; myself
samochód, auto - car
samolot - airplane, plane, aircraft
samolot towarowy - cargo plane
sarkastycznie - sarcastically
sarkazm - sarcasm
sąsiadujący - neighboring
satelita - satellite
scena - scene
schludnie - neatly
schody - stairs
ścigać - chase
ścigał się - raced
ściskać - clutch
ścisnął - squeezed
sędzia - judge

sejf - safe
seksualnie - sexually
seksualny (m) - sexual
sekunda - second
sen (n), śnić (v) - dream
serce - heart
siebie, sobie - themselves
siedem - seven
siedzenie - seat
siedział (he) - sat
siedzieć - sit
sikać - urinate
silniejszy - stronger
silnik - engine
silny (m), silna (f), mocny (m), mocna (f) -
strong
siły powietrzne - air force
skaczący - bouncing
skakać, skoczyć - jump
skarbiec, sejf - vault
skarpetki - socks
skazany - convict
sklep - store, shop
skoczył (he) - jumped
skończyć - finish
skóra - skin
skręcić, przewrócic - turn
skrzydło - wing
skrzynia, skrzynka - box
skrzyżowanie - intersection
skrzyżowanie, przejazd - crossing
słabo, ciemno - dimly
śledczy (m) - investigative
śledztwo - investigation
ślepy - blind
słoń - elephant
słoneczny (m), słoneczna (f) - sunny, solar
słowo - word
słuchać - listen
słup - pillar
słup latarni - lamppost
służba, serwis - service
służyć - serve
słyszeć, usłyszeć - hear
smacznego - bon appetit

212

smaczny (m) - tasty
śmiać się, zaśmiać się - laugh
śmieć (sing.), śmieci (plur.) - garbage, rubbish
śmieć, grat - junk
śmiejący się - laughing
śmierć - death
śmierdzący (m) - smelly, stinky
śmierdzieć – stink; śmierdziel - stinker
śmieszny - ridiculous
sms, wiadomość tekstowa - text message
smukły - slender
smutno, ze smutkiem - sadly
smutny (m) - sad
śnieg - snow
sobota - Saturday
sok - juice
spać - sleep, be asleep
spadający (m)   falling
spadochron - parachute
spadochroniarz - paratrooper
spaghetti - spaghetti
spał (he) - slept
specjalny - special
spektakl, dramat - drama
śpiący (m) - sleepy
śpiewał - sang
spisek - conspiracy
spiżarnia - pantry
spodnie - pant
spojrzał, popatrzył (he) - looked
spojrzenie - glance
spokojnie - calmly
sporządzić - draw
spotkał (he) - met
spotkanie - meeting
spotykać się, spotkać się - meet
sprawa, przypadek - case
sprawdzać, sprawdzić - check
sprawdzić się, zadziałać - do the trick
sprawdził (he) - checked
sprawiedliwość - fairness
spróbował - tried
sprzątacza - cleaner's
sprzedał - sold

sprzedawać, sprzedać - sell
sprzedawca - sales clerk, salesman
sprzedaż - sale
spytał się, zapytał się (he) - inquired
środa - Wednesday
środek - middle
stać - stand
stać się, wydarzyć się, zdarzyć się - happen
stać, zostać, pozostać - stay
stacja- station
stado - herd
stał (he) - stood
stał się, został - became
stało się, wydarzyło się - happened
stały - permanent
stan, państwo - state
stanowić (zagorżenie) - pose (a danger)
stanowisko - post
startować, wznosić się (o samolocie) - take-off
stary (m), stara (f) - old
stck - steak
sto - hundred
stół - table
stolica - capital
stopa - foot
stopień naukowy - degree
stopniowo - gradually
stopy - feet
stosunek - affair
strach - fear
stracony, nieobecny - gone
strzelać - shoot
strzelanina - shoot-out
strzelić, wystrzelić - fire
strzelił - shot
studolarowy (m) - hundred-dollar
stworzyć - create
substancja - substance
suchy (m) - dry
sugerować, zasugerować - suggest
sukienka - dress
super gwiazda - superstar
super-złodziej - super-thief
surowy (m) - severe

świadomość, przytomność - consciousness
świat - world
światło - light
światło księżyca - moonlight
sygnał - signal
symbol - symbol
syn - son
sypialnia - bedroom
syrena - siren
system - system
sytuacja - situation
szafy - closets
szaleniec - madman
szalony (m) - crazy, mad
szanowany (m), szanowana (f) - respectable
szanse, możliwości - opportunities
szary (m), szara (f) *(colour)*; siwy (m), siwa
(f) *(about hair)* - gray
szczekanie - barking
szczęśliwie - happily
szef - chief
szeroki - wide
szeroki, rozległy - vast
sześć - six
szklanka - glass
szkoda - it's a pity
szkoła - school
szok - shock
szpital - hospital
szuflada (m) - drawer
szukać - search
szukał - searched
szyb - shaft
szybki (m) - rapid, quick, fast
szybko - rapidly, quickly
szybkość (m) - speed
szybszy - faster
szyja - neck
tabletka, lekarstwo - pill
tablica rejestracyjna - license plate
tak - yes
tak jak - as
taki, taka, tak - such
taksówka - taxi, cab
także, tak więc - therefore

talerz - plate
tam - there
tamci, tamte - those
taras - terrace
Taser, paralizator - Taser
taśma - tape
taśma klejąca - scotch tape
tata - daddy, dad
tatuaż - tattoo
tchórz - coward
teatr - theatre
tekst - text
telefon - telephone, phone
ten, ta, to - this
teraz - now
termiczny, termalny - thermal
terminy - terms
terrorysta - terrorist
tłum - crowd
tłum, mafia - mob
to - it; 2. to (n), ten (m), ta (f) - that
tolerować - tolerate
tor kolejowy - railway
torba - bag
torba sportowa - sports bag
torebka - purse
tory kolejowe - railway track, railroad
towarzyszyć - accompany
towarzyszył - accompanied
trąba - trunk
tracić, stracić, gubić, zgubić - lose
tradycyjny - traditional
tragedia - disaster
transport, przewożenie - transport
trawa - grass
trochę - a little, a bit
trochę, kilka - some
tropik- exotic
trudny (m), trudna (f) - difficult
trzeci (m) - third
trzy - three
trzydzieści - thirty
trzydzieści pięć - thirty-five
trzymać - hold
trzymał *(he)* - held, hold

tu, tutaj - here
turysta - tourist
tuzin - dozen
twardy, ciężki (m) - hard
twarz - facial, face
twój (m), twoja (m), Pański (m) *formal*,
Pańska (f) *formal* - your
ty, wy - you
tydzień - week
tykać - tick
tykał - ticked
tył - back
tyłek - butt
tylko - only
tylko, właśnie - just
tymczasowo - temporarily
tymczasowy - temporary
tysiąc - thousand
ubrania - clothes
ubranie - clothing
ubrany (m) - dressed
ucho - ear
uciec - escape
uciekł - escaped, fled
uczestniczyć - participate
uczucie, przeczucie - feeling
uczyć się, nauczyć się - learn
uczyć, nauczyć - teach
udało mu się - managed
udawać - pretend
uderzać, uderzyć - hit, beat
uderzenie - struck
uderzenie, kopnięcie - kick
udezrył, zderzył się - crashed
udowadniać, udowodnić - prove
układanka, puzzle - puzzle
ukłonić się - bow
ukłonił się (*he*) - bowed
ukradziony, skradziony - stolen
ukraść - steal
ukrył - hid
ulewa - downpour
ulica - street
ulica główna - main street
ulotka - leaflet

ulubiony - favorite
umieć, móc - can
umierać, umrzcć - dic
umowa - agreement
unia - union
uniknąć - avoid
uniwersytet - university
upadać, upaść - fall
upadł (*he*) - fell
uprzejmie - politely
uprzejmy (m), uprzejma (f) - polite
upuścić - drop
upuszczać, upuścić, padać, spać - drop
uratować - save, rescue
usłyszał (m) - heard
uśmiech (n), uśmiechać się (v), uśmiechnąć
się (v) - smile
uśmiechać się, uśmiechnąć się - smile
uśmiechnął się (*he*) - smiled
uspokoić się - calm down
uspokoił - soothcd
usprawiedliwiać się, usprawiedliwić się -
justify
usta - mouth, lips
usunął, zdjął - removed
usuwać, usunąć - remove
uświadomić sobie - realize
uświadomił sobie (*he*) - realized
uszkodzony - damaged
utalentowany - talented
utnięty - stuck
uważnie - intently, attentively
uważny (m), uważna (f) - attentive
uzbrojony - armed
użyć - use
w - into, in
w ciągu - within
w ciąży, ciężarna - pregnant
w domu - at home
w górę - upwards
w jedną stronę - one-way
w końcu - finally, eventually
w pełni - fully
w pobliżu, niedaleko - nearby
w porządku - OK, alright

w stronę, w kierunku - toward
w zakłopotaniu - in embarrassment
w zamyśleniu - thoughtfully
w zwolnionym tempie - slow motion
w, wewnątrz - inside
wąchać (v), powąchać (v) - sniff, smell
wakacje - vacation
walizka - suitcase
walka (n), walczyć (v) - fight
walka, bójka - fight
wanilia - vanilla
wartość - worth
ważny (m) - important
wchodzić - enter
wcześniej - earlier
wczoraj - yesterday
wdzięczny - thankful
według - according to
wejście - entrance
wentylacja - ventilation
wiać - blow
wiadomość - message
wiatr - wind
wiązać, zawiązać - tie
wibrować, zawibrować - vibrate
widoczny - visible
widok - view
widział, zobaczył (he) - saw
widziany - seen
widzieć - see
więc - so
więcej - more
wieczór - evening
wiedział (he) - knew
wiedzieć - know
wielbłąd - camel
wiele, dużo - many
wielka sprawa - big deal
wielki (m), świetny (m) - great, large
wielki, ogromny - huge, enormous
wierzyć, uwierzyć - believe
wieszać - hang
wieszać, wisieć, zawisnąć, powiesić - hang
więzień - inmate, prisoner
więzienie - jail, prison

więzienie główne - central prison
wina, błąd - fault
winda - elevator
wino - wine
wioska - village
witać, przywitać - greet
witam - hello
wizyta (n), odwiedzać (v), odwiedzić (v) - visit
wkrótce - soon
władza - power
właściciel (m) - owner
włąściwie - actually
własność, posiadłość - property
własny (m) - own
włóczęga - vagabond
włoski - Italian
włosy - hair
woda - water
wojna - war
wojsko - the army
wojskowy (m) - military
wolno, powoli - slowly
wolność - freedom
wolny (m) - free, slow
wózek inwalidzki - wheelchair
wózek, wóz - cart
wracać, wrócić, zracać, zwrócić - return
wrócił (he) - returned
wróg - enemy
wrzasnał (he) - yelled
wschód - east
wskazówka - hint
wskazywać - point
wspiął się (he) - climbed
wspierać - support
wspinać się, wspiąć się, wchodzić (do góry) - climb
wśród, pośród - among
wstać - stand up, get up
wszedł (he) - entered
wszędzie - everywhere
wszyscy - everybody
wszyscy, wszystko, cały (m), cała (f) - answer

wszystko - everything
wszystko jedno - all the same
wtorek - Tuesday
wybaczyć, przebaczyć - forgive
wybór - choice
wybory - elections
wybrać - chose, choose
wybrany; wybrał - chosen
wybuch - blast
wybuchł - exploded
wyć, zawyć - roar
wycelować - point
wycelował (*he*) - pointed
wyciągnął - extended
wycie - wailing
wycieczka - trip
wyciekł - flowed
wydarzenie - event
wydarzyć się, zdarzyć się - happen
wydawać, wydać - spend
wydawał się - seemed
wydma - dune
wygląd - appearance
wygrałem (*I won*, m), wygrałam (*I won*, f),
wygrał (*he won*), wygrała (*she won*) - won
wyjaśniać, wyjaśnić - explain
wyjaśnił - explained
wyjście - exit
wykorzystał (*he*) - exploited
wykręcić (numer telefonu) - dial
wylądował (*he*) - landed
wymieniać, wymienić - exchange
wypadek - incident
wypadek, przypadek - accident
wypełniać, wypełnić - fulfill
wypełnił (*he*) - filled
wypił, napił się - drank
wypłata, pensja - salary
wyposażenie - equipment
wyprostowany - straightened
wyraz twarzy - facial expression,
expression
wyrok - sentence
wyrzucić, wystrzelić - launch
wyrzucił (*m*), wyrzuciła (*f*) - threw

wysadzić - blow up
wysadzić, zostawić - drop off
wysłać - send
wysłany (m) - sent
wysoki (m), wysoka (f) - tall, high
wysokość - altitude, height
wystarczająco - enough
wystrzelić - launch
wystrzelił - launched, fired
wyszeptał - whispered
wytarł - wiped
wytłumaczył (*he*) - justified
wytrwać, trzymać się - hold on
wywrócił (*he*) - overturned
wyżej - higher
wzdłuż - along
wziąć - take
wziąć, zabrać – take; wziąłem (m), wzięłam
(f) - I took; wziąłeś (m), wzięłaś (f) - you
took
wzrok - gaze, sight
z - with, of
z obrzydzeniem - in disgust
z przyjemnością - happy to; with pleasure
z szeroko otwartymi oczami - wide-eyed
z widokiem - overlooking
z wyprzedzeniem - in advance
za jakiś czas, za niedługo - sometime soon
za, z tyłu - behind
zaatakował (*he*) - attacked
zabandażowany - bandaged
zabawki - toys
zabijać, zabić - kill
zabił (*he*) - killed
zablokował - blocked
zabronione, nie można - not allowed
zachować się, zachowywać się - behave
zachowałeś się (*you acted*, m), zachowałaś
się (*you acted*, f), zachował się (*he acted*),
zachowała się (*she acted*) - acted
zaczął (*he*) - started
zaczynać pracować - beginning to work
zaczynać, zacząć - begin
żadać - demand
zadanie - task

zadowolony (m) - pleased
zadzwonił (*he*) - rang
zagroził (*he*) - threatened
zagrzebany, pogrzebany - buried
zajęty - busy
zajmować - occupy
zakaz - ban
zakazać - forbid
zakończyć - conclude
zakręt (n), skręcać (v), skręcić (v) - turn
załadował - loaded
załamał, zniszczył (*he*) – broke down
zalecany - recommend
załkać, zaszlochać - wept
założył kajdanki (*he)* - handcuffed
zamek - lock
zamiast - instead
zamienić, zmienić - switch
zamienił (*he switched*), zamieniła (*she
switched*), zamienili (*they switched,* m),
zamieniły (*they switched,* f) - switched
zamieszał - stirred
zamknął (*he)* - closed
zamknięty (m), zamknięta (f) - close,
locked
Zamknij się - shut up
zamówienie (n), zamawiać (v), zamówić (v)
- order
zamówiony (m), zamówiona (f) - ordered
zamroził, zamarł - froze
zaniósł (*he)* - carried
zaoferował (*he)* - offered
zapach (n) - smell
zapalił - lit
zapamiętał - remembered
zapłacił - paid
zaplanował - planned
zapobiegać - prevent
zapomniał - forgot
zapomnieć - forget
zapraszać, zaprosić - invite
zaprosić - invite
zapukał (*he)* - knocked
zapytał, poprosił (*he)* - asked
zarabiać, zarobić - earn

zarejestrowany (m) - registered
zarost - stubble
żart - joke
żartować - kid
zasada - principle
zasięg - reception
zasilany - powered
zaskoczenie, niespodzianka - surprise
zaskoczony (m) - surprised
zasłużyć sobie - deserve
zaśmiał się - laughed
zastanawiać się - reflect
zasugerował (*he)* - suggested
zatrudniać, zatrudnić - hire
zatrudnił - hired
zatrzymać (się) - stop
zatrzymać, utrzymać - keep
zatrzymał (się) (*he)* - stopped
zatrzymany - detainee
zatrzymywać, zatrzymać - keep
zaufanie (n), ufać (v), zaufać (v) - trust
zauważyć - notice, noted
zauważył - noticed
zawiązał - tied
zawierać - contain
zawieszony - hung
zawód - profession
zawstydzić się, czuć wstyd - feel ashamed
zawsze - always
zażadał (*he)* - demanded
zazwyczaj - usually
zbadał - examined
zbieg - fugitive
zbiornik - tank
zbliżać się, przybliżać się - approach
zbombardował - bombed
zdecydował (*he)* - decided
zdecydowanie - definitely
zdenerwowany (m), nerwowy - nervous
zderzenie - collision
zdjęcie - photo
zdjęcie, obrazek - picture
zdumienie - amazement
ze strachem - fearfully
ze, poza, zdjęty - off

zegar - clock
zeskoczył (he) - leaped
ześlizgnąć się z drogi - slipped off the road
zgadzać się, zgodzić się - agree
zgiął - bent
zgnieść, zmiażdżyć - crush
zgodził się (he) - agreed
zgromadził - gathered
zgubić - to loose; zgubiłem (m), zgubiłam
(f) - I lost; zgubiłeś (m), zgubiłaś (f) - you
lost
zielony (m) - green
ziemia, grunt - ground
ziewnął (he) - yawned
zimno, chłód - coldness
zjadł - ate
zjedzony - eaten
złamać - break
złapać - grab, capture
złapany (m) - caught
źle - badly
złodziej - thief, robber
zły (m) - angry, evil
zmartwiony (m) - worried
zmęczony (m) - tired
zmiażdżył (he) - crushed
zmienić - change
zmienić, zamienić - change
zmienił - changed
zmusić - forced
znaczyć (v) - matter
znaczyć, mieć na myśli - mean
znajomy - acquaintance
znaleźć - find

znaleziony - found
zniknął (he disappeared), zniknęła (she disappeared) - disappeared
zniszczył (he) - destroyed
znów, znowu - again
żołądek - stomach
żołnierz - soldier
żółty - yellow
żona - wife
żonaty (m), zamężna (f) - married
zoolog - zoologist
zostać - stay
zostać, stać się - become
został, stał - stayed
zostawać, zostać, pozostawać, pozostać - remain
zraniony (adj), zranił (he) - wounded
zrelaksowany - relaxed
zrobił (he) - made
zrobiony (m) - done
zrozumiano, zrozumiał (he) - understood
związek - connection
zwierzę - animal
zwracać uwagę - pay attention
zwracać, zwrócić - retur
zwycięsko - victoriously
zwycięzca - winner
zwyczajny - usual
zwykły, czysty - sheer
życie - life
życzenie (n), życzyć - wish
żył - lived
zyskać - gain
żywy - alive

Słownik angielsko-polski

a little, a bit - trochę
abandon - opuścić
about - o, około
above - powyżej, ponad
absolutely - absolutnie
accident - wypadek, przypadek
accompanied - towarzyszył
accompany - towarzyszyć
according to - według
ace, ace pilot - as
acquaintance - znajomy
across - naprzeciwko
acted - zachowałeś się (*you acted*, m),
zachowałaś się (*you acted*, f), zachował się
(*he acted*), zachowała się (*she acted*)
action - akcja, ruch
actually - włąściwie
ad - ogłoszenie
add - dodać
added - dodał
address - adres
advised - doradził (*he*)
affair - stosunek
after - po
afterburner - dopalacz
afternoon - popołudnie
again - znów, znowu
against - przeciw, przeciwko
agitated - poddenerwowany, przejęty
agitation - przejęcie, poruszenie
agree - zgadzać się, zgodzić się
agreed - zgodził się (*he*)
agreement - umowa
aimed - celował, wycelował
air - powietrze
air force - siły powietrzne
airplane, plane, aircraft - samolot
airport, airfield - lotnisko
alarm - alarm
alcohol - alkohol
alive - żywy
all the same - wszystko jedno
almost - prawie

alone; myself - sam (m)
along - wzdłuż
already - już
altitude, height - wysokość
always - zawsze
amazement - zdumienie
among - wśród, pośród
and - i, oraz
angrily - gniewnie
angry, evil - zły (m)
animal - zwierzę
answer - wszyscy, wszystko, cały (m), cała
(f), odpowiedź (n), odpowiadać (v),
odpowiedzieć (v)
answered, replied - odpowiedział (m),
odpowiedziała (f)
antelope - antylopa
antenna - antena
any - jakikolwiek
anyone, anybody - ktokolwiek
anything - cokolwiek
anyway - i tak, mimo wszystko
anywhere - gdziekolwiek
apart - oddzielnie
appear - pojawiać się
appearance - wygląd
appeared - pokazał się, ukazał się
appointed - ogłoszony
appreciate - doceniać, docenić
approach - zbliżać się, przybliżać się;
podejście (n), podchodzić (v), podejść (v)
approached - podszedł, zbliżył się (*he*)
Arab - Arab
are - jesteśmy, jesteście, są
armchair - fotel
armed - uzbrojony
around - około, wokół
arrest - aresztować
arrested - aresztował (*he*), aresztowany
(*adj*)
arrival - przyjazd, przylot
arrive - przyjechać

arrived - przyjechał, dojechał, przyszedł (*he*)

as - tak jak

Asian - azjatycki

ask - pytać

asked - zapytał, poprosił (*he*)

assistant - asystent, pomocnik

at home - w domu

at least - przynajmniej

ate - zjadł

attack - atak

attacked - zaatakował (*he*)

attacking - atakując

attempted - próbował, spróbował

attentive - uważny (m), uważna (f)

authority - autorytet, władza

avenue, alley - aleja

avoid - uniknąć

awkwardly - dziwnie

bachelor's degree - licencjat, stopień licencjata

back - tył

badge - odznaka

badly - źle

badly damaged - bardzo/poważnie uszkodzony

bag - torba

ban - zakaz

bandage - bandażować, zabandażować

bandaged - zabandażowany

bank - bank

bar - krata, bar

barely - ledwo

barking - szczekanie

barrel - beczka

basement - piwnica

basic - podstawowy

bathroom - łazienka

baton - pałka

battle - bitwa

be - być ; byłeś (*you, sing. m*), byłaś (*you, sing. f*), byliśmy (*we, m*), byłyśmy (*we, f*), byliście (*you, plur. m*), byłyście (*you, plur. f*), byli (*they, m*), były (*they, f*)

be able to - być zdolnym do, móc

be awarded - być nagrodzonym, być odznaczonym

be busy - być zajętym

be child's play - dziecinnie proste

be executed - być poddanym egzekucji

be finished - być skończonym

be glad - być szczęśliwym

be scared, be afraid - bać się

be shocked - być w szoku, być zszokowanym

be worth - być wartym

beard - broda

beautiful - piękny (m), piękna (f)

became - stał się, został

because - ponieważ, bo

become - zostać, stać się

bed - łóżko

bedroom - sypialnia

before - przed

begin - zaczynać, zacząć

beginning to work - zaczynać pracować

behave - zachować się, zachowywać się

behind - za, z tyłu

believe - wierzyć, uwierzyć

below - poniżej, pod

bent - zgiął

beside - poza

besides - poza tym

best - najlepszy (m)

better - lepszy (m), lepiej (adv)

between - między, poniędzy

big - duży (m), duża (f)

big deal - wielka sprawa

bill - banknot

bird - ptak

black - czarny (m), czarna (f)

blanket - koc

blast - wybuch

blind - ślepy

block - przecznica

blocked - zablokował

blood - krew

blood spot - plamy krwi

blow - wiać

blow up - wysadzić

221

blue - niebieski (m)
body - ciało
boiler - bojler
bomb - bomba
bombed - zbombardował
bomber - bombowiec
bon appetit - smacznego
bonfire - ognisko
bonus - dodatek
border - granica
boring - nudny
both - oboje
bottle - butelka
bottom - dno, dół
bought - kupił
bouncing - skaczący
bow - ukłonić się
bowed - ukłonił się (*he*)
box - skrzynia, skrzynka
boy - chłopiec
brain - mózg
brake - hamulec
bread - chleb
break - złamać
breeze - bryza
bribe - przekupić
bribed - przekupiłem (*I bribed,* m),
przekupiłam (*I bribed,* f), przekupił (he
bribed), przekupiła (she *bribed*)
brilliant - błyskotliwy
bring - przynosić, przynieść
broke down - załamał, zniszczył (*he*)
brother - brat
brought - przyniósł
brown - brązowy
building - budynek
bulletproof - kuloodporny
buried - zagrzebany, pogrzebany
burning - płonący
bus - autobus
business - biznes, sprawa
busy - zajęty
but - ale, lecz
butt - tyłek
button - guzik, przycisk

buy - kupić
bye, hi - cześć
cabbage - kapusta
cabin - kabina
cabinet, government - rząd
cafe - kawiarnia
cage - klatka
call - dzwonić, zadzwonić
calm down - uspokoić się
calmly - spokojnie
came - przyszedł
camel - wielbłąd
camera - kamera
camp - obóz
can - umieć, móc
capital - stolica
capitalism - kapitalizm
car - samochód, auto
card - karta
career - kariera
carefully - ostrożnie
cargo plane - samolot towarowy
carried - zaniósł (*he*)
carry - nosić, nieść
cart - wózek, wóz
case - sprawa, przypadek
cash - kasa
catapult - katapulta
catch up - dotrzeć
caught - złapany (m)
cell - cela
central prison - więzienie główne
centre - centrum
ceremoniously - ceremonialnie
certificate - legitymacja, certyfikat
chair - krzesło
change - zmienić, zamienić
changed - zmienił
charged, defendant - oskarżony (m),
oskarżona (f)
chase - ścigać
cheat - oszukiwać, oszukać
cheated - oszukał (*he cheated*), oszukała
(*she cheated*), oszukali (*they cheated,* m),
oszukały (*they cheated,* f)

check - sprawdzać, sprawdzić
checked - sprawdził (he)
chest - klatka piersiowa
chief - szef
children - dzieci
chocolate - czekolada
choice - wybór
chose, choose - wybrać
chosen - wybrany; wybrał
cigarette - papieros
circled - okrążył
citizen - obywatel
city, town - miasto
classification - klasyfikacja
clean - czysty (m), czysta (f)
cleaner's - sprzątacza
cleanly - czysto
client, customer - klient (m), klientka (f)
climb - wspinać się, wspiąć się, wchodzić
(do góry)
climbed - wspiął się (he)
clock - zegar
close, locked - zamknięty (m), zamknięta
(f)
closed - zamknął (he)
closer - bliższy, bliżej
closets - szafy
clothes - ubrania
clothing - ubranie
cloud - chmura
cloudy - pochmurny (m), pochmurna (f),
pochmurno (adv.)
clutch - ściskać
coat - płaszcz, fartuch
cobweb - pajęczyna
coffee - kawa
coldly - chłodno
coldness - zimno, chłód
colleague - kolega
collision - zderzenie
color - kolor
colorful - kolorowy (m)
column - kolumna, słup
combat - bojowy
come - przychodzić, przyjść

command - rozkaz
commanded - rozkazał
commission - komisja
commit - popełnić
completely - całkowicie
conclude - zakończyć
condemnation - potępienie
conduct - przeprowadzić
confidently - pewnie
confiscation - konfiskata
congratulation - gratulacje
connected - połączył, łączył
connection - związek
consciousness - świadomość, przytomność
conspiracy - spisek
constantly - ciągle, bez przerwy
consult - konsultować się, skonsultować się
consultant - doradca
contain - zawierać
continent - kontynent
continue - kontynuować
continued - kontynuował (he)
control - kontrola
conversation - rozmowa
convict - skazany
cook - kucharz, gotować, ugotować
cool, cold - chłodny (m), chłodna (f)
coordinate - koordynować
co-pilot - drugi pilot
correctly - poprawnie, dobrze
cost - kosztować
couch - kanapa
could - mógłbyś (could you..., m),
mogłabyś (could you..., f)
count - liczyć
counter - lada
country - kraj, państwo
courtroom - sala rozpraw
covered - przykryty
coward - tchórz
crashed - udezrył, zderzył się
crawl - czołgać się
crazy, mad - szalony (m)
create - stworzyć
crime - przestępstwo

criminal - przestępca
crook - oszust
crosshairs - na celowniku
crossing - skrzyżowanie, przejazd
crossword - krzyżówka
crouched - kucnął, przykucnął
crowd - tłum
crush - zgnieść, zmiażdżyć
crushed - zmiażdżył (he)
cup - filiżanka
customs - kontrola celna
cut off - odciąć
daddy, dad - tata
Dalmatian - dalmatyńczyk
damaged - uszkodzony
danger - niebezpieczeństwo, zagrożenie
dangerous - niebezpieczny (m)
dark - ciemny
darling - kochany (m), kochana (f)
dashboard - deska rozdzielcza
day - dzień
deaf - głuchy (m)
dear, expensive - drogi (m)
death - śmierć
debt - dług
decide - decydować, zdecydować
decided - zdecydował (he)
decision - decyzja
decisive - decydujący
declared - ogłosił, wygłosić (he)
defended - obronił
defender - obrońca, adwokat
defense - obrona
defense counsel - obrońca
definitely - zdecydowanie
degree - stopień naukowy
demand - żadać
demanded - zażadał (he)
democratic - demokratyczny
denim shirt - dżinsowa koszula
depart - odlatywać
descended - opadł, obniżył się
desert - pustynia
deserted - opuszczony, opustoszały
deserve - zasłużyć sobie

desk - biurko
destroyed - zniszczył (he)
detainee - zatrzymany
detective - detektyw
detective's - detektywa
devil - diabeł
dial - wykręcić (numer telefonu)
diamond - diament
dictaphone - dyktafon
dictatorship - dyktatura
die - umierać, umrzeć
difficult - trudny (m), trudna (f)
dimly - słabo, ciemno
din - huk
dinner - kolacja
direction - kierunek
dirty - brudny (m)
disappeared - zniknął (he disappeared),
zniknęła (she disappeared)
disaster - tragedia
disconnect - rozłączyć
disgusting - obrzydliwy (m)
distance - dystans, odległość
distributed - rozdzielił
divide - dzielić, podzielić
divorced - rozwiedziony (m), rozwiedziona
(f)
do the trick - sprawdzić się, zadziałać
doctor - doktor, lekarz
document - dokument
dog - pies
dollar - dolar
done - zrobiony (m)
door - drzwi
dose - porcja
dot - punkt
double - podwójny (m)
down - na dół
downpour - ulewa
dozen - tuzin
drag - ciągnąć
drama - spektakl, dramat
drank - wypił, napił się
draw - sporządzić
drawer - szuflada (m)

dream - sen (n), śnić (v)
dreamed - marzył
dress - sukienka
dressed - ubrany (m)
drink - pić, napić się
drive, steer - kierować, jechać
driver - kierowca
drop - upuszczać, upuścić, padać, spać
drop off - wysadzić, zostawić
drove - pojechał, prowadził
drugs - narkotyki, lekarstwa
drunken - pijany (m)
dry - suchy (m)
dune - wydma
dust - kurz, pył
each, every, everyone - każdy (m), każda (f)
eagerly - ochoczo
ear - ucho
earlier - wcześniej
earn - zarabiać, zarobić
east - wschód
easy - łatwy (m)
eat - jeść
eaten - zjedzony
economy, economics - ekonomia
edge, shore - brzeg, skraj
education - edukacja, wykształcenie
eight - osiem
either ... or - albo...albo
elections - wybory
electric - elektryczny
electrician - elektryk
elephant - słoń
elevator - winda
else - inny, więcej
emotion - emocje
employee, worker - pracownik (m),
pracownica (f)
empty - pusty (m)
end, be over - koniec (n), kończyć (v),
skończyć (v)
enemy - wróg
energy - energia
engine - silnik
enjoy - lubić, podobać się

enjoyed - podobało mu się
enough - wystarczająco
enter - wchodzić
entered - wszedł (he)
entire - całkowicy, cały (m)
entrance - wejście
entrance permit - pozwolenie na wejście/na
wjazd
envelope - koperta
equally - równo
equipment - wyposażenie
escape - uciec
escaped, fled - uciekł
euphoric - euforyczny (m), w euforii
Europe - Europa
European - Europejczyk, europejski
evening - wieczór
event - wydarzenie
ever - kiedykolwiek, nigdy
everybody - wszyscy
everything - wszystko
everywhere - wszędzie
exact - dokładny
exactly - dokładnie
examine - badać
examined - zbadał
example - przykład
excellently - doskonale
except - oprócz, poza, za wyjątkiem
exchange - wymieniać, wymienić
excited - podekscytowany
exciting - ekscytujący (m)
excuse me - przepraszam, wybacz mi
execution - egzekucja
exit - wyjście
exotic - tropik, egzotyczny (m)
expect - oczekiwać
expected - oczekiwał
experience - doświadczenie
experienced - doświadczony
experiment - eksperyment
explain - wyjaśniać, wyjaśnić
explained - wyjaśnił
exploded - wybuchł
exploited - wykorzystał (he)

explosion - eksplozja
extended - wyciągnął
eye - oko
facial expression, expression - wyraz twarzy
facial, face - twarz
factory - fabryka, wytwórnia
fair, clear - jasny (m), jasna (f)
fairness - sprawiedliwość
fake - fałszywy (m)
fall - upadać, upaść
falling - spadający (m)
family - rodzina
far away - daleko
fare - opłata
farm - farma, gospodarstwo, hodowla
farther - dalej
fashionable - modny
faster - szybszy
fat - gruby (m), gruba (f)
fate - los
father - ojciec
fault - wina, błąd
favorite - ulubiony
fear - strach
fearfully - ze strachem
feed - karmić, dać jeść
feel - czuć, poczuć
feel ashamed - zawstydzić się, czuć wstyd
feeling - uczucie, przeczucie
feet - stopy
fell - upadł (he)
felt - poczuł
female - kobiecy
few - niewiele, kilka
field - pole
fifteen - piętnaście
fifty - pęćdziesiąt
fight - walka (n), walczyć (v), bójka
fighter plane - myśliwiec
filled - wypełnił (he)
film - film
finally, eventually - w końcu
find - znaleźć
fine (v) - dać mandat

finger - palec
finish - skończyć
finish, conclude - kończyć, dokończyć, zakończyć
fire - strzelić, wystrzelić, ogień
first - pierwszy (m), pierwsza (f)
fish - ryba
fit - pasować
five - pięć
five years ago - pięć lat temu
five-minute - pięciominutowy
fix - naprawić
flag - flaga
flare - raca, rakieta
flash, lightning - błysk, błyskawica
flashing light - migające światło (światło syreny policyjnej)
flew - poleciał
floor - podłoga, piętro
flowed - wyciekł
flower - kwiat
fly - lecieć, latać, pilotować
foggy - mgliście
follow - podążać za
followed - podążył (he)
food - jedzenie
foot - stopa
for - dla
for instance - na przykład
forbid - zakazać
forced - zmusić
forest - las
forever - na zawsze
forget - zapomnieć
forgive - wybaczyć, przebaczyć
forgiven - przebaczony; przebaczył (he forgiven)
forgot - zapomniał
former - były, poprzedni (m)
forty - czterdzieści
forty-five - czterdzieści pięć
forward - naprzód, do przodu
found - znaleziony
four - cztery
fourth - czwarty

free, slow - wolny (m)
freedom - wolność
freight train - pociąg kolejowy
Friday - piątek
friend - przyjaciel (m), przyjaciółka (f)
frightened - przerażony
frightening - przerażający
from - od
front - przód
froze - zamroził, zamarł
fruit - owoce
fugitive - zbieg
fulfill - wypełniać, wypełnić
full - pełny (m)
fully - w pełni
furniture - meble
further - dalszy
future - przyszłość
gain - zyskać
game - gra
garage - garaż
garbage, rubbish - śmieć (sing.), śmieci (plur.)
garden - ogród
gas - gaz
gasoline - benzyna
gate - brama
gathered - zgromadził
gave - dałem (*I gave*, m), dałam (*I gave*, f), dał (*he gave*), dała (*she gave*)
gaze, sight - wzrok
genie - dżin
gently - delikatnie
gesticulate - gestykulować
gestured - gestykulował
get - dostać (się), zostać
ghost - duch
gift - prezent, podarunek
girl - dziewczyna
give - dać, dawać
give a lift - podrzucić, podwieźć (autem)
given - dany (n)
glance - spojrzenie
glass - szklanka
glitter - lśnić

glittering - lśniący (m)
go - iść, pójść
goal, purpose - cel
God - Bóg
gone - stracony, nieobecny
good - dobry (m), dobra (f)
got - dostał (m), dostałą (f), został (m), została (f)
grab, capture - złapać
grabbed - chwycił
gradually - stopniowo
grass - trawa
gray - szary (m), szara (f) *(colour)*; siwy (m), siwa (f) *(about hair)*
great, large - wielki (m), świetny (m)
greatly - bardzo, wielce
greedy - chciwy
green - zielony (m)
greet - witać, przywitać
greeted - powitał, przywitał
groan - jękać, jęknąć, stękać stęknąć
groaned - jęknął, stęknął
ground - ziemia, grunt
group, company - grupa
grow - rosnąć, hodować
guarantee - gwarantować
guard, bodyguard - ochroniarz
guard's - ochroniarza
guess - domyślać się, domyślić się, zgadywać, zgadnąć
gun - pistolet
gunman - bandyta
guy - facet
hair - włosy
half - pół, połowa
hall, hallway, corridor - korytarz, hol
hand - ręka, dłoń
handcuffed - założył kajdanki *(he)*
handcuffs - kajdanki
handed - przekazał
hang - wieszać, wisieć, zawisnąć, powiesić
hanger - hangar
happen - wydarzyć się, zdarzyć się
happened - stało się, wydarzyło się
happily - szczęśliwie

happy to; with pleasure - z przyjemnością
hard - twardy, ciężki (m)
has - ma, posiada
hatch - klapa
hatred - nienawiść
have - mieć
he - on
he had - on miał
head - głowa
headache - ból głowy
headquarter - komenda główna
healthcare - opieka zdrowotna
hear - słyszeć, usłyszeć
heard - usłyszał (m)
heart - serce
heat - ciepło
heavily - ciężko
heavy - ciężki (m), ciężka (f)
held, hold - trzymał (*he*)
helicopter - helikopter
hello - witam
help - pomoc (n), pomagać (v), pomóc (v)
her - jej
herd - stado
here - tu, tutaj
hero - bohater
hey - hej
hid - ukrył
hide - chować się, schować się
higher - wyżej
highway - autostrada
him - go, jego, mu, jemu
hint - wskazówka
hire - zatrudniać, zatrudnić
hired - zatrudnił
his - jego
history - hitoria
hit, beat - uderzać, uderzyć
hold - trzymać
hold on - wytrwać, trzymać się
hope - mięć nadzieję
hoped - miał nadzieję
horizon - horyzont
horror - horror
hospital - szpital

hot - gorący (m), gorąca (f)
hour - godzina
house - dom
house-cleaning - czyszczący dom (m)
how - jak
huge, enormous - wielki, ogromny
hugged - przytulił
hundred - sto
hundred-dollar - studolarowy (m)
hung - zawieszony
hungry - głodny (m)
hurt - boleć
I - ja
I am - ja jestem; I am sorry - przykro mi,
przepraszam
ice cream - lody
idea - pomysł
idiot - idiota (m), idiotka (f)
if - jeśli, jeżeli
immediately - natychmiast
Imperial - Cesarski
importance - powaga, znaczenie
important - ważny (m)
impossible - niemożliwy
in advance - z wyprzedzeniem
in disgust - z obrzydzeniem
in embarrassment - w zakłopotaniu
in vain - na próżno
incident - wypadek
incorrectly - nieprawidłowo
indescribable - nie do opisania
Indian Ocean - Ocean Indyjski
indignantly - obraźliwie
infernal - piekielny
information, info - informacja
informed - poinformował
injured - ranny, zraniony (m)
injury - kontuzja
inmate, prisoner - więzień
inquire - pytać, wypytywać się, dopytywać
się
inquired - spytał się, zapytał się (*he*)
inside - w, wewnątrz
insist - nalegać
insisted - nalegał (*he*)

inspect - badać, zbadać
inspection, control - kontrola, inspekcja
instead - zamiast
intently, attentively - uważnie
interest - interes
interesting - interesujący (m), interesująca (f)
international - międzynarodowy
interrupt - przeszkodzić, przeszkadzać
interrupted - przerwał
intersected - krzyżował się, przecinał się
intersection - skrzyżowanie
into, in - w
introduced - przedstawił
investigation - śledztwo
investigative - śledczy (m); investigative experiment - eksperyment śledczy
invite - zaprosić
is - jest, znajduje się
Islam - Islam
it - to; 2. that - to (n), ten (m), ta (f)
it's a pity - szkoda
Italian - włoski
jacket - kurtka
jail cell - cela więzienna
jail, prison - więzienie
jeans - dżinsy
job, work - praca
joke - żart
judge - sędzia
juice - sok
jump - skakać, skoczyć
jumped - skoczył (he)
junk - śmieć, grat
just - tylko, właśnie
justified - wytłumaczył (he)
justify - usprawiedliwiać się, usprawiedliwić się
keep - zatrzymywać, zatrzymać, zatrzymać
key - klucz
khan - Chan
kick - uderzenie, kopnięcie
kid - żartować
kid, child - dziecko
kill - zabijać, zabić

killed - zabił (he)
kilometer - kilometr
kind - rodzaj
king - król
kiss - całować, pocałować
kissed - pocałował
kitchen - kuchnia
knee - kolano
knew - wiedział (he)
knife - nóż
knock - pukać, zapukać
knocked - zapukał (he)
know - wiedzieć
laid - położył
lamp - lampa
lamppost - słup latarni
land - lądować, wylądować
landed - wylądował (he)
landing gear - podwozie
language - język; native language - język ojczysty
last - ostatni (m), ostatnia (f)
later - później
laugh - śmiać się, zaśmiać się
laughed - zaśmiał się
laughing - śmiejący się
launch - wyrzucić, wystrzelić
launched, fired - wystrzelił
law - prawo
lawyer - prawnik
lay - kłaść się, położyć się
lead - prowadzić, rządzić
leader - przywódca
leaf - kartka
leaflet - ulotka
leaped - zeskoczył (he)
learn - uczyć się, nauczyć się
leave - odejść, opuścić
leaving - odlatując, opuszczając
led - poprowadził (he)
left - lewo
leg - noga
less, fewer - mniej
let, allow - pozwolić
liar - kłamca

license plate - tablica rejestracyjna
lick - lizać, polizać
licked - polizał *(he)*
lid - pokrywka
lie - kłamać, leżeć
life - życie
light - światło, lekki/a
like - lubić (v), jak (prep)
line - linia
liqueur - likier
listen - słuchać
lit - zapalił
live - mieszkać, żyć
lived - żył
load - ładować, załadować
loaded - załadował
loader - łądownik
local - lokalny (m), tutejszy (m)
located - położony (m), położona (f)
location - położenie, lokalizacja
lock - zamek
long - długi (m)
longer - dłuższy (m)
look - patrzeć, spojrzeć
look around - rozglądać się, rozejrzeć się
looked - spojrzał, popatrzył *(he)*
look closely - przyjrzeć się
lose - tracić, stracić, gubić, zgubić
losers - frajerzy
lotion - krem; tanning lotion - krem do opalania
lottery - loteria
loud - głośny (m)
loudly - głośno
love - kochać (v), miłość (n)
loved - kochał
lovely - pięknie, cudownie
low - niski
lower - niżej (adv), niższy (adj)
lowered - obniżył *(he)*
luggage - bagaż
lunch - obiad
machine - maszyna; machine gun - karabin maszynowy
made - zrobił *(he)*

madman - szaleniec
magazine - magazyn
main street - ulica główna
mainly - głównie
make, do - robić, zrobić
male - męski
man - mężczyzna, człowiek
manage - dać radę
managed - udało mu się
manager - menadżer
manager's - menadżera
maniac - maniak
manner - maniera
many - wiele, dużo
married - żonaty (m), zamężna (f)
mass - masa, tłum
master - pan, władca
matter - znaczyć (v)
may - móc
maybe - może
me - mi, mnie
mean - znaczyć, mieć na myśli
mechanically - mechanicznie
medal - medal
medical - medyczny
medicine - lekarstwa
meet - spotykać się, spotkać się
meeting - spotkanie
member - członek
menu - menu
message - wiadomość
met - spotkał *(he)*
meter - metr
microphone - mikrofon
middle - środek
mile - mila
military - wojskowy (m)
million - milion
millionaire - milioner
mineral - mineralny (m), mineralna (f)
minister - minister
ministry - ministerstwo
minute - minuta
mirror - lustro
misfortune - nieszczęście

miss - brakować
missed - chybił
mistake - błąd, pomyłka
Mister (Mr) - Pan
mob - tłum, mafia
model - model
modern - nowoczesny (m), nowoczesna (f)
mom - mama
moment - moment, chwila
Monday - poniedziałek
money - pieniądze
monitor - monitor, ekran
month - miesiąc
monument - posąg
moon - księżyc
moonlight - światło księżyca
moral - moralny
more - więcej
morning - rano, poranek
mother - matka, mama
motionless - bez ruchu
mouth, lips - usta
move - ruszać się, ruszyć się, ruszać, przenosić
moved - ruszył się (he)
mover - przewoziciel
much, a lot - dużo, wiele
music - muzyka
must - musieć
my, mine - mój (sing. m), moja (sing. f), moi (plur. m), moje (plur. f)
naive - naiwny (m)
name - imię
nation - naród
national - narodowy
native - ojczysty
navigator - nawigator
near - blisko
nearby - w pobliżu, niedaleko
neatly - schludnie
neck - szyja
need - potrzebować
needed - potrzebował (he)
neighboring - sąsiadujący
nerve - nerwy

nervous - zdenerwowany (m), nerwowy
nervously - nerwowo
never - nigdy
new - nowy (m), nowa (f)
newspaper - gazeta
next - następny (m)
nice - ładnie, przyjemnie
night - noc
nightmare - koszmar
nine - dziewięć
no, not - nie
nobody - nikt
noise - hałas
nonsense - nonsens
North Africa - północna Afryka
nose - nos
not allowed - zabronione, nie można
not anyone - nie każdy
not care - nie przejmować się
note - liścik, notataka
nothing - nic
notice, noted - zauważyć
noticed - zauważył
now - teraz
nowhere - nigdzie; I am not going
anywhere - nigdzie nie idę
number - numer
nurse - pielęgniarka (f), pielęgniarz (m)
obey - przestrzegać, być posłusznym
obeyed - był posłuszny
obvious, evident - oczywisty
occupy - zajmować
of course - oczywiście
off - ze, poza, zdjęty
offer - oferta (n), oferować (v), zaoferować
offered - zaoferował (he)
office - biuro
officer - funkcjonariusz
often - często
oh - oh
oil - ropa, olej
OK, alright - w porządku
Okay, well, fine - dobrze, w porządku
old - stary (m), stara (f)
on duty - na służbie

on top of - na, na górze
once - raz
one - jeden
one-way - w jedną stronę
only - tylko
onto, on - na; per hour - na godzinę
open - otwierać, otworzyć
opened - otwarty (m)
opening - otwarcie, otwieranie
opera - opera
operation - operacja
opportunities - szanse, możliwości
or - albo, lub
order - zamówienie (n), zamawiać (v),
zamówić (v)
ordered - zamówiony (m), zamówiona (f)
ordinary - normalny, zwykły
organization - organizacja
orgasm - orgazm
other, different, another - inny (m, *sing*),
inna (f, *sing*), inni (m, *plur*), inne (f, *plur*)
otherwise - inaczej, w przeciwnym razie
our - nasz (m), nasza (f)
out, outside - na zewnątrz
overlooking - z widokiem
overturned - wywrócił (*he*)
own - własny (m)
owner - właściciel (m)
pack - pakować
package - paczka
paid - zapłacił
pain - ból
painkiller - lekarstwo przeciwbólowe
paint - malować
painted - namalował
pair, a couple of - para
pale - blady (m)
pant - spodnie
pantry - spiżarnia
paper - papier
parachute - spadochron
paratrooper - spadochroniarz
park - park
parking lot - parking
part - część

participate - uczestniczyć
pass - przejść, przejechać
passed - minął
passenger - pasażer; passenger
compartment - kabina pasażerska
passersby - przechodzień
passionate - namiętny
passionately - namiętnie
passport - paszport
past - przeszłość (n), przeszły (adj. m),
przeszła (adj. f)
patient - pacjent (m), pacjentka (f)
patrol - patrol (n), patrolować (v)
patted - poklepał, klepnął
pause - przerwa
pavement, sidewalk - chodnik
pay - płacić, zapłacić
pay attention - zwracać uwagę
people - ludzie
percent, percentage - procent
permanent - stały
permission - pozwolenie
permit - pozwolenie, zezwolenie
person - osoba
personal, private - prywatny (m), osobisty
(m)
pet - głaskać, pogłaskać
pharmacy - apteka
photo - zdjęcie
pick up - odbierać, odebrać
picked up, lifted, rose - podniósł (*he*)
picture - zdjęcie, obrazek
piece - kawałek
pill - tabletka, lekarstwo
pillar - słup
pilot - pilot
pink - różowy (m)
pizza - pizza
place - miejsce
plan - planować, zaplanować, plan
planned - zaplanował
plastic - plastikowy
plate - talerz
platform - platforma
play - gra, zabawa

played - grał
plead - błagać
pleaded - błagał
please - proszę
pleased - zadowolony (m)
pocket - kieszeń
point - wycelować, wskazywać
pointed - wycelował (he)
police - policja
policeman - policjant
polite - uprzejmy (m), uprzejma (f)
politely - uprzejmie
poor - biedny
porch - ganek
porn - pornografia
port - port
porter - bagażowy
pose (a danger) - stanowić (zagorżenie)
possiblc - możliwy (m)
possibly - prawdopodobnie, możliwie
post - stanowisko
pour - nalewać, nalać, nasypać
power - władza
powered - zasilany
practice - ćwiczyć
pregnant - w ciąży, ciężarna
prepared - przygotował
president - prezydent
press - naciskać, nacisnąć
pressed - nacisnął, przycisnął (he)
pretend - udawać
pretty - ładny (m)
prevent - zapobiegać
previous day - poprzedni dzień
Prime minister - premier
principle - zasada
probably - prawdopodobnie
problem - problem, kłopot
profession - zawód
promise - obiednica
promised - obiecał (he)
property - własność, posiadłość
prosecutor - prokurator
protest - protest (m), ptotestować (v)
protested - protestował (he)

prove - udowadniać, udowodnić
provided - dostarczył (he)
provider - dostawca
province - prowincja
pull - ciągnąć, pociągnąć
pulled, dragged - pociągnął (he)
punish - karać, ukarać
punishment, penalty - kara
purse - torebka
push - pchać
put - położyć, włożyć, kłaść
puzzle - układanka, puzzle
question - pytanie
questioning - pytające
quietly - cicho, po cichu
rabbit - królik
raced - ścigał się
radar - radar
radio - radio
railway - tor kolejowy
railway track, railroad - tory kolejowe
rain - deszcz (n), padać (v)
raised - podniósł, uniósł się (he)
ran - biegł, pobiegł
rang - zadzwonił (he)
rapid, quick, fast - szybki (m)
rapidly, quickly - szybko
rarely - rzadko
reach - dosięgnąć
reached - dosięgnął
ready - gotowy (m)
real - prawdziwy (m)
reality - rzeczywistość
realize - uświadomić sobie
realized - uświadomił sobie (he)
really - naprawdę
reason - powód
reasonably - rozsądnie
receive - otrzymać
receiver - odbiornik
recent - niedawny (m)
reception - zasięg
recognize - rozpoznać
recognized - rozpoznał
recommend - zalecany

recover - odzyskiwać przytomność
recovered - oprzytomniał
red - czerwony (m)
reflect - zastanawiać się
refuse - odmawiać, odmówić
refused - odmówił
regain consciousness - odzyskać
przytomność
regime - reżim
register - rejestr, kasa
registered - zarejestrowany (m)
regular - regularny (m), normalny (m)
reinforcement - posiłki
reinforcement team - ekipa posiłkowa
relative - krewny
relaxed - zrelaksowany
religion - religia
remain - zostawać, zostać, pozostawać,
pozostać
remember - pamiętać
remembered - zapamiętał
remove - usuwać, usunąć
removed - usunął, zdjął
repair - naprawiać, naprawić
repairman - fachowiec, mechanik
repeat - powtarzać, powtórzyć
repeated - powtórzył
reply, respond - odpowiadać, odpowiedź,
odpowiedzieć
report - donosić, donieść
reported - pisał, doniósł, zdał sprawozdanie
resemble - przypominać
resist - opierać się
resistance - opór
resisted - opierał się
respectable - szanowany (m), szanowana (f)
responsibility - odpowiedzialność,
obowiązek
responsible - odpowiedzialny (m),
odpowiedzialna (f)
rest - reszta
retire - przejść na emeryturę
retired - na emeryturze
retur - zwracać, zwrócić
return - wracać, wrócić, zracać, zwrócić

returned - wrócił (*he*)
revenge - rewanż, zemsta
revolution - rewolucja
ride - jeździć, jechać
ridiculous - śmieszny
right - prawy (m), prawa (f)
ring - dzwonić
rise, raise - podnosić, podnieść
risk - ryzyko
road - droga
roar - wyć, zawyć
roared - ryknął (*he*)
roaring - rycząc
rob - obrabować, ukraść, okraść
robbery - kradzież
rocket, missile - rakieta
rode - jechał
role - rola
rolled - prowadził
roof - dach
room - pokój
rope - lina
rotate - obracać się, obrócić się
rotation - rotacja, obroty
rubber - guma
rule - rządzić
ruled - rządził
ruler - rządzący
run - biegać, biec
runway - pas startowy
rushed - ruszył, przyspieszył
sad - smutny (m)
sadly - smutno, ze smutkiem
safe - sejf
safety - bezpieczeństwo
salary - wypłata, pensja
sale - sprzedaż
sales clerk, salesman - sprzedawca
sand - piasek
sang - śpiewał
sarcasm - sarkazm
sarcastically - sarkastycznie
sat - siedział (*he*)
satellite - satelita
Saturday - sobota

save, rescue - uratować
saw - widział, zobaczył (he)
say, speak - mówić, powiedzieć
scene - scena
school - szkoła
scotch tape - taśma klejąca
scoundrel - łajdak
scratched - podrapał (się) (he)
scream - krzyk
screen - ekran
sea - morze
search - szukać
searched - szukał
seat - siedzenie
second - sekunda
security - ochrona; security guard - strażnik
see - widzieć
seemed - wydawał się
seen - widziany
sell - sprzedawać, sprzedać
send - wysłać
sent - wysłany (m)
sentence - wyrok
serious - poważny (m), poważna (f)
seriously - poważnie
serve - służyć
service - służba, serwis
seven - siedem
seven o'clock - godzina siódma
several - kilka
severe - surowy (m)
sexual - seksualny (m)
sexually - seksualnie
shaft - szyb
shameless - bezwstydny
shaved - ogolony
she - ona
sheer - zwykły, czysty
shelf - półka
shielded - osłonił
shining - lśniący, błyszczący
shock - szok
shoes - buty
shoot - strzelać
shoot-out - strzelanina

short - krótki (m), krótka (f)
shot - strzelił
should - powinien (m), powinna (f)
shoulder, arm - ramię
shout, scream, cry - krzyczeć, krzyknąć
shouted, screamed, cried - krzyknął, krzyczał
show - pokazywać (v), pokazać (v), pokaz (n)
showed - pokazał (he)
shower - prysznic
shut up - Zamknij się
sick - chory (m), chora (f)
side by side - obok siebie
sign - podpisać
signal - sygnał
signaled - dał sygnał
silence - cisza
silent, quiet - cichy (m)
silently - cicho
SIM card - karta SIM
simple - prosty (m)
simply - prosty, łatwy
since - od, odkąd, skoro, jeśli
single - kawaler (m), panna (f), stanu wolnego (general)
siren - syrena
sit - siedzieć
situation - sytuacja
six - sześć
skin - skóra
sky - niebo
sleep, be asleep - spać
sleepy - śpiący (m)
slender - smukły
slept - spał (he)
slight - drobny, nikły
slightly - lekko
slipped off the road - ześlizgnąć się z drogi
slow motion - w zwolnionym tempie
slowly - wolno, powoli
small - mały (m), mała (f)
smell - zapach (n)
smelly, stinky - śmierdzący (m)

smile - uśmiech (n), uśmiechać się (v), uśmiechnąć się (v)
smiled - uśmiechnął się (he)
smoke - dym
sniff, smell - wąchać (v), powąchać (v)
sniffed, smelled - powąchał (he)
snow - śnieg
so - więc
socks - skarpetki
softly - miękko
solar panel - baterie słoneczne, panele słoneczne
sold - sprzedał
soldier - żołnierz
some - trochę, kilka
someone - ktoś
something - coś
sometime soon - za jakiś czas, za niedługo
sometimes - czasem, czasami
somewhere - gdzieś
son - syn
soon - wkrótce
soothed - uspokoił
sound - dźwięk
south, noon - południe
spaghetti - spaghetti
spare room - dodatkowy pokój
special - specjalny
sped - przyspieszył (he)
speed - szybkość (m)
spend - wydawać, wydać
spilled - rozlał (się) (he)
spin - kręcić się
spoke - powiedział, przemówił
sports bag - torba sportowa
spot - plama
square - plac
squeezed - ścisnął
staff - personel
stairs - schody
stand - stać
stand up, get up - wstać
star - gwiazda
stare - gapić się, patrzeć
stared - gapił się

start - początek (n), zaczynać (v), zacząć (v)
started - zaczął (he)
state - stan, państwo
station - stacja
stay - stać, zostać, pozostać
stayed - został, stał
steak - stek
steal - kraść, ukraść
step away - odejść
stepped - nadepnął (he)
stick - kij
still - nadal, ciągle
stink; śmierdziel - stinker - śmierdzieć
stinkiest - najbardziej śmierdzący (m)
stirred - zamieszał
stolen - ukradziony, skradziony
stomach - żołądek
stone - kamień
stood - stał (he)
stop - zatrzymać (się)
stopped - zatrzymał (się) (he)
store, shop - sklep
story - historia
stowaway - pasażer na gapę
straight ahead - prosto przed siebie
straightened - wyprostowany
strange - dziwny (m), dziwna (f)
stranger - obcy, nieznajomy
street - ulica
stretch - rozciągać
stretched - rozciągał (się)
striped - pasiasty (m), w paski
stroked - pogłaskał (he)
strong - silny (m), silna (f), mocny (m), mocna (f)
stronger - silniejszy
struck - uderzenie
stubble - zarost
stuck - utnięty
study - gabinet
stunned - poraził (he)
stunt - akrobacja
stupid - głupi
substance - substancja
suburb - przedmieście

such - taki, taka, tak
sudden - nagły (m)
suddenly, abruptly - nagle
suffering - cierpienie
sugar - cukier
suggest - sugerować, zasugerować
suggested - zasugerował (*he*)
suitcase - walizka
Sunday - niedziela
sunny, solar - słoneczny (m), słoneczna (f)
superstar - super gwiazda
super-thief - super-złodziej
supervise, oversee - nadzorować
support - wspierać
sure, certain - pewny (m), pewna (f),
pewnie (*adv.*)
surface - powierzchnia
surprise - zaskoczenie, niespodzianka
surprised - zaskoczony (m)
surrounded - otoczył
swear - klnąć
sweat - pot
switch - zamienić, zmienić
switched - zamienił (*he switched*),
zamieniła (*she switched*), zamienili (*they
switched*, m), zamieniły (*they switched*, f)
swoop - rzucić się
symbol - symbol
system - system
table - stół
tail - ogon
take - wziąć, zabrać, brać; I took - wziąłem
(m), wzięłam (f); you took - wziąłeś (m),
wzięłaś (f)
take-off - startować, wznosić się (o
samolocie)
talented - utalentowany
talk - rozmawiać
tall, high - wysoki (m), wysoka (f)
tank - zbiornik
tape - taśma
Taser - Taser, paralizator
task - zadanie
tasty - smaczny (m)
tattoo - tatuaż

taxi, cab - taksówka
teach - uczyć, nauczyć
teacher - nauczyciel
team - drużyna, ekipa
tear - łza
teenager - nastolatek
telephone, phone - telefon
tell - powiedzieć
teller, cashier - kasjer (m), kasjerka (f)
temporarily - tymczasowo
temporary - tymczasowy
ten - dziesięć
tense - napięty
tension - napięcie
tent - namiot
terms - terminy
terrace - taras
terrible - okropny (m)
terrorist - terrorysta
text - tekst
text message - sms, wiadomość tekstowa
than - niż
thank - dziękować, podziękować
thankful - wdzięczny
thanks - dzięki
the army - wojsko
theatre - teatr
their - ich
themselves - siebie, sobie
then - potem, później
there - tam
therefore - także, tak więc
thermal - termiczny, termalny
these - ci (m), te (f)
they - oni
thief, robber - złodziej
thin - cienki
thing - rzecz (f)
think - myśleć, pomyśleć
third - trzeci (m)
thirty - trzydzieści
thirty-five - trzydzieści pięć
this - ten, ta, to
those - tamci, tamte
thought - pomyślał (*he*)

thoughtfully - w zamyśleniu
thousand - tysiąc
threatened - zagroził (he)
three - trzy
threw - wyrzucił (m), wyrzuciła (f)
through - przez
through, by - przez, poprzez
throw - rzucać, rzucić, wyrzucać, wyrzucić
thunder - burza
Thursday - czwartek
tick - tykać
ticked - tykał
ticket - bilet
tie - wiązać, zawiązać
tied - zawiązał
tightly - ciasno, mocno
time - czas, pora
tiny - malutki
tip - napiwek
tired - zmęczony (m)
to loose - zgubić; I lost - zgubiłem (m),
zgubiłam (f); you lost - zgubiłeś (m),
zgubiłaś (f)
to, into - do, na
toad - ropucha
today - dzisiaj, dziś
together - razem
told, said - powiedział
tolerate - tolerować
tomorrow - jutro
tonight - dzisiaj w nocy
too, also - również, też
tool - narzędzie
topple - obalić
tore up - rozerwał
touched - dotknął
tourist - turysta
toward - w stronę, w kierunku
toys - zabawki
traditional - tradycyjny
traffic jam, traffic - korek
transferred - przeniesiony
transport - transport, przewożenie
transported - przewiózł (he)
travel - podróżować (v), podróż (n)

traveled - podróżował
tree - drzewo
trial - proces
tried - spróbował
trip - wycieczka
trouble - kłopot
truck - ciężarówka
true - prawda
truly - prawdziwie, naprawdę
trunk - trąba
trust - zaufanie (n), ufać (v), zaufać (v)
try - próbować, spróbować
t-shirt - koszulka
Tuesday - wtorek
turn - zakręt (n), skręcać (v), skręcić (v),
przewrócic
turned - odwrócił (się) (he)
twelve - dwanaście
twenty - dwadzieścia
twenty seven - dwadzieścia siedem
twice - dwa razy, podwójnie
two - dwa, dwoje, dwie
two-story - dwupiętrowy
unbelievable, incredible - niewiarygodny
(m)
unbuttoned - odpiął (odpiął guziki)
uncertainly - niepewnie
under - pod
understand - rozumieć, zrozumieć
understood - zrozumiano, zrozumiał (he)
unemployed - bezrobotny
unfriendly - nieprzyjaźnie
uniform - mundur
union - unia
university - uniwersytet
unkindly - nieuprzejmie
unlocked - odblokował, odpiął
unpleasant - nieprzyjemny
untied - odwiązał
until - aż, aż do
upwards - w górę
urgently - pilnie
urinate - sikać
urinated - nasikał
us - nas, nam

use - użyć
uselessness - bezużyteczność
usual - zwyczajny
usually - zazwyczaj
vacation - wakacje
vagabond - włóczęga
van - furgonetka
vanilla - wanilia
vast - szeroki, rozległy
vault - skarbiec, sejf
vehicles - pojazdy
ventilation - wentylacja
vertically - pionowo
very - bardzo
vest - kamizelka; bulletproof vest - kamizelka kuloodporna
vibrate - wibrować, zawibrować
victoriously - zwycięsko
video - nagranie
view - widok
village - wioska
violated - pogwałcił
visible - widoczny
visit - wizyta (n), odwiedzać (v), odwiedzić (v)
voice - głos
wailing - wycie
waist - pas, talia
wait - czekać, zaczekać, poczekać
waited - poczekał, zaczekał
waiter - kelner
walk - chodzić
walk, go - chodzić, iść
walked, went - poszedł (he)
wall - mur, ściana
wallet - portfel
want - chcieć
wanted - poszukiwany
war - wojna
warm - ciepły (m), ciepła (f)
was - byłem (m), byłam (f) był (m), była (f)
watch - obserwować, patrzeć
watched - patrzył, obserwował
water - woda
waterbed - łóżko wodne

wave - fala
waved - pomachał
way - droga, sposób
we - my
weapon - broń
wear - nosić
weather - pogoda
Wednesday - środa
week - tydzień
weeping - płacząca
well-groomed - dobrze/schludnie uczesany
wept - załkać, zaszlochać
what - co
wheel - koło
wheelchair - wózek inwalidzki
when - kiedy
where - gdzie
which - który (m), która (f)
while, during - podczas
whispered - wyszeptał
white - biały
who - kto
whole - cały (m), cała (f)
whom - kogo
whose - czyj (m), czyja (f)
why - dlaczego
wide - szeroki
wide-eyed - z szeroko otwartymi oczami
wife - żona
wildly - dziko
wind - wiatr
window - okno
wine - wino
wing - skrzydło
winked - mrugnął (he)
winner - zwycięzca
wiped - wytarł
wisely - mądrze
wish - życzenie (n), życzyć
with, of - z
within - w ciągu
without - bez
without stopping - bez przerwy
woke up - obudził się
woman - kobieta

woman's - kobiety

won - wygrałem (*I won*, m), wygrałam (*I won*, f), wygrał (*he won*), wygrała (*she won*)

wooden - drewniany

word - słowo

wore parachute - nosił spadochron

work - pracować (v), praca (n)

worked - pracował

world - świat

worried - zmartwiony (m)

worry - martwić się

worse - gorszy

worth - wartość

wound - rana

wounded - zraniony (adj), zranił (he)

wrap - owijać, owinąć

wrong - nieprawidłowy (m), niepowołany (m)

yard - podwórze, dziedziniec

yawned - ziewnął (*he*)

year - rok

yelled - wrzasnął (*he)*

yellow - żółty

yes - tak

yesterday - wczoraj

yet - jeszcze

you - ty, wy

you are welcome - nie ma za co

young - młody (m), młoda (f)

your - twój (m), twoja (m), Pański (m) *formal*, Pańska (f) *formal*

zoologist - zoolog

Recommended books

First Polish Reader for beginners
bilingual for speakers of English

There are simple and funny Polish texts for easy reading. The book consists of Elementary and Pre-Intermediate courses with parallel Polish-English texts. The author maintains learners' motivation with funny stories about real life situations such as meeting people, studying, job searches, working etc. The ALARM method (Approved Learning Automatic Remembering Method) utilize natural human ability to remember words used in texts repeatedly and systematically. The author had to compose each sentence using only words explained in previous chapters. The second and the following chapters of the Elementary course have less than 30 new words each. Audio tracks are available on lppbooks.com for free download.

First Polish Reader (Volume 2)

Bilingual for speakers of English

Audio tracks available online free of charge

Discover the Power of the ALARM Method

This book is Volume 2 of First Polish Reader for Beginners. There are simple and funny Polish texts for easy reading. The book consists of Elementary course with parallel Polish-English translation. The author maintains learners' motivation with funny stories about real life situations such as meeting people, studying, job searches, working etc. The ALARM method (Approved Learning Automatic Remembering Method) utilize natural human ability to remember words used in texts repeatedly and systematically.

First Polish
Reader

bilingual for Speakers
of English

(volume 3)

The ALARM Method

Parallel Text

Audio tracks online

Simple and Fun

by Wiktor Kopernikus

First Polish Reader (Volume 3)

Bilingual for speakers of English
Audio tracks available online free of charge

This book is Volume 3 of First Polish Reader for Beginners. There are simple and funny Polish texts for easy reading. The book consists of Elementary course with parallel Polish-English texts. The author maintains learners' motivation with funny stories about real life situations such as meeting people, studying, job searches, working etc. The ALARM method (Approved Learning Automatic Remembering Method) utilize natural human ability to remember words used in texts repeatedly and systematically.

Polish Vocabulary in Use for Beginners
for Speakers of English

Side-by-side
Translation

Fifty categories

by Marta Alexander

LANGUAGE
PRACTICE
PUBLISHING

Polish Vocabulary in Use for Beginners
Bilingual for Speakers of English

Foreign language students, international travelers, and general readers of foreign language books and periodicals will find quick, easy-to-locate guidance in this vocabulary book. Polish words with their English translations are used within context. They are divided in fifty categories according to practical subject themes. So the book's organization makes it very easy to find a related group of words. Vibrant photos and images will help memorization.